高质量发展
研究报告

HIGH QUALITY
DEVELOPMENT REPORT

21世纪马克思主义研究院
经济社会文化发展战略研究中心／编

2023

王伟光　主编

高 质 量 发 展 丛 书

社会科学文献出版社
SOCIAL SCIENCES ACADEMIC PRESS (CHINA)

编委会成员

主　任：李传章

副主任：马　平　张　群

成　员：（按姓氏笔画排序）

丁海川　卜凡彪　马　平　马永明　马兆余

王怀超　白瑞平　朱泽民　任连璋　毕雪峰

吴　辉　张　筱　张　群　张立伟　张海燕

李友谊　李传章　李廷茹　李沈军　李海峰

杨　敏　陈友清　孟慧敏　郁剑敏　郑军平

赵　阳　胡春平　蒋聪慧　蔡金霖

序言　深入理解坚持以人民为中心的发展思想

党的十八大以来，以习近平同志为核心的党中央将马克思主义政治经济学基本原理与新时代中国经济发展实践相结合，以强烈的历史主动精神和责任担当敏锐洞察我国经济社会发展新情况新趋势，以满足人民日益增长的美好生活需要为根本目的，围绕新时代中国特色社会主义经济发展重大理论和实践问题，深刻总结并充分运用我国经济发展的成功经验，创造性地提出一系列治国理政新理念新思想新战略，形成和发展了习近平经济思想。习近平经济思想系统回答了新时代经济发展怎么看、怎么干等重大理论和实践问题，丰富和完善了中国特色社会主义政治经济学理论体系，开拓了当代中国马克思主义政治经济学的新境界。习近平经济思想是马克思主义政治经济学中国化时代化的最新理论成果，是党和国家十分宝贵的精神财富，必须长期坚持、不断丰富发展。

人民性是马克思主义政治经济学最首要的理论品格。习近平总书记强调："人民是我们党执政的最深厚基础和最大底气。为人民谋幸福、为民族谋复兴，这既是我们党领导现代化建设的出发点和落脚点，也是新发展理念的'根'和'魂'。只有坚持以人民为中心的发展思想，坚持发展为了人民、发展依靠人民、发展成果由人民共享，才会有正确的发展观、现代化观。"[①] 习近平经济思想坚持人民至上的价值取向，具有鲜明的人民性，其理论体系始终贯穿着一条鲜明的主线，即坚持以人民为中心。只有深入理解坚持以人民为中心这一根本立场，才能更深刻地领会、把握和运用习近平经济思想，深化对中国特色社会主义发展规律的把握，深化对当今世界发展形势和人类社会发展规律的理解，科学回答我国经济社会发展新阶段面临的新情况新问题，更加自觉地依靠人民的磅礴力量发展中国特色社会主义经济，向着全面建成社会主义现代化强国的宏伟目标奋勇前进。

一 坚持以人民为中心体现了马克思主义政治经济学的根本立场

立场，是人们观察、分析和处理问题的立足点。立场不同，对同一个事物的看法不同，根据立场确立、运用的理论以及战略策略也不同。

经济学作为研究社会经济现象的学说，首先就有一个立场问题。英国古典政治经济学是代表新兴资产阶级利益的理论，率先对资本主义生产方式和生产关系进行研究，初步探讨了资本主义经济的运动规律，但其遮蔽了人的历史性、社会性等，仅仅把人抽象为所谓的"理性经济人"，掩盖了资本主义的剥削本质。它是站在资产阶级的阶级利益立场上，维护资本主义生产方式及社会制度的经济学理论。

坚持以人民为中心，体现了马克思主义政治经济学的根本立场。人民群众是社会物质财富和精神财富的创造者。物质资料生产是一切历史的前提，没有一定的物质资料生产，就不可能有人类历史。

---

① 《习近平谈治国理政》第四卷，外文出版社，2022。

马克思主义高度重视人民的历史作用，阐释了人民群众是历史的创造者，是社会变革的决定力量。马克思主义政治经济学从人民的立场出发，深刻揭示资本主义的矛盾和运动规律及剥削的本质，指出无产阶级和劳动人民是破除资本主义桎梏、发展生产力的革命力量。马克思主义政治经济学从物质资料生产出发，围绕剩余价值的生产、实现和分配，阐发资本主义生产方式必然导致社会两极分化的事实，主张无产阶级将利用自己的政治统治，一步一步地夺取资产阶级的全部资本，把一切生产工具集中在国家即组织成为统治阶级的无产阶级手里，尽可能快地增加生产力的总量，最终实现人自由而全面的发展。

中国共产党一经诞生，就把为中国人民谋幸福、为中华民族谋复兴确立为自己的初心使命，始终坚持共产主义理想和社会主义信念，团结带领全国各族人民为争取民族独立、人民解放和实现国家富强、人民幸福而不懈奋斗，中国人民彻底摆脱了被欺负、被压迫、被奴役的命运，成为国家、社会和自己命运的主人。

社会主义革命和建设时期，我们党坚持从人民立场出发，团结带领广大人民集中力量发展社会生产力，逐步解决人民对于经济文化迅速发展的需要同当前经济文化不能满足人民需要的状况之间的矛盾，建立起独立的比较完整的工业体系和国民经济体系，农业生产条件显著改变。我们党领导人民完成社会主义革命，消灭一切剥削制度，实现了中华民族有史以来最为广泛而深刻的社会变革，实现了一穷二白、人口众多的东方大国大步迈进社会主义社会的伟大飞跃，所取得的独创性理论成果和巨大成就，为在新的历史时期开创中国特色社会主义提供了宝贵经验、理论准备和物质基础。

改革开放和社会主义现代化建设新时期，我们党作出把党和国家工作中心转移到经济建设上来、实行改革开放的历史性决策，确立社会主义初级阶段的基本路线，解放和发展社会生产力，着力解决人民日益增长的物质文化需要同落后的社会生产之间的矛盾，取得的伟大成就举世瞩目。我国实现了从生产力相对落后的状况到经济总量跃居世界第二的历史性突破，实现了人民生活从温饱不足到总体小康、奔向全面小康的历史性跨越，推进了中华民族从站起来到富起来的伟大飞跃。

中国特色社会主义进入新时代，我们党继续牢牢扭住经济建设这个中心，集中力量解决人民日益增长的美好生活需要和不平衡不充分的发展之间的矛盾，全面建成小康社会目标如期实现，国家经济实力大幅跃升。在习近平经济思想的科学指引下，我国经济建设取得重大成就，经济发展平衡性、协调性、可持续性明显增强。习近平经济思想蕴含着鲜明的人民立场，是运用马克思主义政治经济学基本原理对新时代中国经济发展实践作出的系统理论概括，形成了当代中国特色社会主义政治经济学的创新成果，为人民过上幸福美好生活奠定了深厚的理论基础。

发展为了人民、发展依靠人民、发展成果由人民共享，这是中国推进改革开放和社会主义现代化建设的根本目的，充分体现了马克思主义政治经济学的根本立场，实现了对马克思主义政治经济学的继承和发展。只有坚持以人民为中心，才能把握人民群众的所思所想、所盼所愿，凝聚人民力量，奋力开创中国特色社会主义新局面。要坚持以习近平经济思想为指引，把人民利益作为党领导经济工作的根本出发点和落脚点，充分发挥人民群众的主体作用，激发人民群众的首创精神，凝聚人民群众的智慧和力量，不断增强人民群众的获得感、幸福感、安全感，着力促进全体人民共同富裕，推动党和国家各项事业的发展。

二 坚持以人民为中心是中国共产党的根本执政理念

坚持以人民为中心是我们党的根本执政理念，是新时代坚持和发展中国特色社会主义的一条基本方略。坚持以人民为中心的发展思想，贯穿于党团结带领人民进行革命、建设和改革的整个进程之中。党的百年奋斗史就是一部党始终站在最广大人民的立场上、全心全意为人民服务、创造人民美好生活的发展历史。

始终坚持人民立场是中国共产党的优良历史传统。以毛泽东同志为主要代表的中国共产党人，将马克思主义基本原理同中国具体实际相结合，重视对马克思主义政治经济学的学习、研究、运用，在新民主主义革命时期创造性地提出了新民主主义经济纲领，把关心群众生活、解决群众切身利益要求落实到夺取革命战争胜利和革命根据地建设全过程。在革命战争年代，我们党坚持走群众路线，密切联系群众，把全心全意为人民服务作为自己的宗旨，把群众利益放在第一位，与群众同甘共苦，从而赢得了一个又一个胜利。新中国成立后，我们党继承和发扬坚持走群众路线的光荣传统和政治优势，团结带领人民集中力量恢复国民经济，建立社会主义制度，实现人民当家作主。在社会主义建设实践中，强调社会主义经济是为人民服务的经济，发展生产和改善人民生活二者必须兼顾。通过凝聚最广大人民群众的主体力量，为中国特色社会主义创立和发展打下了雄厚的基础。

以邓小平同志为主要代表的中国共产党人，把马克思主义政治经济学基本原理同改革开放新的实践结合起来，立足社会主义初级阶段这个最大的实际，坚定地站在人民的立场上，围绕什么是社会主义、怎样建设社会主义这一问题，作出把党和国家工作中心转移到经济建设上来、实行改革开放的历史性决策。邓小平同志提出了"贫穷不是社会主义""社会主义的本质，是解放生产力，发展生产力，消灭剥削，消除两极分化，最终达到共同富裕""社会主义最大的优越性就是共同富裕"等论断[1]，强调群众是我们力量的源泉，群

---

[1]　全国干部培训教材编审指导委员会组织编写《邓小平理论基本问题》，人民出版社，2002。

众路线和群众观点是我们的传家宝。我们党以是否有利于发展社会主义社会的生产力、是否有利于增强社会主义国家的综合国力、是否有利于提高人民的生活水平为判断标准，判断各方面工作的是非得失，凝聚人民群众的力量，最大限度地解放了社会生产力。

以江泽民同志为主要代表的中国共产党人，强调我们党要始终代表中国最广大人民的根本利益，始终坚持党的群众路线，一切为了群众，一切依靠群众，从群众中来，到群众中去，把保障工人阶级和广大劳动群众的经济、政治和文化权益作为党和国家一切工作的根本基点①。

以胡锦涛同志为主要代表的中国共产党人，在全面建设小康社会进程中推进实践创新、理论创新、制度创新，提出以人为本的科学发展观，强调建设中国特色社会主义的根本目的，就是不断实现好、维护好、发展好最广大人民的根本利益，党的一切奋斗和工作都是为了造福人民，要做到发展为了人民、发展依靠人民、发展成果由人民共享②。

党的十八大以来，面对复杂多变的国内外形势，以习近平同志为核心的党中央坚持将马克思主义政治经济学基本原理与新时代中国经济发展实际相结合，坚持人民至上的价值追求，坚持人民立场，坚持人民主体地位，以伟大的历史主动精神，总揽全局、勇挑重担，彰显了中国共产党人为中国人民谋幸福、为中华民族谋复兴的初心使命。习近平总书记强调，我们党来自人民，党的根基和血脉在人民。为人民而生，因人民而兴，始终同人民在一起，为人民利益而奋斗，是我们党立党兴党强党的根本出发点和落脚点③。人民是决定党和国家前途命运的根本力量。以习近平同志为核心的党中央始终

---

① 《江泽民文选》第二卷，人民出版社，2006。
② 《科学发展观若干重要问题解读》，人民出版社，2006。
③ 《习近平著作选读》第二卷，人民出版社，2023。

坚持以人民为中心的发展思想，把人民对美好生活的向往作为奋斗目标，把人民利益放在最高位置，把解决好人民群众最关心、最直接、最现实的利益问题作为重中之重，把人民拥护不拥护、赞成不赞成、高兴不高兴、答应不答应作为衡量一切工作得失的根本标准，战胜各种困难挑战，促进人的全面发展和全体人民共同富裕，推动国家经济实力、科技实力、综合国力跃上新台阶，书写了新时代中国特色社会主义经济发展的崭新篇章。

一百多年来，我们党始终坚持以人民为中心，党的一切工作都是为了实现好、维护好、发展好最广大人民的根本利益。从党的百年奋斗中可以看清楚过去我们为什么能够成功，可以弄明白未来我们如何继续成功，从而更加坚定和自觉地践行坚持以人民为中心的发展思想，不断满足人民群众对美好生活的需要。

三 把以人民为中心落实到现代化建设的伟大实践中

当前，我们正在意气风发地向着全面建成社会主义现代化强国的第二个百年奋斗目标迈进。做好新时代经济工作要以习近平经济思想为根本遵循，始终坚持以人民为中心的发展思想，并落实到党治国理政的伟大实践中，紧紧依靠人民，充分发挥人民群众的积极性、主动性和创造性，在全面建设社会主义现代化国家新征程上创造经济社会发展的新辉煌。

始终把人民放在心中最高位置。人民是我们党的工作的最高裁决者和最终评判者。在经济工作中，一定要把人民利益放在最高位置，始终站在人民的立场认识、分析和解决经济发展问题，及时回应人民期待和关心的经济问题。一些西方资本主义国家在发展进程中陷入经济危机，归根到底在于其放任资本剥削劳动者，维护少数人利益，造成两极分化，引发社会矛盾和动荡。中国共产党为人民而生、因人民而兴，没有自己特殊的利益，从来不代表任何利益集团、任何权势团体、任何特权阶层的利益，始终代表最广大人民的根本利益，坚持全心全意为人民服务的根本宗旨，始终同人民想在一起、干在一起，为人民创造更为富足的物质生活和更加丰富的精神文化生活。

始终坚持发展为了人民。时刻牢记"国之大者"，深刻认识我国社会主要矛盾变化带来的新特征新要求，深刻理解人民群众美好生活需要与高质量发展之间的内在关系，坚定不移走高质量发展之路。将经济发展目标同满足人民日益增长的美好生活需要紧密结合起来，持续提高发展质量和效益，坚持在发展中保障和改善民生，不断满足人民多方面、多层次、多样化、个性化的需求。统筹考虑最广大人民的根本利益，处理好局部和全局、当前和长远、重点和非重点的关系，着重化解人民群众急难愁盼的现实问题，重点关注人民普遍关心的就业、教育、医疗、托育、住房、养老等民生领域突出问题，切实办好惠民实事，加强普惠性、基础性、兜底性民生建设，健全基本公共服务体系，提升公共服务水平，逐步实现人民物质上的富裕富足、精神上的自信自强。

始终坚持发展依靠人民。人民是历史的创造者，是推动改革发展实践的根本动力。党的根基在人民、血脉在人民、力量在人民，人民是党执政兴国的最大底气。依靠人民而发展，发展才有动力。中国共产党之所以能够发展壮大，中国特色社会主义之所以能够不断前进，正是因为我们始终坚持依靠人民。新时代新征程，必须坚持从群众中来、到群众中去，坚持人民主体地位，把握人民愿望，尊重人民的首创精神，激发全体人民群众的积极性、主动性、创造性，形成推动高质量发展的磅礴伟力。人民群众中蕴含着丰富的智慧和无限的创造力，要大兴调查研究之风，坚持问政于民、问计于民、问需于民，想人民之所想，行人民之所嘱，尊重人民所表达的意愿、所创造的经验、所拥有的权利、所发挥的作用，始终与人民心心相印、与人民同甘共苦、与人民团结奋斗，把人民的满意度作为衡量工作成效的标尺，汇聚形成亿万人民推动经济发展的强大合力。要依靠广大人民，完整准确全面贯彻新发展理念，构建新发展格局，实现高质量发展和高品质生活互促共进，使全体人民满腔热情地投身到建设社会主义现代化强国的实践中去。

始终坚持发展成果由人民共享。让发展成果更多更公平惠及全体人民，彰显了中国共产党始终坚持人民至上的价值追求。新时代新征程，我们要始终把满足人民对美好生活的新期待作为发展的出发点和落脚点，着力解决发展不平衡不充分问题和人民群众急难愁盼问题，促进社会公平正义，推动人的全面发展、全体人民共同富裕取得更为明显的实质性进展。当前，我国仍处于并将长期处于社会主义初级阶段，经济建设仍然是全党的中心工作。一方面，要紧紧抓住经济建设这个中心，通过全国人民共同奋斗把"蛋糕"做大做好，为保障社会公平正义奠定更加坚实的物质基础，让一切创造社会财富的源泉充分涌流。要全面深化改革开放，鼓励勤劳创新致富，不断优化经济结构，着力推动经济高质量发展，持续解放和发展社会生产力。另一方面，以经济建设为中心并不意味着片面关注经济增长和财富积累，而是要坚持以人民为中心，在高质量发展中促进共同富裕，正确处理效率和公平的关系，构建初次分配、再分配、第三次分配协调配套的制度体系，加快健全以税收、社会保障、转移支付等为主要手段的再分配调节机制，着力解决地区差距、城乡差距、收入差距等问题，构建公平公正、共建共享的包容性发展新机制，坚持全民共享、全面共享、共建共享、渐进共享，使发展成果更多更公平惠及全体人民。

在全面建设社会主义现代化国家新征程上，我们要坚持以人民为中心的发展思想，坚定不移走中国式现代化道路，超越西方以资本为中心的现代化道路，创造人类文明新形态，让发展成果由全体人民共享，最终实现全体人民共同富裕，为破解当今世界发展难题贡献中国方案和中国智慧。

以人民为中心的发展思想，不是一个抽象、玄奥的概念，不能只停留在口头上、止步于思想环节，而要体现在经济社会发展各个环节，不断实现好、维护好、发展好最广大人民的根本利益。要坚持统筹推进"五位一体"总体布局、协调推进"四个全面"战略布局，落实惠民政策，办好民生实事，让人民真正受益，不断把为人民造福事业推向前进。

（执笔人：中国社会科学院大学教授、南开大学终身教授、21世纪马克思主义研究院院长，王伟光）

目　录

上　篇

第一章　推进京津冀协同发展：天津高质量发展实践创新 …… 003

第二章　推进长江国家文化公园（重庆段）高质量发展：
　　　　重庆高质量发展实践创新 ………………………… 034

第三章　推进长三角一体化　发展数字经济：上海高质量发展
　　　　实践创新 …………………………………………… 065

第四章　持续推动"八八战略"走深走实：浙江高质量发展
　　　　实践创新 …………………………………………… 086

第五章　强化文化赋能：江苏盐城暨大洋湾生态旅游景区高质量
　　　　发展实践创新 ……………………………………… 112

第六章　推动齐文化创新发展：山东淄博高质量发展
　　　　实践创新 …………………………………………… 151

第七章　在推动中部地区崛起中勇争先：江西革命老区永新县
　　　　高质量发展实践创新 ……………………………… 166

第八章　充分发挥文化在城市建设中的引领作用：四川自贡
　　　　高质量发展实践创新 ……………………………… 193

第九章　高质量发展的生力军：新能源汽车产业 ………… 219

下　篇

第十章　高质量发展与中国式现代化理论研究概述 ┄┄┄┄┄ 239

第十一章　构建生成式人工智能新引擎，助推高质量发展 ┄┄ 262

第十二章　加快建设数字化转型促进中心，推动消费品行业

　　　　　高质量发展 ┄┄┄┄┄┄┄┄┄┄┄┄┄┄┄┄┄ 292

第十三章　加快发展新质生产力，扎实推进高质量发展 ┄┄┄ 313

第十四章　系统科学是推进中国式现代化建设、加快高质量

　　　　　发展的重要法宝 ┄┄┄┄┄┄┄┄┄┄┄┄┄┄┄ 330

第十五章　积极参与全球治理体系改革和建设，推动高质量

　　　　　发展 ┄┄┄┄┄┄┄┄┄┄┄┄┄┄┄┄┄┄┄┄ 340

后　记 ┄┄┄┄┄┄┄┄┄┄┄┄┄┄┄┄┄┄┄┄┄┄┄┄┄ 358

上　篇

第一章　推进京津冀协同发展：天津高质量发展实践创新

步入新的征程，天津市委、市政府深刻领会习近平总书记关于天津工作"三个着力"重要指示及其他重要讲话精神，激励广大党员、干部和群众进一步提高政治和战略意识，以更加积极进取的态度推动工作开展。天津市委组织实施了"十项行动"，致力于推动京津冀地区的协同发展，实现新的飞跃，并确保习近平总书记的深情嘱托在推进天津现代化建设进程中得到全面实施。

第一节　京津冀协同发展受到高度重视

推进京津冀协同发展，是以习近平同志为核心的党中央在新时代背景下作出的重要战略决策和部署，旨在促进区域间的协调发展，并为国家的发展创造新的增长点。自党的十八大以来，习近平总书记在京津冀地区进行了多次考察，并主持了众多相关会议，特别是在京津冀协同发展的关键阶段和重要时刻提供了决定性的指导和支持，推动该地区的协同发展实现了新的突破。

一　瓣瓣不同，瓣瓣同心

在2013年春季的天津之行中，习近平总书记首次描绘了京津双城在新时代社会主义现代化进程中共谱华章的愿景。2013 年 8 月在北戴河主持研究河北发展问题时，习近平总书记对京津冀地区的发展战略构想进行了整体升级，这标志着京津冀协同发展战略蓝图初步成形。随着时间的推移，京津冀协同发展战略构想在公共场合被习近平总书记反复强调，深化了国家对于这一区域合作意义的认识。①

2014 年 2 月，习近平总书记在北京主持召开会议，这次会议成为京津冀协同发展的一个转折点，会上习近平总书记专题听取京津冀协同发展工作汇报，并首次将京津冀协同发展提升至国家战略层面，明确要求地区间互补互利，加快走出一条科学持续的协同发展路子。② 这不仅打破了传统的行政界限，而且为区域间的合作开辟了新的路径。

2015 年，中共中央政治局会议审议通过《京津冀协同发展规划纲要》，进一步明确了京津冀协同发展的具体行动指南，并明确了改革与创新在推动京津冀地区发展中的核心作用。

进入 2019 年，习近平总书记在京津冀协同发展座谈会上，将京津冀三地比喻为一朵花的三个不同瓣片，虽各具特色，却向着同一目标努力③。这标志着京津冀协同发展从探索走向深入实施，从基础建设转向突破性发展。

2023 年 5 月，在深入推进京津冀协同发展座谈会上，习近平总书记指出京津冀协同发展战略不仅响应了新时代的发展需求，而且为中国式现代化建设提供了切实路径，再次强调了京津冀协同发展

---

① 《开辟高质量发展的光明前景——以习近平同志为核心的党中央谋划推动京津冀协同发展五周年纪实》，人民网，2019 年 2 月 26 日，http://politics.people.com.cn/n1/2019/0226/c1001-30901554.html。
② 《习近平总书记引领推动京津冀协同发展纪事》，中国政府网，2023 年 5 月 14 日，https://www.gov.cn/yaowen/liebiao/202305/content_6857724.htm。
③ 尹希宁、张艺：《京津冀协同之花"瓣瓣同心"》，《中国青年报》2023 年 8 月 10 日。

区域战略的深远影响，并对未来定下了更高的标准和期望。[①] 通过这些年的不断努力，京津冀地区的协同发展已成为推动区域一体化、促进经济社会全面进步的国家战略实践案例。

二　紧紧抓住"牛鼻子"

京津冀协同发展的核心任务之一是疏解北京的非首都功能。党的十九大报告指出，要以疏解北京非首都功能为"牛鼻子"推动京津冀协同发展。

2014 年 2 月，习近平总书记在北京主持召开座谈会，首次明确阐述了减轻首都负担的战略方案。[②] 2016 年 5 月，习近平总书记在中共中央政治局会议上进一步阐释了构建北京城市副中心以及河北雄安新区，即北京"新两翼"的构想，明确了北京发展的新方向，掀开了全国发展的新篇章。习近平总书记认为，这两个区域的建设，不仅仅是地理上的扩张，更是功能、结构和战略的全面升级，旨在通过有序疏解来解决都市区域面临的挑战。[③]

2019 年，习近平总书记在京津冀协同发展座谈会上，对于疏解概念进行了更加深入的阐释与细化。他提出了一个具体的双向疏解策略，旨在平衡和优化首都北京的功能与发展。[④] 这一策略不仅涉及向外疏解非核心功能，还包括内部优化和提升首都核心竞争力，旨在解决北京城市过度集中的问题，同时为京津冀地区的全面协调发

---

① 《习近平在河北考察并主持召开深入推进京津冀协同发展座谈会》，中国政府网，2023 年 5 月 12 日，https://www.gov.cn/yaowen/liebiao/202305/content_6857496.htm。

② 《瞭望·治国理政纪事｜协同发展彰显新担当》，新华网，2023 年 6 月 10 日，http://www.xinhuanet.com/politics/leaders/2023-06/10/c_1129683649.htm。

③ 《千年大计、国家大事——以习近平同志为核心的党中央决策河北雄安新区规划建设纪实》，人民网，2017 年 4 月 14 日，http://cpc.people.com.cn/n1/2017/0414/c64387-29209724.html。

④ 《"疏解整治促提升"：京华大地向美而行》，求是网，2019 年 9 月 1 日，http://www.qstheory.cn/dukan/qs/2019-09/01/c_1124940182.htm。

展铺平道路。具体来看，两个并行的行动路径得到明确。一方面，雄安新区被定位为承接北京非核心功能转移的重要平台，它的建设不仅减轻了首都的发展压力，也为区域内的经济协调发展提供了新的动力。另一方面，北京市的内部优化聚焦加强和提升北京作为国家首都的核心职能。这一双轨并行的策略不仅旨在促进京津冀地区的均衡发展，还致力于改善首都的生态环境和居民生活质量，实现经济发展与生态环境保护的协调统一。

2023 年 5 月，习近平总书记进一步强调了在构建北京"新两翼"上实现突破的重要性。他指出，雄安新区的发展不仅要推动区域的整体进步，还要成为高质量发展的标杆。[①]

对于北京城市副中心的发展，习近平总书记提出了高标准、高质量的要求，强调必须具有国际视野和中国特色，同时解决好功能疏解相关的实际问题，确保首都功能的优化和提升。通过有效的政策和激励机制，确保疏解工作的顺利进行，使北京城市副中心成为展现首都新形象的重要区域。[②]

这一系列战略部署和持续努力，旨在为京津冀地区的协同发展铺平道路，不仅仅是为了解决当前的问题，更是为未来设立标杆，引领全国甚至全球城市发展新趋势。

三 向改革创新要动力

京津冀协同发展是一个复杂的系统性工程，其成功实施不是一朝一夕之事，而是需要在多个领域实现突破。在 2019 年的京津冀协同发展座谈会上，习近平总书记强调了改革创新的重要性，指出必

---

① 《习近平总书记引领推动京津冀协同发展纪事》，中共中央党校网站，2023 年 5 月 15 日，https：//www. ccps. gov. cn/xtt/202305/t20230515_157977. shtml。
② 《北京城市副中心高标准建设高质量发展》，央视网，2023 年 12 月 24 日，https：//news. cctv. com/2023/12/24/ARTI31itESJykkH1yA4TtJU3231224. shtml。

须向改革创新要动力，发挥引领高质量发展的重要动力源作用。必须集中高端创新资源，积极开展重要科技项目的联合研发，将京津冀建设成为我国自主创新的重要源头和原始创新的主要策源地。为了促进京津冀地区的协同发展，必须着重推进要素市场的一体化进程，尤其是在人流、物流、信息流等关键方面实现实质性的突破。应加速区域内部的互联互通，确保资源的高效配置和流动。同时，交通一体化是实现区域协同发展的重要基石，京津冀三地应抓住机遇，加强合作，加快区域发展。打造综合交通网络，有效促进人员、物资、信息等要素的自由流动，为区域经济的整体发展注入新的动力。必须打破长期存在的行政壁垒和体制机制障碍，因为它们是阻碍区域一体化的主要因素。通过改革现有体制，建立更加开放、灵活的管理体系，为京津冀三地的深度融合提供坚实的制度保障。此外，还要建立旨在促进协同发展和高质量发展的体制机制。这意味着不仅要解决现有问题，还要为长期发展设立清晰的框架和指导原则，确保京津冀协同发展战略的持续性和有效性，从而为整个地区带来全面且持续的增长与繁荣。加强产业链和创新链的深化合作，一体化发展不仅仅是地理空间的转移，还应成为产业转型升级和技术更新的契机。要深化科技园区的体制改革、优化营商环境，吸引更多科技资源和投资，促进京津冀三地的互补与联合。推进高质量公共服务资源均衡配置非常重要，应坚持以人民为中心的发展思想，努力解决公众关心的热点问题，如教育和医疗资源的优化布局。高度重视促进就业、区域共同富裕，确保通过京津冀协同发展提升人民福祉和推动共同富裕。[1]

---

① 《习近平在京津冀三省市考察并主持召开京津冀协同发展座谈会》，中国政府网，2019 年 1 月 18 日，https://www.gov.cn/xinwen/2019-01/18/content_5359136.htm。

四　不断迈上新台阶

在 2023 年 5 月的京津冀协同发展座谈会上，习近平总书记强调，要坚定信心，保持定力，增强抓机遇、应挑战、化危机、育先机的能力，统筹发展和安全，以更加奋发有为的精神状态推进各项工作，推动京津冀协同发展不断迈上新台阶，努力使京津冀成为中国式现代化建设的先行区、示范区。习近平总书记指出，要强化协同创新和产业协作，在实现高水平科技自立自强中发挥示范带动作用。①

在推进绿色发展战略实践中，发展与环境保护是并行不悖、相辅相成的。在 2019 年 1 月对雄安新区的考察中，习近平总书记提出，"千年大计"就要从"千年秀林"开始，努力接续展开蓝绿交织、人与自然和谐相处的优美画卷。② 此外，习近平总书记还强调了要持续抓好北方防沙带等生态保护和修复重点工程建设，持续推进绿色生态屏障建设等重大生态工程。③ 这些举措不仅关乎区域生态的改善，也是推动可持续发展战略实施的关键。生态保护和修复项目的实施，有利于为中国乃至全球的绿色发展贡献模式和经验。

在推动高水平对外开放方面，习近平总书记在 2019 年 1 月对天津港的考察中提出了打造世界一流的智慧港口、绿色港口的宏伟目标，以更好服务京津冀协同发展、共建"一带一路"。④ 这不仅有利

---

① 《习近平在河北考察并主持召开深入推进京津冀协同发展座谈会》，中国政府网，2023 年 5 月 12 日，https://www.gov.cn/yaowen/liebiao/202305/content_6857496.htm。
② 《习近平总书记指引雄安新区规划建设的故事》，中国政府网，2023 年 5 月 12 日，https://www.gov.cn/yaowen/liebiao/202305/content_6857314.htm。
③ 《在推进全面绿色转型中实现新突破》，人民网，2023 年 5 月 23 日，http://he.people.com.cn/n2/2023/0523/c192235-40426888.html。
④ 《打造世界一流智慧绿色枢纽港》，人民网，2020 年 8 月 16 日，http://tj.people.com.cn/GB/n2/2020/0816/c375366-34230018.html。

于强化京津冀区域内的物流基础设施，还展现了中国对全球经济合作和可持续发展所作出的努力。在 2023 年 5 月的深入推进京津冀协同发展座谈会上，习近平总书记再次强调了要进一步推进体制机制改革和扩大对外开放，下大气力优化商业环境，积极同国内外其他地区沟通对接，打造全国对外开放高地。①

第二节　天津积极推动京津冀协同
发展走深走实

天津把推动京津冀协同发展作为战略牵引，在使京津冀成为中国式现代化建设先行区、示范区中勇担使命、开拓进取。2023 年 5 月，中共天津市委十二届三次全会审议通过了《中共天津市委关于认真学习贯彻习近平总书记在深入推进京津冀协同发展座谈会上重要讲话精神的决定》（下文简称《决定》）；2023 年 6 月，天津市委、市政府印发《推动京津冀协同发展走深走实行动方案》（下文简称《行动方案》）；天津市委、市政府把贯彻落实《决定》与实施《行动方案》紧密结合起来，将其贯穿到推动高质量发展的具体实践中，聚焦重点任务，瞄准重点领域，持续精准发力，推动京津冀协同发展走深走实，唱好京津"双城记"。

一　深化北京非首都功能的有效疏解

（一）明确方向，把准目标

主要承接总部型企业、研究与开发资源、教育领域资源、医疗

---

① 《习近平在河北考察并主持召开深入推进京津冀协同发展座谈会》，中国政府网，2023 年 5 月 12 日，https://www.gov.cn/yaowen/liebiao/202305/content_6857496.htm。

机构、金融资源、公共服务机构、前沿制造业、国际海运资源以及现代服务行业等，全面致力于吸引更多与"一基地三区"功能定位相契合的北京非首都功能疏解项目落户天津。

（二）聚焦重点，加快承接

增强关键平台的功能承载能力，与国家机构、大型国有企业和主要高等院校等建立有效高频的交流通道，促进资源共享。在京津冀区域合作框架下，加强滨海新区的服务支持能力，提升产业发展效益，孵化一系列品质优良、特色明显、规模庞大的产业群，高标准建设"一基地三区"。在天津滨海—中关村科技园，执行最新的合作协议，形成优质发展的政策框架，开发北塘湾数字经济产业园，营造与中关村类似的创新与创业环境，打造京津冀协同创新共同体示范区。在宝坻区的京津中关村科技城，利用中关村的资源优势，创建良好的产业发展环境，提供优质的城市服务，打造京津协作高质量产城融合示范区。武清区的京津产业新城则应依据"一个中心、多点支撑、广域覆盖"的原则，旨在发展成为京津冀世界级城市群的关键节点，形成一个集高端产业、科技创新与人才培养于一体的新区域。

（三）完善格局，全域承载

促进市中心地区的更新与升级，高标准兴建天开高教科创园和金融商业区，有序推动中央商务区和中央创新区建设，创建更多服务业扩大开放示范区，主要承接金融服务、商业服务、总部经济和平台经济等，推动"津城"产业发展水平上升，逐年提高现代服务业的比重，为城市的产业结构调整提供强有力的支持。各区根据实际情况选择条件优良的园区，定制符合地方特色的发展模式。依托高速铁路、城际交通和重点区域，在蓟州、宝坻、静海以及天津西站等区域规划建立具有明确定位、特色显著、职住合一、适宜规模和专业化发展的承接平台。

（四）措施创新，确保有效

针对新落户的企业及其员工所关注的各项问题，如奖励机制、金融支援、人才培养以及教育、医疗和住宿保障，提供全方位的支持。每年更新具体的对接任务清单和项目的投资额目标，构建与北京对接的服务平台，加强专业的招商团队建设，完善招商人员的工作流程及评价激励系统，开展系列招商。

二　深化"一基地三区"发展计划

（一）加速推进全国先进制造研发基地建设

致力于制造业高质量发展。通过追求高端、智能及环保的发展道路，推动产业整合、产业链条扩展及产业协作增强。以智能科技产业为先锋，提高绿色石化、汽车、装备制造等优势产业的发展水平，加快生物医药、新能源、新材料、航空航天等新兴产业发展，促进冶金、轻工业等传统产业的改革与进步。以数字经济与实体经济深度融合为抓手，加速推进制造业的数字化和智能化进程，建立一批智能工厂与数字化车间，扩大数字经济的发展规模。集中精力在工业软件、工业母机、基础材料等方面进行科技突破。促进西青区 12 英寸晶圆代工项目、南港区 120 万吨乙烯项目、滨海新区新能源电池项目等重点工程项目的实施和产能投入。

（二）促进北方国际航运核心区建设

以推动港产城融合发展为引领，实施天津港、大港港区等相关航道提升工程，提升天津港市场开拓能力，推动零碳码头、低碳港区试点建设，加强天津港集团与河北港口集团的合作，实现与物流央企、重点商贸集团等的联系常态化，拓宽货源，拓展国际航线，打造适合不同企业的全程物流服务，推进世界级港口群建设。调整区域铁路客运和货运比例，开设更多连接北京和天津港的集装箱铁路服务，推动地区汽车及零件通过天津港出口，并持续扩展国际航线，稳定提升天津港在京津冀地区的集装箱进出口份额。发展与港口匹配的海洋装备、石油化学及化工新材料、航空航天等行业，加速构建北方国际冷链物流基地，打造邮轮产业聚集区。推进天津滨海国际机场三期改扩建工程建设，增加更多货运航线。

（三）加速推进金融创新运营示范区建设

大力推进特色金融创新发展。在巩固融资租赁、商业保理等领域的全国领先优势的基础上，依托科创金融、数字金融、航运金融、绿色金融、普惠金融等领域的特色机构，创新金融产品和金融服务，促进金融创新能力的显著增强。建立具有重要影响力的金融基础设施和行业标准，以及创新研发平台，提高特色金融机构的运营效率。发展金融街与于家堡，使其成为金融创新运营示范区的核心区。

（四）加速推进改革开放先行区建设

以滨海新区为核心推动高水平改革开放。深化市场化改革，实施建设高水准市场体系的措施，力争纳入国家要素市场化配置综合改革试点；促进国家支持滨海新区高质量发展的政策落地实施；落实京津冀营商环境一体化发展合作协议，拓宽跨省行政服务和标准化作业的范围；推进国企改革进程；实现民营经济发展政策的优化和民间投资支持措施的落地，出台促进民营经济发展和民营企业家成长的战略规划。深化制度型开放，完善三地联席会议机制，进行自贸试验区综合性改革和创新试验；争取建成集成电路产业链全流程保税试点，扩大保税展示交易规模；发展新的跨境电子商务模式，改进退换货流程；扩展一体化通关模式的创新实施范围；推动开放航运物流和金融服务业。利用国家会展中心（天津）策划国际航展和其他大型展会。办好世界经济论坛新领军者年会，推动天津高水平开放。

三　促进基础设施建设与城市一体化深度融合

（一）快速推进京津冀区域内的轨道交通建设

完成津兴城际和京滨城际铁路南段的建设工作，通过四条城际铁路实现京津两地的密切连接。同时，完工津潍高速铁路，有效连接京津冀地区与长三角地区。开启津承城际铁路从北辰到天津西的联络线建设工程。

（二）推进高效便捷的公路网络建设

推进京津塘高速公路及津沧高速公路的扩建和改建工作，新建滨唐高速公路天津段。建设团大、津歧等省际公路以及九园、宝武、汉南等市域公路。开启农村通道、工业通道和旅游通道的系列建设工程。

（三）加速水资源网络的污染治理与扩展

进行北大港水库的扩建工作，并提升南水北调中线相关市区工程的配套设施水平。开展对蓟运河、北运河和潮白河等主要行洪河流的堤防标准化管理以及开启北运河木厂船闸的建设项目。

（四）推进创新协作型新基础设施建设

实施千兆 5G 和千兆光网建设提升工程，前瞻布局 6G 网络。建设全国一体化算力网络的京津冀关键节点，打造中国联通京津冀数字科技产业园、中国电信京津冀大数据基地、腾讯 IDC 数据中心等项目。创建国家级车联网先导区，开发多样化的应用示范场景。

（五）推动能源管网的快速互联和互通

发展中石化、国家管网 LNG 接收站及北京燃气 LNG 应急储备项目，提速建设蒙西煤制气和唐山 LNG 外输管线等联网工程。加快建设"大同—怀来—天津北—天津南"特高压通道，并对天津南特高压站进行扩建。

四　加强产业链、创新链与人才链的深度整合

（一）推进产业协同发展

落实京津冀地区产业协同发展"十四五"实施方案，聚焦各地的产业优势，打造跨地区的产业链条。推进新能源汽车和智能网联汽车的协同发展，以整车及其核心部件如电池、电机、电控系统为核心，形成全国领先的整车和配件生产基地。促进数字经济对接与合作，加速制造业的智能化和信息化，创建京津冀工业互联网协同发展示范区。强化生物医药领域的合作，以天津经济技术开发区为基础，提高京津冀地区生命科学和健康产业的先进制造能力。

（二）推动科技创新领域的深入合作

加强与科技部、教育部的合作，积极争取全国重点实验室的获批建立，目标是使天津市的重点实验室数量达到 20 个。与中国科学院、中国工程院、中国医学科学院、清华大学、北京大学等机构深化合作，创建科技发展战略研究院等创新基地，联合打造京津冀国家技术创新中心，构建技术交易和科研资源共享平台，促进创新资

源的自由流通。利用国家超级计算天津中心，提供更加深入和紧密的市场服务，为全国及地区的产业发展提供支持。充分利用天津中科先进技术研究院、清华大学天津电子信息研究院等资源，促进重大科技成果在天津的应用和企业创新能力的提升。实施"解细绳"2.0行动，建立以市场为导向的验证机制和中试平台，促进科技服务行业的发展，加强政策和服务支持，促进科技成果快速转化。

（三）推动人才合作的深化

更新区域人力资源服务协同标准。创新并改进人才合作模式，选拔五大开发区与重点园区的管理人员到北京对口区域挂职。建立专业人才的信息交流平台，在人工智能、生物医疗、汽车产业等领域开展人才与项目的协作。协同进行人才引进与培养，创建顶尖科学家工作室，培育具备战略视野的顶尖科学家、科技领军人才及优秀创新团队。组织举办全国范围的职业技能竞赛，并确保其高标准完成。

五　深化生态环境的共建、共防和共治

（一）改善并扩大生态空间

持续推进"871"重大生态工程建设，建立贯穿天津的由南到北的生态通道。实施白洋淀—独流减河—渤海湾以及南运河生态绿脉保护项目。形成城市"一环十一园"的"植物园链"。促进危险废物的区域间转移和处置合作。

（二）强化大气污染的联合防控措施

持续推动秋冬季大气污染联合治理，开展夏季臭氧污染防治攻坚行动。促进关键行业和设施向超低排放转型，对主要企业的除尘、

脱硫和脱硝设备进行升级改造。促进煤炭清洁高效利用。

（三）加大水域环境的保护和治理力度

执行针对"六河五湖"（涵盖京津冀地区的滦河、潮白河、北运河、永定河、大清河、南运河六大河流以及白洋淀、衡水湖、七里海、南大港、北大港五大湖泊湿地）的全面治理与生态恢复，推动实施永定河综合治理与生态修复工程。对北运河、大清河、潮白河等主要水系进行环境治理与保护。执行第三期引滦入津上下游横向生态保护补偿协议，强化潘大水库、于桥水库等主要水源保护措施。致力于加强美丽海湾建设，深入实施渤海综合治理攻坚战行动计划。与中央气象台及北京市气象台建立联系，发展先进的预测模型以提升防洪与减灾的能力。

六 加深社会政策与公共服务的区域合作

（一）加强社会政策的协同

完善京津冀三地间的养老保险待遇资格认定和信息共享机制。扩大异地就医住院、普通门诊以及慢性特殊病病人费用的直接结算范围。优化跨区域就业信息的协同发布系统，强化三地间劳动与人事纠纷的共同处理机制。在交通、通信、身份认证和社会保障等方面实施多项便民化措施，如"一卡通""一网通""一次办"。

（二）加强公共服务领域的合作

落实外来企业员工子女在津入学的相关政策措施。推进北京协和医学院天津校区建设与中国医学科技创新体系核心基地天津基地的建立。发展国家级医学中心，如血液病医学中心和中医药发展研究中心。推动养老服务的标准化和养老机构等级的互认。

（三）推进商业与文化旅游的深度融合

促进商业与贸易的互动，快速建设国际消费中心城市，以满足京津冀广阔的市场需求。提高百年金街、古文化街、意式风情区、佛罗伦萨小镇等标志性商业区的品质，开发河景、海景和传统建筑等独特资源，打造文化中心，建设五大道、国家海洋博物馆、航空母舰主题公园等特色旅游目的地。推动长城和大运河国家文化公园的建设。创建国家文化旅游消费试点城市、国家级旅游度假区及旅游休闲街区，推出多种短途和长途的文化旅游路线，努力成为京津冀地区游客的首选目的地。与头部企业合作，创建"I·游天津"旅游品牌，组织五大道海棠花节、京冀媒体采风行等活动，召开京津冀地区旅行者峰会，促进京津冀三地旅游资源和市场的共享与互补。

七　深入推进实施区域改革试点和示范项目

（一）强化"通武廊"地区的改革实践

共同发展科技创新区域，加强与北京亦庄、永乐等开发区及廊坊开发区的合作对接。深化市场一体化改革，设立统一的市场准入机制。规范企业登记流程，推行登记名称自主申报制度的改革。简化区域间异地就医的登记和备案流程，使定点医疗机构的服务可以跨区域联通。促进基础医疗和卫生服务资源在区域内共享，推行跨区域的医疗转诊系统。

（二）打造"京东黄金走廊"

主动参与通州及北三县的综合发展策略制定，加强宝坻区、蓟州区及武清区与北京通州区在产业政策上的连接与协同，利用并增强地区优势，做强特色产业。构建京唐和京滨城际铁路沿线园区

"点对点"合作模式，联合发展动力电池、智能装备、磁性材料等关键产业。启动宝坻区钰华街及西环路跨潮白河特大桥的建设工作。启动与北京地铁平谷线东延连接的初步研究工作。

（三）全力助推雄安新区建设

全面加强公共服务的共建与共享，积极支援雄安新区的建设，确保天津与雄安新区在不同领域形成互补和差异化发展。加速推动天津市经济贸易学校雄安协作校区的建设，发展与雄安新区产业升级相适应的职业教育课程和专业。派遣专业技术人员协助提升雄安新区的医疗和公共卫生服务水平。做强天津港集团雄安服务中心，与保定、胜芳、白沟等周边物流服务节点协作，打造高效的京津冀区域物流网络。[①]

第三节 "十项行动"再塑天津
高质量发展活力

2022 年底，天津市委召开经济工作会议，会议强调，要坚定高质量发展方向路径，深入推进京津冀协同发展，加快"一基地三区"建设，把实施扩大内需战略同深化供给侧结构性改革有机结合起来，推动经济运行整体好转，实现质的有效提升和量的合理增长，奋力开创全面建设社会主义现代化大都市新局面。会议正式提出推动天津发展的"十项行动"，并将其写入 2023 年天津市政府工作报告，天津市委书记陈敏尔在不同场合对"十项行动"给予具体阐释并提出要求。"十项行动"成为打开天津今后几年经济社会高质量发展之

---

① 天津市委、市政府：《推动京津冀协同发展走深走实行动方案》，《天津日报》2023 年 6 月 20 日，第 3 版。

门的"金钥匙"，也给出了扎实推进中国式现代化建设的"天津方案"。

一　实施京津冀协同发展纵深推进行动

紧抓北京功能疏散转移的关键环节，加深与各部门、院校、企业的合作，增大承接平台的建设力度，形成一批标志性成果。促进北京的创新资源与天津的研发制造优势相结合，确保区域内创新、人才、产业、供应链的有效衔接。推动基础设施建设的相互连接，顺利建成"轨道上的京津冀"与综合交通网络。深化区域协同发展和京津冀一体化相关体制改革，促进企业、资本、项目、技术、人才等资源的自由流动与优化配置。加强公共服务的共同建设和分享，支援雄安新区和北京副中心的建设，推动区域生产结构和功能的优化重组。加强生态环境的共同建设和治理，提高空气质量，持续改善跨境河流的水质。

二　实施制造业高质量发展行动

（一）坚定制造强市战略目标

坚持对标国家重大战略需求，形成有力支撑。围绕落实制造强国、网络强国等国家战略实施，以推动产业基础高级化、产业链现代化为发力点和突破口，着力加强"研发""制造"联动，攻克一批关键技术，发挥战略支撑作用；加快实施产业基础再造项目，促进产业链、供应链、价值链向高端迈进，为我国在全球产业竞争中抢占制高点贡献天津力量。

坚持融入京津冀协同发展大局，强化示范引领。围绕促进产业协同，在区域布局中突出优势互补、联动发展，积极推进京津冀成为中国式现代化建设的先行区、示范区；围绕建设世界级城市群的战略目标，强化制造业的先进性、引领性和协同性；围绕提升优势产业发展能级，培育绿色石化、汽车、装备制造等支柱性产业集群。

坚持服务天津现代化大都市建设目标，突出产业带动。围绕制造业在全面建设社会主义现代化大都市进程中的重要地位和作用，强调用好各方面的优势条件，营造"近者悦、远者来"的营商环境，支持各类企业竞相发展，推动更多资源要素汇聚"津门"，实现制造业质的有效提升和量的合理增长。

（二）优化产业结构

打造"1+3+4"现代产业体系，凸显智能科技产业的领导地位。"1"代表智能科技产业，要致力于推动数字化转型，强化信息技术、微电子、电子组件和计算能力领域的发展，构筑完整的数字产业链。"3"代表三大核心产业：绿色石化、汽车、装备制造。绿色石化产业侧重于提升产业链水平，将南港工业区建设为世界级的绿色石化研发和生产基地；汽车产业着眼于新能源汽车的扩量提质，推进智能网联汽车的发展，将天津打造为全国新能源汽车关键零部件供应中心；装备制造产业聚焦于高端装备的研发和生产，筑牢行业的基础支柱。"4"指的是生物医药、新能源、新材料、航空航天四个新兴产业，它们各自围绕提升产业链质量和创新能力，加快新产品和技术的研发及应用，同时推动传统行业创新升级，实现产业链的全面优化与提升。

（三）推进实施"八大工程"

专注于加强先进制造业的核心竞争力，实施以创新和产业提升为核心的"八大工程"（包括京津冀产业协同发展、产业强基、产业链再造、产业集群培育、优质企业锻造、重大项目牵引、绿色低碳转型、产业生态优化工程），深化"北京研发—天津制造"的协作模式，共同打造链群协同的产业推进体系，强化京津冀区域的生命健康产业，以天津的力量支持国家的重要战略实施；针对创新需求和产业的高质量成长，快速构建重要的创新平台，促进科研成果的应用，建立市场导向的、企业主导的、与科研院所合作的、产学研相结合的创新体系。同时，深入发展重点产业链，优化产业链条，推动产业向专业化园区集聚，培养多层次产业集群，加快产业转型升级。

三　实施科教兴市人才强市行动

（一）聚焦人才驱动创新

以人才为创新活动的核心和基础，根据重点产业和科研需求制订"智汇津门"计划，确立人才发展目标和实施方案。通过吸引和培育行业领军人才和创新团队、实施针对领军人才和杰出人才的培养计划、建立首席科学家工作室，构建支撑国家战略的"天津团队"。针对青年才俊，推行青年人才引入、培养及博士后支持计划，鼓励他们成为行业先锋。针对重点产业链，实施一对一的人才培养计划，选拔和培养一批满足行业需求的专业人才。同时，利用社会组织的平台优势，建立人才引进和共享网络，实现优才在天津的集聚和应用。

（二）提升本地人才培育的整体水平

将高校定位为科研、人才培育和创新的关键平台，基于国家的战略目标和行业的发展需求，建立创新型人才培养基地，推动顶尖学术交流平台和特色学科建设，加强基础和前沿学科的发展，为科技创新打牢学术基础。推行人才培育的结构性改革，建立完善的人才发展规划，灵活调整学科和专业设置，实现教育和产业的紧密结合，促进产学研一体化发展，通过新型的教育与产业融合模式，实现教育对产业的有力支持和产业对教育的积极反馈，确保人才培养与天津的产业需求高度一致。

（三）全面增强科技创新实力

确保教育及人力资源的发展最终服务于科技创新，为天津的高质量发展提供强大动力。积极培养并整合国家级科技力量，同时着重推动行业技术的创新与应用，全面提升科技创新的区域能力。着手构建以任务和使命为导向的顶级实验室矩阵，发展和升级国家创新平台，加强基础研究的应用导向，培育符合国家战略需求的科技力量。同时，加强产业技术革新，提升科技对产业发展的支撑作用，尤其是在传统产业的升级、新兴产业的培养及未来产业的布局方面，加强重点领域的科技研究，支持科技型企业的发展，完善科技金融服务，并积极发展科技服务行业，推动创新与产业的深度融合。此外，提升科技园区的创新能力，着重提升其服务能力和功能性，如通过在天开高教科创园建立创业种子基金、提供一站式服务、引进科技服务机构、举办专业活动，并组织创新联盟，建立一整套有利于科技创新与企业孵化的服务体系。天津的高等院校将以天开高教科创园为平台，探索教育、人才和产业的融合新模式，加强校企合作，促进科研成果的实地应用，确保学术研究与城市发展相辅相成、互利共赢。

（四）促进体系和机制的一体化

注重京津冀区域的协作创新、制度改革以及创新环境的优化，强调教育、科技和人才政策的一致性和互补性。进一步加强京津冀合作，提高政策对接、平台建设、要素流通和资源共享的有效性。

与京冀地区在教育、科技和人才方面签署合作协议，与顶尖大学进行合作，并与中国科学院、中国工程院等单位深化合作，共同推动京津冀技术创新中心的建设，推动地区创新资源优势转化为天津的高质量发展优势。深化教育和人才相关体制改革，推广人才推荐项目，放宽职称评审条件，支持人才在产业园和教育机构之间的交流，优化创新和创业环境，吸引更多人才和资源，促进天津的创新和高质量发展。

四　实施港产城融合发展行动

（一）推进智慧、绿色、枢纽港口的快速建设

发挥天津港作为京津冀地区海上门户的关键地位作用，促进区域协同发展。加强港口基础建设，进行航道和码头的改造提升，改进港口物流系统，实施兴港高速和京津塘高速的改扩建及黄万铁路的电气化项目。扩大港口的服务范围，增强天津港在主要货物处理方面的能力，提升对船舶的物料供应和维修服务水平。促进港口的智能化和数字化，建立数字化的天津港模型。推动港口向绿色发展转型，建成零碳排放码头和低碳港区。促使港口企业改进管理模式，降低成本、提升质量和效率。持续改善港口的营商环境，提高服务质量和效率。[①]

（二）促进陆海直通渠道的快速发展

与著名航运公司建立合作关系，建立国内主要的沿海运输通道。扩展航线网络，开发更多的国际远洋贸易航线。积极推进集装箱海

---

① 万红：《市发展改革委 优化港城发展布局 提升城市服务能级》，《天津日报》2023年7月1日，第3版。

铁联合运输和中欧（中亚）直通列车，确保贸易往来畅通无阻。优化内部服务和营销网络，加强与内陆地区的经济联系。促进海运和空运的无缝连接，实现信息互通，强化港口之间的协作和联动。

（三）促进港口产业的快速升级与发展

构建国际物流核心区，兴建天津国际物流业园区。强化并扩大海洋装备制造业，扩展石化和新型化工材料行业，积极推进航天航空行业发展，提升粮食及油料加工行业水平，发展冷链食品深加工产业，并探索氢能源行业的发展新路径。加速发展现代航运服务行业，如航运代理、金融、展览、咨询和法律服务。创造新的贸易竞争优势和商业模式，快速推动"保税+"业态的发展。加快邮轮行业的成长和扩张。

（四）促进港口、产业与城市融合发展能力的提升

集中力量构建适宜居住、工作和旅游的港产城融合特色区域，实现区域之间的差异化和协调发展。对老旧码头和港口附近的旧城区进行改造升级，执行多个城市更新计划。增强与全球港口城市的交流与合作，策划和举办各类海运国际展览。加强安全监管体系建设，确保港产城融合发展的安全保障体系更为牢固。

五 实施滨海新区高质量发展示范引领行动

实施京津冀协同发展战略合作功能区建设工程行动，构建高标准的非首都功能转移平台，深化关键领域合作，完善相关政策，形成京津冀协同发展的标杆区域；推行改革先导区的建设项目，通过关键改革措施，如支持市场主体发展、商业环境优化、资源配置优化等，促进制度型开放，创建市场化改革的新标杆、升级版开放平

台和加强版合作交流区；执行创新引领发展区的建设项目，加强战略性科技发展，凸显企业在科技创新中的核心作用，创建人才汇聚中心，促进科技成果转化，完善知识产权保护系统，建立具有国际水平的产业创新中心；推动现代产业集群的建设，快速发展先进制造和研发中心、金融创新区、国际消费与区域商业中心、数字产业中心，打造中国北方的现代产业基地；推进北方国际航运中心的建设，快速建设世界级的智能绿色港口、区域航空枢纽和国际物流中心，扩大港口经济规模，构建更高级别的"双循环"经济支撑点；推动绿色低碳发展新模式试验区建设，发展绿色经济，加强环境治理，完善生态环境，提倡绿色生活方式，打造国家级生态文明示范区；推进城乡优质生活典范区建设，构建"生产、生活、生态"一体化发展模式，建设"津城"与"滨城"双城互动、功能互补、城乡一体化发展的城市，创造一个有韧性、有文化、绿色、创新的美好"滨城"典范；实施社会治理现代化示范区建设，加强基层党建引导的社区治理，全面协调发展与安全，推动社会治理的社会化、法治化、智能化，打造全国社会治理现代化示范区。①

六　实施中心城区更新提升行动

（一）提升城市经济核心竞争力与产业服务水平

主动承接北京的非首都功能转移，重点在红桥区的京津冀同城商务区、河西区的新八大里数字经济聚集区、河东区的金贸产业园等区域发展特色产业园，促进不同地区产业的互补发展，增强城市核心区的产业支撑和影响力。精准规划城市中心的产业布局和空间

---

① 王建喜、赵贤钰：《行动化具体化实践化 合力推动行动方案各项重点任务落地落实》，《滨城时报》2023年5月25日，第3版。

结构，高标准建设天开高教创新园核心区、金融街等功能区，探索设立中央创新区，加强科技、金融服务、商务、创意设计、数码经济等现代服务行业的集群发展。加固楼宇经济基础，执行"亿元楼宇"梯度培育计划，通过"腾笼换鸟"策略优化中国人寿金融中心（天津）、泰达大厦、天星河畔广场等关键商务建筑，打造一系列专业化和特色化的商务地标，促进城市核心区的综合、融合及协调发展。

（二）提升城市文化软实力与人文环境

加强城市中心区的空间规划和城市风貌建设，明确"津城"总体设计，制订海河两岸的提升与更新计划。推动工业区改造提升，如天津第一机床总厂及周边片区、南开区的西营门片区等，逐步释放产业空间。丰富零售业态和优化商业布局，加速发展一系列高端商业综合体，建立标志性的商业中心。创造有影响力的文化地带，塑造一系列反映现代精神和地方特色的天津文化符号，发展意风区·东西里等融合艺术与时尚的文化地标。活化小洋楼资源利用，特别是和平区五大道、泰安道与解放北路、中心花园和河北区意式风情区的小洋楼资源。推动商业、旅游和文化的融合发展，利用海河串联起的特色建筑、商业综合体、高端酒店等资源，打造海河亲水消费名片。

（三）提升城市公共服务水平与生活品质

积极推动城市的有机更新，改善老旧小区，弥补城市中心基础设施的不足，完善交通、停车、充电等公共设施，持续改善居住环境。优化教育、医疗和养老服务资源的分配，扩大中心城区优质教育资源总量和覆盖范围，促进优质医疗资源的质量提升和地区分布均衡，发展天津特色的养老服务体系，加快建设托幼服务设施，增加公共健身设施，将城市建设成为居民生活的高品质场所。

（四）提升城市治理能力与管理效率

提高城市的数字治理能力，加强新型基础设施建设，快速推动城市大数据应用，扩大智慧城市的建设范围。推进城市的韧性建设，完善消防和安全设施，增强城市的安全保障。优化城市管理模式，深化基层社会治理，创建精细化管理的典范，不断提升城市管理的科学、精细和智能水平。[①]

七　实施乡村振兴全面推进行动

（一）提高农民经济收入与生活质量

目标是提高农民的生活水平和经济状况。对农村道路进行升级改造，加固和提升农村电网的供电能力和技术水平，并根据具体情况推广太阳能、风能等可再生能源，使农民出行更方便、用电更可靠。推动农村居住环境显著改善。实现农村厕所的卫生化，全部生活垃圾进行无害化处理。确保超过95%的农村饮用水达到检测标准，规范运行生活污水处理设施，持续清理农村水体污染，使农村地区变得更加清洁、整齐和有序，既保持乡村自然美景，又确保居住环境宜人。使农村的基本公共服务变得更加方便，确保农村义务教育的巩固率超过99%，提高乡镇卫生设施和村卫生室的建设标准，发展乡镇级综合养老服务设施，在条件允许的村庄建设全民健身设施，更好地满足农民现代化、文明幸福的生活需求。

---

① 胡萌伟：《做优做强中心城区产业实力》，《天津日报》2023 年 6 月 15 日，第 2 版。

（二）丰富城市居民的生活体验

目标是提升城市居民对食品安全的信心以及丰富他们的生活体验。坚守农产品质量安全的底线，通过整合监管资源，实施网格化、协同化和数字化的管理，确保农产品从生产到销售的每一个环节都可追溯。深化专项整治活动，不断提供高质量的农产品，确保城市居民餐桌上的食品既安全又绿色。提升乡村旅游的体验，结合独特的农业和文化资源，根据季节变化推出 50 条特色旅游路线，让城市居民全年都能享受乡村的自然和文化魅力。同时，通过发展具有地方特色的农产品和手工艺品，增强乡村旅游的吸引力，设立专门的销售区域，使城市居民的"后备箱"充满地方特色。面对京津都市圈的庞大人口规模，创新乡村旅游和周末消费模式，让在城市生活的每个人都能找回童年记忆、感受乡村风情。

（三）扩大企业家在乡村的发展空间

目标是为企业家创造更多投资机会。聚焦种植业振兴、特色产品开发、乡村旅游升级、乡村发展强化以及农产品流通五个重点领域，专注发展具有地区特色的农业产品，支持乡土产业和新产业的成长，延伸产业链，增加价值链，为乡土投资开辟更广阔的领域。提高物流体系的效率，利用连接主要城市的快速交通网络，建立农产品的保鲜和冷链设施，推动地方农产品走向更广阔的市场。加强产业支撑平台的建设，加快现代农业产业园和特色产业集群的开发，为各类产业项目提供更好的发展条件。同时，提供全方位的服务保障，通过一系列政策措施，为企业家在乡村的投资和发展提供支持，包括用地、金融以及人才政策支持，以优质的营商环境促进乡村产业的发展。

八　实施绿色低碳发展行动

（一）全面推动绿色低碳的大环境建设

积极推动实施绿色转型发展战略。坚持生态为先、绿色低碳的发展路径，整合并推进落实产业布局调整、环境污染整治、生态保护及气候变化应对措施，深化生态价值发掘，扩充生态产品的供应量，促进社会经济全面向绿色发展转型，加速实现建设美好天津的目标。优化调整产业、能源和交通结构，推进生产、生活及社会的绿色低碳发展，发展绿色产业和循环经济，助推全面"无废城市"的构建。

深化环境污染的治理工作。推动京津冀地区生态环境的联合防治，有效开展蓝天、碧水、净土保卫战，推行城乡居住环境的综合整治，提升生态环境管理的效率，贯彻执行河湖长制、林长制，不断提升生态环境的品质。

加大生态环境保护和恢复力度。优化规划空间布局，加强土地使用管制，加速生态修复项目的实施，提高城市绿化和美化水平。推动生态环境保护，推进"871"重大生态工程建设，力争打造以外环绿道为纽带的"一环十一园"的"植物园链"，努力将天津建设为一个生态宜居的城市。

主动推进碳减排和碳平衡。稳妥推进碳达峰和碳中和工作，完善碳减排实施计划，推动能源与产业向绿色低碳方向改革，促进绿色科技发展和绿色金融的广泛应用，积极推动发展循环经济，为"双碳"目标的实现奠定坚实基础。

建立完善的政策体系。构建生态产品价值评估体系，推进生态资源的市场化利用，加强源头管控和法律监督，强化绩效考核。

（二）节约为本，推动资源利用效率的提高

把提高资源利用效率确定为绿色低碳发展的中心任务。突出结构性节约，持续改进能源和产业结构，强化能源资源节约的基础。强调技术节约，加快促进化石能源的高效使用，推动新能源并网消纳及氢能等可再生能源的开发，扩大节能空间。注重系统性节约，整体推进能源、水资源、粮食、土地、矿产和材料的节约利用，全面实施废弃物资的循环使用，构建能源节约的协同体系。[①]

（三）共建共享，提升公众的幸福感和满意度

促进城乡建设领域的绿色低碳发展，解决社区公共设施不足的问题。加快绿色建筑、模块化建筑和超低能耗建筑的发展速度。实施城市园林绿化改造提升工程，快速推进"一环十一园"的"植物园链"建设，新建和改善口袋公园。营造绿色低碳的生活环境，完善垃圾分类制度，打造公交优先的城市模型，提升绿色出行的比例，优化绿色产品的供应链，推动食品、服装和住宅等关键领域向绿色低碳转型。

九 实施高品质生活创造行动

推动京津冀地区在社会政策和公共服务方面的深度整合，加强三地在社会政策、公共服务、商业贸易和文化旅游方面的协作；促进高质量充分就业，保持就业市场的稳定与扩展，加强创业和就业服务体系建设，实施居民增收工程，通过多种途径提高居民收入；提供优质教育，全方位促进学生全面成长，完善公共教育服务，提升高等教育质量，探索现代职业教育体系建设新方案，发展学习型

---

① 曲晴：《谋划 24 项重点任务 明确主要目标指标》，《天津日报》2023 年 6 月 6 日，第 2 版。

社区；提供优质医疗服务，改善健康服务体系，优化医疗布局，提高医疗保险水平，推进养老服务体系提质工程建设，全面推动实施健康天津项目；完善社会保障体系，优化社会保障工作，合理调整社会保障福利，完善社会救助系统，实施退役军人尊崇优待提质工程，确保各类群体得到充分保障；推行交通建设和城市宜居改造项目，强化落实解决市中心交通拥挤问题的相关措施，采取"十项攻坚"措施优化城市交通体验，构建高品质道路交通出行环境；建设优质的"十五分钟生活服务区"，在商业和消费领域实现高质量发展；增强公共安全管理，预防和解决安全隐患，推动治安防控系统的建立，健全紧急服务团队，预防信息泄露和电信欺诈，构建安全的校园环境，保障道路交通安全，建立更高级别的食品和药品安全保障体系；创造更加多元的文化和精神生活，实施文化惠民工程，丰富公众文化生活，促进文化和旅游相结合，推动文化旅游产业的高质量发展，实施全民健身提升工程，增强公众的身体素质。

十　实施党建引领基层治理行动

（一）实施政治引领工程

突出党对基层治理的领导核心作用，强化基层党组织的领导构架，努力提升基层党组织的政治和组织作用。重视基层党组织和党员的凝聚力与灵魂塑造，积极开展主题教育活动，通过对习近平新时代中国特色社会主义思想的不断学习，深化党的先进理论教育。强化党的政治建设，增强基层干部的政治敏锐性和领导能力，不断增强基层干部的政治判断力、领悟力和执行力。以服务人民为核心，充分认识到基层治理的各项工作最终关乎每个家庭，坚持以人民为中心的发展思想，以民众需求为指引，改进联络和服务群众的方式，提高服务质量，增强服务实效，不断提高人民的幸福感和满意度。

（二） 实施治理能力提升计划

专注于强化社区安全建设，继续推行并刷新"枫桥经验"。在新时代背景下，完善一站式、多元化的矛盾和纠纷调解机制，建立有效的信访积案处理体系，改进基层的社会安全防控网络。发展高效能的"全科网格"系统，促进细小的网格单元发挥巨大作用，利用党建活动推动社区治理，以网格管理服务作为基本工具，确保社区管理和服务的最终落实，实现社区矛盾的及时解决和服务的高效供给。构建完善的应急管理体制，强化和提高社区的应急职责和权限，建立多方协作的社会动员系统，逐步完善应急响应计划，确保日常管理与应急响应的有效衔接。

（三） 实施法治保障计划

重点推动社区法治化管理，加强家庭教育、物业管理等关键领域的立法工作，深化综合执法体制改革，提升执法的效率和效果。扩大法律服务的供应，增强社区法律教育基础，持续强化法律知识培训，推动高品质的法律服务资源向社区扩展，提高社区党员和干部的法治意识。完善法律援助体系和司法救助机制，确保公民能够及时获得有效的法律支持。

（四） 实施德治教化计划

秉持社会主义核心价值观，强化新时代的公民道德框架，提升社会、家庭及个人的道德水平，继承并发扬中国传统美德。深化爱国主义的当代教育，有效利用教育基地，组织系列红色传承活动。塑造和推广文明新风尚，推行文明社区、村镇和家庭的创建活动。培育并表彰典型人物和模范行为，用榜样的力量激励社会向善，使道德教育生动、有形、富有感染力。

（五） 实施基层治理强基计划

规范基层群众自治组织建设，确保党组织在引导群众自治中的领导地位。扩展公民参与治理的途径，完善基层民主协商机制，推动"红色物业"建设，创建社区治理模板。动员社会各界共同参与基层治理，完善以党建为引领的社会参与体系，保证党的建设引领社区服务的制度体系建设，支持社会团体在提供公共服务方面发挥作用。创新社区治理模式，实现社区、社会组织、社工、志愿者和慈善资源的协同，形成党建引领基层共建共治共享社会治理格局。

（六） 实施智慧治理支撑计划

建设智慧治理云平台，统筹推进各类治理系统和应用的建设，完善基层智慧治理的标准体系，加快建设全市的社会治理和政务服务平台，提高便民服务效能。推行智慧社区建设，应用智能感应等现代技术，促进日常服务的数字化，创建基于"互联网+"的安全管理智能场景，确保系统在实际应用中有效，并使基层工作者和民众满意。关注独居老人、残障人士等特殊群体，及时更新和优化智能关怀平台，实现面对面、键对键、心贴心的服务，为民众提供更加多元、个性化的服务和问题解决方案。①

（执笔人：21 世纪马克思主义研究院经济社会文化发展战略研究中心副主任，张群 等）

---

① 孟若冰：《推进基层治理体系和治理能力现代化水平整体提升》，《天津日报》2023 年 4 月 27 日，第 2 版。

第二章 推进长江国家文化公园（重庆段）高质量发展：重庆高质量发展实践创新

重庆市委、市政府十分重视推进文化强市建设和长江国家文化公园（重庆段）建设。2022年12月，重庆市委六届二次全会提出要着力推进文化强市建设。2023年1月，重庆市政府工作报告对加快长江国家文化公园（重庆段）建设提出要求，指出要奋力抓好文化强市建设，满足人民日益增长的精神文化需求，加快长江、长征国家文化公园（重庆段）建设。本章重点对推进长江国家文化公园（重庆段）高质量发展的重要意义、基础条件、重点任务和保障措施等加以介绍，对重庆市委、市政府及相关部门工作部署和创新做法进行分析研究，为进一步加快重庆文化强市建设贡献智慧和力量。

第一节 推进长江国家文化公园（重庆段）高质量发展的重要意义和基础条件

2023年12月，重庆市委书记袁家军在全市宣传思想文化工作会议上强调，要加快打造新时代文化强市，为新重庆建设注入不竭精神动力。① 这对加快建设长江国家文化公园（重庆段）提出了新要求。

一　建设长江国家文化公园（重庆段）具有重要意义

重庆市委、市政府对建设长江国家文化公园（重庆段）作出具体部署。2023 年 4 月，重庆市委副书记、市长胡衡华主持召开市国家文化公园建设工作领导小组会议。他强调要深入贯彻习近平总书记重要指示精神和党的二十大精神，按照市委六届二次全会部署，高起点谋划、高标准推进长江国家文化公园（重庆段）建设，更好促进长征、长江文化科学保护、世代传承、合理利用。胡衡华阐明了建设长江国家文化公园的重要意义，指出建设国家文化公园是以习近平同志为核心的党中央作出的重大决策部署。重庆是中央确定的长征国家文化公园建设区和长江国家文化公园重点建设区。推进国家文化公园重庆段建设，是贯彻习近平总书记重要指示精神的重大举措，是落实文化强国战略、推进文化强市建设的重要载体，是新时代新征程建设现代化新重庆的应有之义。我们要从政治上看、从全局上谋，协调推进文物和文化资源保护传承利用，建好用好国家文化公园重庆段。②

推进长江国家文化公园（重庆段）高质量发展是重庆对标对表党的二十大战略部署，深入推动文化强市和文化强国建设的重要内容。保护传承好长江文化，让长江流域重庆段的文化遗产和文物保护成果更好地融入生活、惠及群众，让广大人民群众普遍了解、广泛参与并共享文化发展成果是长江国家文化公园（重庆段）高质量

---

① 《加快打造新时代文化强市 为新重庆建设注入不竭精神动力》，新华网，2023 年 12 月 30 日，http://www.cq.xinhuanet.com/20231230/c2fefdeb354b454c8150f50708801d86/c.html。

② 《高标准推进国家文化公园重庆段建设 更好促进科学保护世代传承合理利用》，《重庆日报》2023 年 4 月 11 日。

发展的初心所在。保证长江国家文化公园（重庆段）高质量发展，对进一步弘扬中华优秀传统文化、增强文化自信、激发文化创造活力、推动文化创新有着重要意义。建设长江国家文化公园（重庆段）是传承发扬中华文化、推进中华优秀传统文化创造性转化和创新性发展的重要举措，也是深入贯彻习近平文化思想、推进新时代新征程新重庆建设的重要抓手。加快推进长江国家文化公园（重庆段）建设，为积极探索建设"山清水秀美丽之地"的实践创新、为创建世界知名旅游目的地和国际消费中心城市、为塑造"新时代新征程新重庆"城市形象提供了新机遇和新平台。

二 重庆拥有独特的区位优势与战略定位

重庆作为中西部地区唯一的直辖市，地处"一带一路"和长江经济带的交汇点，承接东西贯通南北，西部大开发战略、西部陆海新通道建设等在此汇聚，在建设长江国家文化公园中具有明显的区位优势和重要的战略地位。在国家战略规划框架下，成渝地区双城经济圈的建设推动着重庆在战略定位和布局方面的优化。相较成都，在经济结构方面，重庆的第二、第三产业发展更为均衡，这为重庆文化事业的发展、文化与其他业态的融合提供了根基更稳、韧劲更强的经济基础。重庆的城市能级高，在城市发展建设目标方面，除了要建成全国重要经济中心、全国重要科技创新中心、西部金融中心、改革开放新高地、高品质生活宜居地，重庆还承担着建设国际综合交通枢纽的独特使命。国家赋予重庆通道运营中心的定位，重庆应顺势抓牢长江国家文化公园（重庆段）建设契机，充分发挥地处"一带一路"和长江经济带交汇点的区位优势，优化营商环境，疏通通道物流，让重庆的长江文化及产品更快更多更好地惠及人民群众。近年来，重庆改革开放力度不断加大，在促进国内国际双循环、优化营商环境、激发市场活力潜力等方面取得了积极的成效，这不仅得益于国家政策的支持，更得益于重庆独特的区位优势，国际人流、物流、资金流、信息流、技术流汇聚重庆，为世界文明提供了新的交流场地。重庆理应勇担时代重任，依靠独特的区位优势，在长江国家文化公园的建设中走在前列、作出示范。

三　重庆拥有深厚的人文底蕴和丰富的文化旅游资源

"三千年江州城，八百年重庆府。"重庆是中国四大直辖市之一，有着3000多年的城市发展史和文化史，巴渝文化、三峡文化、抗战文化、革命文化、统战文化、移民文化等不同文化形态汇聚于此，交相辉映。重庆历经四次筑城、跨江开埠、民国建市、抗战陪都、西南大区等发展阶段，是长江干流沿线重要的历史文化名城。[①] 重庆作为独具特色的"山城、江城"，属亚热带湿润季风气候，春早夏热、秋雨冬暖；重庆地貌以丘陵、山地为主，其中山地占76%；长江横贯重庆全境，流程约为691公里，与嘉陵江、乌江等河流交汇于重庆。重庆文化旅游资源丰富，巴渝风光秀美，三峡旅游蜚声中外。三峡是万里长江从高山到平原的"分界线"，有重要文化资源124处，核心旅游资源246个，在长江干流全域中具有无可比拟的代表性。[②] 重庆三峡库区拥有世界上唯一可乘船游览的内河大峡谷，在整个长江流域拥有突出地位。重庆地理风貌独特，文旅融合发展态势较好，文化和旅游的融合发展让长江国家文化公园（重庆段）具备优势资源建设成为长江国家文化公园先行区和示范区。

---

① 程颖：《将重庆纳入长江国家文化公园重点建设区》，《重庆政协报》2022年3月6日。
② 《涵养历史文化根脉 绽放中华文明之美》，《重庆日报》2022年3月5日。

四 重庆历史文物和文化遗产保护传承基础较好

目前，重庆拥有世界文化遗产 1 处、世界自然遗产 3 处，钓鱼城被列入中国世界文化遗产预备名单，白鹤梁题刻被列入世界文化遗产预备清单。重庆长江干流现存不可移动文物 15155 处，其中全国重点文物保护单位 53 处、市级文物保护单位 251 处；可移动文物 509082 件，其中珍贵文物 30557 件。[①] 重庆三峡库区文物保护工程工作量占整个三峡文物保护工程工作总量的 78%。作为历史文化名城，重庆现有 2.59 万处不可移动文物、148 万多件可移动文物，全国重点文物保护单位 64 处，珍贵文物 4 万件，国家级非物质文化遗产代表性项目 53 项，市级非物质文化遗产代表性项目 4535 项。[②] 重庆有中国历史文化名镇 23 个、传统村落 110 个、国家工业遗产 5 处。三峡文物保护工程历时 30 年，实施了保护项目 996 个，是我国规模最大的文物保护工程。[③]

五 长江国家文化公园（重庆段）的生态环境不断改善

重庆山环水绕、江峡相拥，被北纬 30°线所贯穿，是全国 35 个生物多样性保护优先区域之一。重庆有 6000 多种植物，其中有被称为植物"活化石"的桫椤、水杉、秃杉、银杉、珙桐等珍稀树种。重庆生态环境优良，长江、嘉陵江、乌江干流水质总体为优，2022 年空气质量优良天数达 332 天，全市森林覆盖率达 55%。绿色低碳发展成效明显，重庆作为长江上游生态屏障的作用日益凸显。长江

---

① 程颖：《将重庆纳入长江国家文化公园重点建设区》，《重庆政协报》2022 年 3 月 6 日。
② 幸军主编《巴渝藏珍——重庆市第一次全国可移动文物普查总结报告暨收藏单位名录》，西南师范大学出版社，2019。
③ 陈国栋、王翔、何春阳：《重庆沿着习近平总书记指引的方向坚定前行》，《重庆日报》2022 年 8 月 18 日。

重庆段突出"治水"、持续"育林"、抓好"禁渔"、注重"防灾"、强化"护文"，长江国家文化公园（重庆段）的文化生态环境不断得到改善。[①] 重庆在全国率先发布了"三线一单"成果，划定生态保护红线、永久基本农田、城镇开发边界三条控制线，实施了重大生态保护修复行动、"两岸青山·千里林带"工程。推进山水林田湖草生态保护修复国家工程试点，广阳岛打造"长江风景眼、重庆生态岛"入选"中国生态修复典型案例"。习近平总书记强调："建设长江上游重要生态屏障，推动城乡自然资本加快增值，使重庆成为山清水秀美丽之地。""要深入抓好生态文明建设，坚持上中下游协同，加强生态保护与修复，筑牢长江上游重要生态屏障。"[②] 近年来，重庆全面落实《中华人民共和国长江保护法》，完成长江"十年禁渔"退捕任务，积极构建以国家公园为主体的自然保护地体系，在典型生态系统和珍稀濒危野生动物种群保护方面取得了显著成效。

第二节　推进长江国家文化公园（重庆段）高质量发展的实践创新

重庆市委、市政府十分重视传承发扬重庆优秀历史文化。2023年11月，重庆举行市委理论学习中心组专题学习会，深入学习贯彻习近平文化思想，全面落实党的二十大部署，扎实推进文化强市建设。市委书记袁家军指出：要更好传承发扬重庆优秀历史文化，实施重庆历史文化研究工程，加强文化遗产保护，挖掘发扬巴渝文化优秀特性，努力打造文艺精品；要积极推进文化惠民利民，完善城

---

① 陈国栋、王翔、何春阳：《重庆沿着习近平总书记指引的方向坚定前行》，《重庆日报》2022年8月18日。

② 《努力把重庆建设成为山清水秀美丽之地》，学习强国网站，2022年10月7日，https://www.xuexi.cn/lgpage/detail/index.html？id＝16024287389708866875。

乡公共文化服务供给体系，提升公共文化服务数字化发展水平，着力打造一批重大文化地标；要努力推进文化产业高质量发展，发挥重大文化产业项目带动作用，做大做强文化市场主体，推动文旅产业深度融合发展，促进文化产业转型升级。[①]

一　初步确定建设重点项目并完成规划编制

自 2022 年 4 月长江重庆段被正式纳入长江国家文化公园重点建设区段以来，重庆市各区县策划储备长江国家文化公园建设项目共计 270 个，涉及博物馆、纪念馆、遗址遗迹、特色公园、非物质文化遗产、历史文化名城名镇名村和街区、文化旅游复合廊道等几大类建设项目。[②] 其中，长江三峡（重庆段）国家考古遗址公园、重庆中国三峡博物馆改扩建、长江诗词数字化及应用传播工程、长江水文水电遗产保护利用工程、重庆长江古人类文化公园、钓鱼城国家大遗址保护展示、巴文化考古遗址公园、长江江心岛链（重庆广阳岛）文化生态建设、《长江图志》项目、"长江杯"自然笔记大赛被列为长江国家文化公园（重庆段）建设十大重点项目[③]。2022 年底重庆已启动首批长江国家文化公园（重庆段）建设重点项目，加快推进包括奉节白帝城大遗址公园、万州天生城考古遗址公园、忠县皇华城遗址公园及三峡考古遗址博物馆等在内的长江三峡（重庆段）国家考古遗址公园等项目的建设。目前重庆已编制完成了以长江干流沿线为主轴的长江国家文化公园（重庆段）建设保护规划和实施方案，并召开了长江国家文化公园（重庆段）建设保护规划专

---

① 《深入学习贯彻习近平文化思想 扎实推进文化强市建设》，《重庆日报》2023 年 11 月 18 日。

② 彭瑜：《长江国家文化公园（重庆段）建设保护规划专题研讨会在巫溪召开》，《重庆日报》2022 年 8 月 22 日。

③ 王亚同：《"长江之歌 诗圣三峡"国际诗歌节暨重庆长江国家文化公园（重庆段）首批重点项目在奉节启动》，《重庆日报》2022 年 12 月 27 日。

题研讨会。已完成的《长江国家文化公园（重庆段）建设保护规划
（送审稿）》和《长江国家文化公园（重庆段）建设实施方案（送
审稿）》，系统梳理了长江重庆段文化脉络，提炼了 28 个文化主题，
遴选了 69 个文化标识，以巴渝文化、三峡文化、抗战文化、革命文
化、统战文化和移民文化为重点，全面构建了重庆长江文化体系。[①]

二　加快推动长江文化资源的创造性转化

重庆市委、市政府十分重视推动各种文化的创造性转化、创新
性发展"两创"工作。2023 年 6 月，重庆市委理论学习中心组专题
学习会召开，学习贯彻习近平总书记在文化传承发展座谈会上的重
要讲话和对首届文化强国建设高峰论坛开幕致贺信精神，市委书记
袁家军要求，大力传承弘扬中华优秀传统文化，深化历史文化研究，
加强文化遗产保护，抓好优秀传统文化传承，推动巴渝文化、三峡
文化、抗战文化、革命文化、统战文化、移民文化等创造性转化、
创新性发展。[②]

为加快推进长江国家文化公园建设，重庆相关部门已对长江国
家文化公园（重庆段）的文化文物资源情况进行了全面梳理，明确
了长江国家文化公园（重庆段）建设范围为重庆市全域。目前已系
统梳理重庆市世界文化遗产、世界自然遗产、国家 5A 级旅游景区、
国家级旅游度假区、国家级非物质文化遗产等品牌资源 330 项，已
复核不可移动文物 21993 处，新发现文物点 331 处。建成全国首个
文物保护装备基地、三峡文物科技保护基地、三峡数字博物馆等重
点文物科技项目。近年来，重庆考古成果显著，长江沿线出土文物

---

① 《重庆多措并举着力培育和践行社会主义核心价值观 传承红色基因 坚定前行信心》，《重
庆日报》2023 年 12 月 19 日。

② 《奋力谱写新时代文化强市建设新篇章 为现代化新重庆建设注入强大精神力量》，《重庆
日报》2023 年 6 月 17 日。

17.2 万余件（套）。进行了三峡文物摸底调查，完成考古项目 391 项，巫山大溪遗址入选全国"百年百大考古发现"。依托长江文化资源，打造了《三峡人家》《归来三峡》《巫山神女》等一批文艺精品；成功举办了长江三峡国际旅游节、世界大河歌会等品牌活动；加快建设洋炮局 1862 文创园等 100 多个长江流域重大文化产业项目。另外，重庆还推出了纪录片《城门几丈高》、沉浸式史诗剧《红岩红》、情景式体验剧《黎明之前》、红岩精神主题音乐会《在烈火中永生》、芭蕾舞《百年红梅颂》、大型红色舞台剧《重庆·1949》等多部优秀文艺作品，丰富了长江文化产品，打造了长江文化系列品牌并逐步形成品牌效应。

三　大力实施长江重庆段文化保护传承工程

一是全力助推白鹤梁题刻的世界申遗工作。位于涪陵区的重庆白鹤梁水下博物馆，是世界首座遗址类水下博物馆。重庆目前正抓紧推进白鹤梁题刻申报世界文化遗产，以及中国水文博物馆前期建设工作。目前中国水文博物馆已完成了选址、展陈大纲方案的编制、建筑设计工作，预计在 2025 年能够建成开放。二是有序推进奉节白帝城大遗址保护项目。目前，已启动对子阳城遗址和擂鼓台遗址地下文物的考古发掘和信息采集，即将完成白帝城大遗址的考古勘探工作，同时还联动三峡之巅、三峡第一村等景区，大力推进"大白帝城景区"（奉节县）建设。三是高度重视文化遗产的活化传承。利用考古成果，按照"一园多点"模式，推进了长江三峡（重庆段）国家考古遗址公园建设，目前万州天生城、奉节白帝城、忠县皇华城、云阳磐石城、两江新区多功城等考古遗址公园已开工建设。通过城市更新和城市"微改造"，实现南岸区龙门浩、渝中区山城巷等传统风貌区对外开放，促进渝中区十八梯、沙坪坝区磁器口、北碚区金刚碑、巴南区丰盛和木洞等传统风貌区的提档升级。四是公共文化服务体系日益完善。重庆目前登记备案的博物馆126家，其中国家一级博物馆5家。近年新增忠州博物馆、夔州博物馆、江津博物馆等三峡库区综合性博物馆12家，建成开放世界首座水下博物馆——白鹤梁水下博物馆，对重庆中国三峡博物馆、重庆三峡移民纪念馆等17座综合性博物馆进行了提档升级。重庆中国三峡博物馆还联合长江沿线博物馆推出《长江文明展》《三峡文物保护成果展》《大溪——走进长江文明之大溪文化主题展》等长江历史文明系列展览，成为了解和触摸长江文化的重要窗口[①]。

四　积极开展系列活动和相关研究工作

2023年8月，重庆市政府与国家文物局签订了深化重庆文物保护利用改革战略合作协议，双方将在文物保护地方立法建设，革命文物、三峡文物、石窟寺等保护利用，世界文化遗产申报，重大考古项目，博物馆提升等方面加强协作。[②] 2023年9月，首届长江文明论坛在重庆举行。开幕式上，中国社会科学院与重庆市政府签署战略合作框架协议。论坛围绕"宅兹中国：长江文明探源""千年文脉：从巴山蜀水到江南水乡"两个专题展开讨论交流。论坛期间，长江流域首个将沿江省（区、市）的文库类、文丛类、文献类的出版物收集齐全的长江文明书馆也同步落成启用。在理论研究方面，重庆近年来完成了"长江三峡文化发展研究""川江航运文化研究""三峡文物与三峡旅游发展研究"等一批重点研究课题，出版了《近代川江航运史》《长江三峡历史地图集》及三峡考古研究系列丛书等学术著作，编撰出版的《大足石刻全集》填补了国内大型石窟

① 《重庆建设高品位长江文化走廊 形成考古发掘、保护修复、规划建设、成果展示全流程链》，《重庆日报》2021年4月12日。
② 韩毅：《不尽长江滚滚来》，《重庆日报》2023年9月13日。

寺编写出版系列考古报告的空白①，形成了较为丰硕的长江文化研究成果。

第三节　推进长江国家文化公园（重庆段）高质量发展的重点任务

重庆市委、市政府对建设长江国家文化公园（重庆段）多次作出具体部署。2023 年 4 月，市委副书记、市长胡衡华主持召开市国家文化公园建设工作领导小组会议。他强调，要深入贯彻习近平总书记重要指示精神和党的二十大精神，按照市委六届二次全会部署，高起点谋划、高标准推进长江国家文化公园（重庆段）建设，更好促进长征、长江文化科学保护、世代传承、合理利用。②

一　对长江国家文化公园（重庆段）提出具体要求

胡衡华代表市委、市政府提出七项具体要求。一要坚持保护优先、强化传承、文化引领、彰显特色，树牢精品意识，把有为政府和有效市场结合起来，善用改革的思维、创新的办法、数字化手段，项目成熟一个建设一个，做到连点成线、连线成面，形成聚集效应。二要坚持规划先行，找准重庆定位、突出巴渝特质，落实多规合一要求，科学编制建设保护规划。三要强化项目牵引，用好存量资源，加大项目推进力度，做好项目策划储备。四要注重系统保护，抓好文物修缮保护，创新数字化展陈手段，加强文物安全保护。五要促进文旅融合，把长征、长江的文化价值、生态价值、经济价值统筹好、发挥好。六要讲好重庆故事，加强研究阐释和宣传推广，深入

---

① 韩毅：《重庆建设高品位长江文化走廊》，《重庆日报》2021 年 4 月 11 日。
② 《高标准推进国家文化公园重庆段建设 更好促进科学保护世代传承合理利用》，《重庆日报》2023 年 4 月 11 日。

挖掘文化精神内涵和时代价值，更好展现重庆形象、彰显巴渝文化魅力。七要强化组织领导，加强统筹协调、专班推进，建立健全协同推动、闭环落实、督查督办等机制，强化资金保障，确保长江国家文化公园（重庆段）各项建设任务落地落实。

二　凝练长江文化内涵，突出重庆地域特色

长江国家文化公园（重庆段）建设是一项复杂而庞大的系统文化工程，重庆沿江各地在进行建设和发展时，既要注重整体把握长江国家文化公园的基本定位和总体调性，也要注重彰显不同区域和地段的文化特色和地方属性。重庆长江沿线各地在挖掘各自江段的突出优势和文化特色时，要突出重庆的巴渝文化与上游的巴蜀文化、中游的荆楚文化、下游的吴越文化的区别，在多元一体的发展格局中凸显各自的特色。同时还要深入研究长江文化与重庆文化的起源特质、内在精髓、发展脉络及演进逻辑，发挥长江文化的引领作用，注重用社会主义先进文化、革命文化、中华优秀传统文化培根铸魂，彰显长江文化的时代价值和民族特色，充分利用巴渝文化、抗战文化等本土文化资源，围绕推动长江经济带发展、西部大开发、成渝地区双城经济圈建设等重大战略，回应新时代的召唤，讲好长江故事，展现巴渝之美，突出重庆特色。

（一）活化利用长江文物和文化遗产，推进长江文化保护传承

1. 多措并举做好"活"化利用工作

首先，要加强珍贵文物的修复工作，最大限度地保留文物的原始面貌。加大财政对骨干文物修复师及相关团队的支持力度，评选"重庆好人"，激发他们的工匠精神，促进他们对文物的热爱，让文物跨越时空与现实对话。其次，借助现代科学技术更新文化内部空

间，充分调动利用文物资源。通过融入数字投影、虚拟影像、互动捕捉等延伸文物展览空间，让文物"动"起来，丰富观众的多维感官知觉。最后，"牵手"新文创，助推文物跨界合作。将重庆市内知名的长江文化古迹融入文创产品之中，如电子科技产品、食品饮料包装、办公文具装饰、美妆护肤品等，推出与白鹤梁水下博物馆联名的游戏英雄皮肤、重庆中国三峡博物馆系列国潮插画、与奶茶品牌联名的特色图纸以及非遗文物冰箱贴等，让文物承载的文化更深入人心。

2. 多元参与协同推进长江文化的传承与保护

长江文化具备公共产品的属性，其传承与保护必然涉及人民群众的文化权益。多元共治需要重视以下方面：在长江文化的保护与传承过程中，应当充分利用政府网站、微信公众号、线上线下问卷调查等方式，以文化活动策划为载体，听取公众对本地历史文物和文化遗产保护传承的建议，并组织召开长江文化保护与传承专题座谈会，深入研究探讨文化资源的保护问题；鼓励社会力量积极参与文化传承保护和活化利用工作，担负起新时代的文化使命。

3. 加快推进重点项目建设

认真梳理重庆长江文化在整个长江流域中的比较优势，充分发挥资源、生态、区位和文化优势，推进建设具有辨识度和标志性的重大项目，为长江国家文化公园建设赋能。加快推进奉节白帝城、云阳磐石城、忠县皇华城等考古遗址公园建设，重点实施合川钓鱼城遗址等考古发掘和保护展示项目。加快推进长江文化保护传承重大项目建设，着力打造长江国家文化公园（重庆段）形象标识，加强长江文物和文化遗产保护利用，发挥重点建设段示范引领作用，推动长江的历史文化、山水文化与城乡发展相融合，保护好、传承好、弘扬好长江文化。

4. 进一步加强文化品牌建设

继续建设"书香重庆"，开展"美育重庆"建设，提升"长江文化艺术节""中国乡村艺术季"等文化展、节的影响力和美誉度。深度包装川剧、大足石刻、荣昌陶和夏布、綦江农民版画等文化遗产项目，打造彰显巴渝特色的文化产品，推出一批展示地域文化独特魅力、贴近受众文化需求和消费习惯的特色文化品牌，争创中国驰名商标。实施重庆特殊艺术巡演项目，积极推动一批文化创意精品、文艺表演精品、旅游演艺精品、动漫精品、影视精品、创意设计精品进一步"走出去"，扩大重庆本土文化品牌的国际知名度和影响力。

5. 完善文化传承机制，更新人才培养模式

一是推动"文化+课堂建设"。修改人才培养方案，开设非遗文化基础课，建设非遗课程实验室，搭建非遗技艺实践环境，通过"理论知识+实践体验"的方式，更好地传播长江非遗文化[①]。二是增强创新创业能力，鼓励企业、文化艺术团体、个人从事文物传承保护事业，以长江文物文化遗产为题材，以举办大赛为契机，打造创新创业项目。三是加强民族职业院校人才培养。如重庆市黔江区民族职业教育中心搭建起多方协作培养模式，致力于培养非遗文化传承人，承担起了重庆长江文化传承与发展的责任与义务。

（二）传承红色基因，用好用活重庆红色文化资源

1. 坚持党建引领，开展多形式的思政教育活动

首先，重庆正全力打造新时代思政课，通过由人化文、以文化人的方式讲好红岩故事，将红色文化教育带入校园课堂，鼓励学生参与组建红色文化社团，参与红色研学、教育沙龙等实践活动，引

---

① 宋琪、徐鑫：《非遗文化传承创新人才培养探讨》，《合作经济与科技》2023年第14期。

发学生对革命先辈的尊敬与追忆，充分发挥红色文化的教育功能。其次，充分利用本地红色资源，加快《红岩红》沉浸式史诗剧和《黎明之前》情景式体验剧试运营演出，举办红色主题的音乐会、芭蕾舞表演、舞台剧等，创新思政活动方式，让红岩精神浸润人心。最后，开展党员干部教育培训，加强思想政治理论学习。各党团组织定期组织主题教育学习、交流研讨、实地考察等活动，加强红色精神学习与实践。

2. 发挥榜样作用，掀起红色文化学习热潮

借鉴武汉经验，加快策划推出"重庆新时代英雄城市人物谱系"，系统地收录重庆市优秀的时代楷模、道德模范人物，打造英雄主题展示场所，利用现有的"大思政课"实践教学基地、交通枢纽广告牌、户外商场屏幕、重大节点、烈士纪念日，植入英雄城市精神内涵，大力宣传平凡英雄的感人故事，凝聚共护长江红色文化的民族情感，建好用好长江国家文化公园（重庆段）。

3. 加大宣传力度，创新红色文化的表现形式

红岩精神是重庆这座城市鲜明的红色标识，重庆应充分利用本地红色资源，讲好讲活红岩先烈故事，让红岩精神浸润人心。[①] 各级政府主管部门要加大对红色文化的宣传力度，将诸如红岩革命纪念馆、816 地下核工程、白公馆看守所旧址、渣滓洞看守所旧址、歌乐山革命纪念馆、陶行知先生纪念馆等红色文化遗址相关信息，通过抖音、微信、微博、小红书、快手等 App，精准有效推送至用户，唤醒广大群众的红色记忆。同时，借助大数据技术，构建红色文化数据资源库，运用先进科技手段，如互联网技术、AI 与 VR 等，将红色文献、图像、录音与相应文物有机融合，打造具有视觉震撼力的影视作品或动态图像，再现生动的历史瞬间，提升大众对于红色

---

① 卞立成、王亚同：《传承红色基因 坚定前行信心》，《重庆日报》2023 年 12 月 19 日。

文化的认知，吸引游客前往体验浓郁的红色文化氛围。

（三）推动文旅融合，培育新型长江文化业态

重庆在全力推进长江国家文化公园（重庆段）高水平建设的同时，因地制宜，深入挖掘地域文化特色，充分利用地域文化资源，丰富文旅产品供给；通过发展多样化的文旅体验新业态新模式，增强游客的体验感和获得感；探索建立公园化管理模式，促进文旅融合发展体制机制的创新[①]，形成以产业促文旅、以文旅兴产业的新格局。

1. 开发"农业+文旅"模式

在全面实施乡村振兴战略的背景下，开发重庆三峡库区特色农业采摘、研学、度假、民俗体验等系列活动，丰富辖区内农业特色产业建设。依靠长江流域重庆段独特的地理优势，建设国家现代农业产业园，鼓励家庭农场的发展，以满足游客个性化的文旅需求。

2. 开发"工业+文旅"模式

借助如816地下核工程、綦江区三江街道老工业基地等一系列重庆市级工业遗产项目，结合新时期文旅市场的消费趋势，"串珠成线"形成长江沿岸工业旅游产业群。依托相关企业和组织，合理设计工业旅游精品路线，培育创新精神，加大工业遗产活化力度。

3. 开发"消费业+文旅"模式

系统开发设计一批具有重庆特色的文创 IP，打造具有重庆特色的旅游演艺新空间，以重庆特有的山城夜间经济为载体，借助重庆 MCN 机构进行推广，营造区县特色消费新氛围。总之，文旅融合模式的创新，既能够展现重庆市区县文旅特色，又能带动当地相关产

---

① 陈国栋、卞立成：《凝心聚力协同发展 共建长江国家文化公园》，《重庆日报》2023 年 3 月 11 日。

业发展，最终以域内当地特色产业发展促进文旅发展，以文旅提效反哺产业发展。

4. 大力发展特色文化产业

深入挖掘长江流域重庆段的文化属性和特色资源，实施重大文化产业项目带动战略，优化产业结构布局，形成一批具有重庆辨识度的标志性成果，提升产业发展整体实力和竞争力，满足人民多样化、高品位文化需求。

三 以科技赋能为引擎，促进长江文化数字化传承

（一）充分运用数字化多媒体技术

通过 AR、VR、MR 等虚拟仿真技术的应用为长江文化传承及创新发展增添新的动力。将静态的、平面的文化公园展示转换为立体的、沉浸式的形象展示，有效地丰富和拓展长江国家文化公园（重庆段）产品及场馆的表现方式和表现内容。在长江国家文化公园（重庆段）文化项目展览上，适当地增加数字化的展览方式，通过虚拟技术让观者切实感受长江浩浩荡荡川流不息的魅力，更为"沉浸式"地感知长江文化的产生背景和发展历程，身临其境地体会长江文化的时空变迁和源远流长。

（二）充分利用大数据信息服务系统

随着 5G 时代的到来，长江国家文化公园（重庆段）的各类服务围绕信息化、数字化不断进行优化和调整。一方面，适时推进大数据库建设、信息检索服务、网络咨询服务、大数据监测保障等以保障项目落地后的运营及维护。另一方面，利用大数据的挖掘能力，及时对长江国家文化公园（重庆段）项目建设的各类信息资源予以收集、加工、处理、再学习。信息资源的处理，主要涉及两方面。

一是针对长江国家文化公园（重庆段）信息的整理与处理。包括对长江国家文化公园（重庆段）产品信息的分类处理，对线上服务信息资源如公众号、宣传视频号的内容及页面设计等进行调整、融合、优化，对域内相关产品的信息进行汇总与存储，保证线上信息资源的高效利用。二是针对长江国家文化公园（重庆段）服务需求的挖掘与分析。依据受众群体不同，需要针对现有的信息资源进行系统化的分析和分类、定向化投掷处理，更好满足群众个性化的文化需求。

（三）灵活运用数字化交互装置，打造长江国家文化公园（重庆段）IP

首先，长江国家文化公园的建设使长江"IP 化"，"文化长江"IP 涵盖历史文化遗产与现代生活场景，是一个具有中华民族历史记忆、国家图腾表征和审美（文化）体验"三位一体"结构的超级文化 IP。[①] 现如今，打造数字文化 IP 成为新兴趋势，各类展馆都开始运用数字化技术来提升展陈效果。随着网络和大数据等新兴行业技术的出现与兴起，"数字人"等新型电子化交互设备已经大大提高了人们的体验感。在长江文化设施的建设中，可以在合适的项目中增设电子化交互设备，如增加符合重庆民俗文化、重庆三峡文化等文化特征的互动内容，拉近与观众的距离，更好地传播长江文化。其次，在利用数字技术创作数字作品的经验上，可借鉴故宫《探秘丹青》数字出版作品的成功实践，针对长江国家文化公园（重庆段）建设，积极打造《长江图志》数字版，活化文物，共享资源。再次，可通过区块链技术打造数字藏品。数字藏品是以其收藏价值和版权

---

① 傅才武、程玉梅：《"文化长江"超级 IP 的文化旅游建构逻辑——基于长江国家文化公园的视角》，《福建论坛》（人文社会科学版）2022 年第 8 期。

价值为交易基础，使用区块链加密技术进行唯一标识以确认权益归属，并且能够实现流转追溯的非同质化数字作品、艺术品和商品。借助技术手段，可以积极打造如"数字化白鹤梁水下博物馆""数字化长江诗词文化藏品"等。最后，随着元宇宙技术的发展，元宇宙场景体验逐步走进现实，长江国家文化公园（重庆段）的项目体验及文化发展可以借助元宇宙的虚实交互、沉浸式体验探索全新的表达形式，塑造文化传播新形式，增强长江文化的感染力和凝聚力。

四　开展资源全面普查工作，建立长江文化资源数据库

（一）开展全面普查工作，对文化资源进行查漏补缺

在目前已开展的资源普查工作的基础上，要进一步挖掘尚未被发现的文物资源，为长江文化资源数据库增加重庆元素和巴渝特色。可以在常见的普查方式如文献收集、实地观测记录、访谈与问卷调查、测绘等基础上，运用数字技术，实现文化遗产数据化，如借助虚拟现实技术摸清底数；参考重庆中国三峡博物馆的做法，加快区县数字化博物馆的建设步伐；利用电子文档记录相似文化遗产的背景信息，为后续工作提供数据储备。

（二）借助数字技术，建立文化资源数据库

利用数字化管理平台，将文物保护单位、文物、历史建筑、工业遗产、农业文化遗产、交通文化遗产、水文化遗产、历史文化街区、名城名镇、传统村落、非物质文化遗产等资源分类整理建档，编制资源保护名录和资源分布图。[①] 通过数字方式，重现、修复长江

---

① 黄璜：《依托国家文化公园建设推进长城红色旅游发展》，《中国旅游评论》2021 年第 2 期。

流域文化资源，健全长江文化数字化档案管理机制，利用数字技术对长江流域重庆段的历史、文化和自然资源进行数字化收集、整理和保存，建立起全面的文化遗产档案。[①] 总之，长江文化资源数据库建设是一项复杂的系统工程，需要科学整合各类检索应用功能，实现有效的数据报送和查询；需要制定严格的、统一的长江文化资源管理标准规范，并加大对标准规范的执行监督；需要加强对重要长江文化资源数据的备份及保护，系统设计高性能数据库备份管理系统，优化备份作业调度。

（三）制订数据开放计划，推动长江文化数据资源共享

长江文化资源的开放与共享是公众的迫切需求，也是建设长江国家文化公园的内在使命和必然要求。重庆的文物数据不能无限制、无范围地公开。应对公开的数据内容、受益对象以及共享形式等作出界定，有选择地层层开放，按部就班地进行。[②] 要遵守文物资源公开的原则，按照合法性、及时性、真实性、利益平衡性、不收费、责任原则进行公开，让人民群众共享长江文化数据资源。

五　加强长江文化国际交流传播，塑造新时代新重庆形象

（一）建立健全口述历史发展机制

新时代长江文化口述史建设可借助录音和录像技术保留最原始的叙述，建立口述记忆库。同时大力培育口述史方法研究专业人才，掌握听众的接受心理、接受习惯和思维特点，主动发掘受众所关心的话题，将重庆方言故事转化为外国人听得懂的国际语言故事，向

[①] 孙彦斐、刘思源：《数字化赋能长江国家文化公园建设的逻辑与向度》，《南京社会科学》2023 年第 10 期。

[②] 王欣：《文化资源共享背景下的文物数据管理研究》，《文物鉴定与鉴赏》2023 年第 2 期。

国际社会全面展示长江文化中所蕴含的人类共通的情感。

（二）加强文明互鉴和国际合作

国家之间联合申遗，不仅能推动人类文明的交流合作，更是开发保护世界遗产的有力之举。同时，需要注意其前提条件是要对特色文物资源进行合理打造，借助数字化、科技化手段兼顾文物保护与活化利用，赋能文物事业国际化发展。白鹤梁题刻为和埃及尼罗尺石刻联合申遗，诚挚邀请埃及相关专家探讨水文遗址的价值意义和目标定位，通过举办多场线下研讨会，最终达成共识，建立起密切的工作关系。这一典型实践为重庆其他地区文物古迹申遗提供了借鉴，也是促进长江文化国际传播的优秀案例。

（三）创新国际传播方式，掌握国际舆论引导主动权

充分利用重庆特有的长江文化资源，讲好新时代新重庆故事。借助共建"一带一路"促进文明对话，加强国内媒体和国际媒体的交流合作，发挥大众媒介对重庆长江文化的舆论宣传作用。充分利用互联网优势，开辟长江文化国际传播新渠道，通过短视频、电影、网络会议、线上教育、云演出等向国外观众输出文艺精品。大力举办长江文化系列论坛，学习武汉等城市的优秀经验，举办"中国长江文化旅游博览会""中国江河文明国际论坛""世界大河文明互鉴国际论坛"等活动。[①] 完善境外舆情跟踪和通报机制，警惕外媒对重庆长江文化进行虚假报道，开展针对性的舆论引导工作，将文化传播的主动权牢牢握在自己手中。

---

① 傅才武：《长江国家文化公园建设中的国家目标、区域特色及规划建议》，《决策与信息》2022 年第 8 期。

六　加强理论研究，重视成果转换

（一）设立专项基金开展相关课题研究

重庆应首先加大宣传力度，鼓励和引导广大学者、研究人员深入开展长江国家文化公园（重庆段）建设的课题研究，在理论界首先掀起关注与讨论，提高相关话题讨论热度。其次，设立专项课题研究基金，鼓励通过系列调查研究，集中形成一批务实、有效的决策咨询报告和理论文章，将其中极具可行性的建议提交重庆市委、市政府，以形成决议的方式推动理论转化为实践成果，将理论与长江国家文化公园建设（重庆段）有机结合。

（二）加强长江国家文化公园（重庆段）智库建设

吸引重庆市高等院校，重庆社会科学院、重庆市社科联、重庆市文化和旅游研究院等科研机构及重庆市文化旅游委、重庆市科技局等相关部门的科研力量，激励更多具有专业知识和国内外影响力的专家、学者及团队，参与到长江国家文化公园（重庆段）的建设中。按照"以我为主、吸纳人才"的原则，汇集各方人才，积极引进具有相关专业知识的专职研究人员和杰出人才，培养一批既熟悉重庆本地文化特色又精通长江国家文化公园建设的决策专家，提升决策咨询成果的理论深度和实践价值。

第四节　推进长江国家文化公园（重庆段）高质量发展的保障措施

2023 年重庆市政府工作报告对加强政府自身建设提出要求：狠抓效能建设，让革新立新、担当实干蔚然成风；保持奋进者姿态、创造性张力，高质高效抓工作、促落实；注重解放思想、打开思路，冲破因循守旧的条条、破除惯性思维的框框、摆脱墨守成规的束缚，对理念、方法、机制进行全方位、系统性、重塑性变革；注重整体智治、高效协同，优化完善"渝快办""渝快政"，推进跨部门数据共享、流程再造、业务协同，打造政令一键智达、执行一贯到底、监督一屏掌控等数字化协同工作场景。

一 健全体制机制，加强组织建设

（一）健全管理体制，夯实发展基础

在行政管理方面，以重庆市委、市政府为主要牵头部门，设置市国家文化公园建设工作领导小组，核定专门编制，明确长江国家文化公园（重庆段）建设的主要内容，以重庆市文化旅游委、重庆市文物局、重庆市财政局、重庆市发展改革委、重庆市水利局、重庆市生态环境局、重庆市住房和城乡建设委员会、重庆市乡村振兴局等为主要建设部门，针对长江国家文化公园（重庆段）建设重大事项实行"专人专管、专事专办"，明确各重点工程项目时间表、任务图，进行"周调度、月总结"，确保各项重点工程落实到位。

在事业管理方面，在重庆市文化旅游委增设"长江国家文化公园（重庆段）管理事务中心"，将其作为公益一类事业单位，并积极落实人员编制，使其专门负责长江国家文化公园（重庆段）管理等相关工作。同时，也可成立公益二类事业单位并落实事业编制，统筹推动长江国家文化公园（重庆段）建成后的运营监管工作。

在行业管理层面上，成立诸如"重庆长江文化保护协会""重庆长江文化发展协会""重庆长江文化传播协会"等行业协会，积极发挥行业协会的引领带动作用，促进长江国家文化公园（重庆段）的高质量发展。

（二）统筹协调机制，增强发展实效

以党政引领为主线，统筹协调、整体推进，避免一个区县一个"炉灶"，实现长江国家文化公园（重庆段）各种资源的有效整合和一体化开发。加强文旅、文物、发展改革、财政、自然资源、生态环境、住房城乡建设、交通运输、水利、农业农村、商务、体育等有关部门以及长江经济带沿线省份的联系交流，努力形成部省合作、部门联动、共商共建的良好局面。

从市、区县、乡镇三级建立长江国家文化公园（重庆段）工作领导机制，在市国家文化公园建设工作领导小组的统一领导下，统筹推进长江国家文化公园（重庆段）建设，加强市域内各区县党委、政府的主体责任，明确各区县、各部门工作职责，建立三级联席会议制度，定期召开领导小组会议研究长江国家文化公园（重庆段）建设工作，建立健全分管部门间的有效沟通、统一行动、高效联动机制。[①]

二　加强区域合作，强化协同治理

长江国家文化公园建设是相当复杂的系统工程，要全面统筹协调好跨区域合作。长江国家文化公园（重庆段）建设要综合考虑包括湖北、湖南、重庆、四川、贵州等省市在内的长江干流区域和长江经济带区域。建立跨区域协作机制，真正走出一条新时代长江文化保护传承利用新路，力争把长江流域重庆段打造为新时代长江文化新地标。

---

① 张祝平：《黄河国家文化公园建设：时代价值、基本原则与实现路径》，《南京社会科学》2022年第3期。

（一）加强省际区域联动，构建长江国家文化公园城市联盟

拓宽工作思路，加强与相邻省份之间的沟通与协作，联动长江中上游城市，主动搭建交流服务平台。重庆可以成渝地区双城经济圈建设为基础，率先推动建立长江国家文化公园城市联盟，加强与长江国家文化公园（四川段）的共建共治，加强渝鄂协作，打造凸显三峡特色的长江国家文化公园。

（二）加强区县协作，形成域内协同

从纵向来看，长江国家文化公园（重庆段）应在重庆市委、市政府的领导下，统一建设步调，形成渝东北、渝东南及主城区之间的长江国家文化公园（重庆段）产业集群效应；从横向来看，应建立区县间互惠互利、共担风险的合作机制，打造"奉节模式""涪陵模式""万州模式"等长江国家文化公园（重庆段）优秀试点，储备具有地方特色的文化项目，从制度上激励区县主动投入一体化建设。

（三）汇聚社会力量，鼓励社会参与

一是切实吸引社会资本参与特许经营，创新政府与民营企业合作模式，重点引导优秀民营企业参与长江国家文化公园（重庆段）的项目建设运营，探索形成多元化长效收益格局。二是充分利用社会力量，调动多方积极性，开展多种形式的对口援建和捐助，鼓励公民、法人或其他组织通过兴办实体、资助项目、提供服务、捐赠物资等方式参与长江国家文化公园（重庆段）的建设保护工作。三是探索以本地居民为主的管理模式，为本地居民提供就业机会，以此推动群众参与长江国家文化公园（重庆段）事务的决策和管理。四是加强政府部门与环保组织、志愿组织、公益组织、非营利组织、

高校等社会主体的合作，推动各类社会力量参与长江国家文化公园（重庆段）项目建设，鼓励不同社会主体参与长江文化规划、建设、传播交流等实践活动。

三 加大资金投入力度，支持高标准项目建设

（一）优化长江国家文化公园（重庆段）建设资金使用

建立长江国家文化公园（重庆段）建设的专项转移支付机制，支持文化生产、文艺创作、展演传播、教育培训，协调文化传承发展"专精特优"工程项目，对长江国家文化公园（重庆段）建设项目有所倾斜。一方面，加大资金投入力度，健全长江国家文化公园（重庆段）项目建设工作的财政保障机制，市、区县应依据各级事权做好资金保障，加强上下协作和部门协调，严格根据项目进度及时拨付资金；另一方面，加强资金全过程绩效管理，强化资金监测预警，动态跟踪资金使用各环节，切实加快支出进度，保障项目建设工程进度。同时，制定科学的长江国家文化公园（重庆段）建设资金使用和绩效目标，定期开展专项资金使用绩效评价，提高资金使用率。

（二）拓宽市场主体资金来源渠道

推动建立重庆域内长江沿线发达与欠发达地区的投融资对接机制，畅通融资渠道，保证长江国家文化公园（重庆段）可持续发展。引导金融机构按照市场化原则提供专项信贷支持，推动发达地区投资企业通过发行企业债、股权融资等方式，社会资本以与政府合作等方式，合法合规参与长江国家文化公园（重庆段）项

目投资建设运营。[①] 建立政府引导基金，如文化旅游投资发展基金，运用政府引导、多元参与、专业化管理的市场化运作方式，吸引金融机构、投资机构和社会资本主动参与重点文旅项目的开发建设，激励全社会投入长江国家文化公园（重庆段）的建设中。完善金融联合服务体系，由金融监管部门引领银行、保险、信贷等金融机构在金融政策、金融产品等方面进行更新、创新，针对重庆文旅市场不同的投资主体提供"菜单制""一条龙"的个性化金融服务，助力文旅企业提升活力和竞争力。

四　加大人才培养力度，做好"引育留用"工作

（一）着眼当前需求，拓宽"引才"渠道

将人才队伍建设纳入长江国家文化公园（重庆段）总体规划，在重庆段的长江国家文化公园总体规划编制中细化相关领域人才发展专项规划，建立和完善人才评价制度，实施高层次人才倾斜政策，实现筑巢引凤。在此基础上，紧紧围绕长江国家文化公园（重庆段）建设和文旅产业发展需求，围绕重庆产业布局规划引进人才，柔性引进长江国家文化公园管理专业研究团队，为长江国家文化公园（重庆段）的高质量发展注入新鲜"血液"。

（二）主动搭建平台，探索"育才"模式

发挥重庆大学、西南大学、重庆理工大学、重庆三峡职业学院等工程类、环境类、农林类等重点高校和职业院校的教育优势，加快国家公园管理专业、生态修复学、智慧农业等相关专业高层次人

---

① 马勇、曾晓庆：《长江国家文化公园的核心价值、驱动机制及建设路径研究》，《武汉商学院学报》2022 年第 5 期。

才培养，保障长江国家文化公园（重庆段）高素质人才的可持续供给。组织专业化人才培训。针对重庆域内已在相关岗位、已有工作经验的专业化人才进行适时培训，加强系统知识训练，提升其职业能力，建设长江国家文化公园（重庆段）高质量发展人才队伍。

（三）深化服务保障，加大"留才"激励

贯彻落实《重庆市引进高层次人才若干优惠政策规定》《重庆英才服务管理办法（试行）》等相关优待服务政策，积极打造人才政策发展空间；对在偏远区县参与长江国家文化公园（重庆段）建设的人才给予安家补贴、子女教育补贴等保障服务，点对点地做好针对长江国家文化公园（重庆段）的重点科研团队跟进服务，持续激发人才干事创业动能。

（四）扩宽成长路径，优化"用才"措施

坚持做好长江国家文化公园（重庆段）建设所需专业人员的资格考试及职业等级认定工作，不断优化相关专业技术岗位的考评制度，建立健全考核奖励机制，畅通所需专业技术人才的晋升渠道，为长江国家文化公园（重庆段）高质量发展提供人才智力支撑，确保人才"用得好"。

五　完善相关政策法规，加强制度保障

（一）加强地方立法和配套政策支持

系统梳理相关法律法规及政策，以《中华人民共和国环境保护法》《中华人民共和国土地管理法》《中华人民共和国水土保持法》《中华人民共和国长江保护法》《中华人民共和国文物保护法》《中华人民共和国非物质文化遗产法》《中华人民共和国公共文化服务保

障法》等国家相关上位法作为地方立法和政策制定的依据和准则，加快地方立法进度，完善相关配套政策。

（二）加强地方立法与国家政策法规的衔接

为预防和控制长江国家文化公园项目建设对长江文化生态环境造成的不利影响，促进长江流域重庆段文化生态的可持续发展，在进行长江国家文化公园（重庆段）相关项目建设过程中，必须严格遵守国家关于保护自然资源、文化遗产、文物资源及合理利用土地的相关法律法规。在制定长江国家文化公园（重庆段）相关法律法规及相关政策时，需要做好与《中华人民共和国环境保护法》《中华人民共和国土地管理法》《中华人民共和国水土保持法》等上位法的衔接。另外，长江国家文化公园建设特别强调文化遗产保护、文旅融合发展对长江文化传承的重要意义，因此，在制定长江国家文化公园（重庆段）地方法律法规时必须做好与《中华人民共和国文物保护法》《中华人民共和国非物质文化遗产法》《中华人民共和国公共文化服务保障法》《"十四五"旅游业发展规划》等相关法律法规政策的衔接。

（三）尽快制定技术标准，加强配套政策供给

根据重庆市自身情况和实际需要，制定长江国家文化公园（重庆段）管理技术规范，为长江国家文化公园的统一规划建设、分级管理、分区管控奠定法律基础。为尽快确立长江国家文化公园（重庆段）的设立、规划、建设、监测和考核评价机制，建议制定并出台重庆市长江沿线文化遗产保护条例、重庆长江文化保护传承弘扬方案、长江国家文化公园（重庆段）建设保护规划方案、长江国家文化公园（重庆段）实施方案、长江国家文化公园（重庆段）建设标准与技术规范、长江国家文化公园（重庆段）考核评价规范等法律法规和国家标准文件，加快地方性法律法规和配套政策供给，做到有法可依、有章可循，为长江国家文化公园（重庆段）建设提供政策法规依据和技术指南。

（四）加强立法和政策制定及执行过程的社会参与

长江国家文化公园建设是一项重大的文化惠民工程，具有人民性和公共性，因此，在长江国家文化公园（重庆段）的立法建设过程中要时刻从维护人民群众权益的角度出发，按照立法公开的原则和程序，在立法环节引入公民听证会制度，积极引导公民反映自身诉求、保护自身权益。在长江国家文化公园（重庆段）建设过程中，广泛吸纳公民的政策和立法建议，既有助于公众主动了解长江国家文化公园（重庆段）的相关法规政策，鼓励公众参与长江国家文化公园（重庆段）的管理与建设，又可以减少相关项目建设实施阶段的政策阻力。

六　加强顶层设计，做好建设规划和实施方案

（一）深入调查研究，做优分层规划

长江国家文化公园（重庆段）建设是个长期任务，需要在科学研究的基础上做好不同层面（国家、省、市、县）且彼此相互衔接的规划，编制符合地方特色的、与经济社会发展相匹配的、具有可行性的发展规划。在前期调研过程中要坚持多学科背景调研团队的参与，如要有考古学、文物学、文化遗产学、历史学、公共管理学、社会学等不同学科的人员参与调研，总结多方建议意见，综合性考虑长江国家文化公园（重庆段）建设需求①。

---

① 张冬宁：《国家考古遗址公园如何阐释和转化其核心遗产价值》，《中国文物报》2020 年 5 月 19 日。

（二）规划内容要始终秉持"生态宜居"原则

建设长江国家文化公园的最终目的是给长江流域内居民创造舒适良好的文化生活环境，因此首要任务是扎实推进重庆各区县、村镇的基础设施、公共服务和人居环境的建设投入。通过科学规划和合理布局，引导城镇基础设施向农村下沉，不断提高农村基础设施服务水平，进一步提升乡村生产生活的便利程度。在此基础上，加强对教育、医疗等公共服务领域的持续性投入，真正做到生态宜居、生活富裕。

（三）规划过程要注重"因地制宜"原则

在规划编制过程中，必须始终坚持"因地制宜"原则，长江国家文化公园（重庆段）域内各区县经济发展情况、社会生活方式及民俗文化皆有不同，应根据各区县发展条件，明确各区域的发展侧重点。规划中需要保留各区县原始景观及风貌特色，注意空间规划的范围及人文景观二次建设的力度。在规划编制中要保证突出空间地域特征、文化特质、城镇和乡村整体景观的特色。为保证规划体现各地发展特色，在规划编制过程中，应树立文化公园服务当地产业发展、文化公园服务人民群众文化生活的意识，因此，应让当地群众参与规划编制全过程。要积极鼓励引导熟悉当地情况的群众积极参与建设规划的编制，采取召集群众代表现场座谈、现场走访、问卷调查等形式，让当地居民更多地参与其中，为长江国家文化公园（重庆段）建设建言献策。

[执笔人：重庆文化产业（西南大学）研究院、齐文化北京研究院重庆研究基地，张海燕、孙静洁、石燕玲 等]

第三章　推进长三角一体化　发展数字经济：上海高质量发展实践创新

党的二十大报告提出要加快发展数字经济，促进数字经济和实体经济深度融合。① 本章重点对习近平总书记关于大力发展数字经济、推进长三角一体化系列讲话精神加以阐述，分析上海发展数字经济引领高质量发展的创新做法。

第一节　积极推动数字经济做大做强

一　数字经济重要性日益提升

（一）数字经济引领世界科技革命

2016 年 10 月，在中共中央政治局就实施网络强国战略进行第三十六次集体学习时，习近平总书记指出，世界经济加速向以网络信息技术产业为重要内容的经济活动转变，要把握这一历史契机，以信息化培育新动能，用新动能推动新发展。② 进一步地，在 2018 年 11 月致第五届世界互联网大会的贺信中，习近平总书记明确指出，

---

① 习近平：《高举中国特色社会主义伟大旗帜　为全面建设社会主义现代化国家而团结奋斗——在中国共产党第二十次全国代表大会上的报告》，人民出版社，2022。

② 《习近平讲话精神综述：让互联网更好造福国家和人民》，新华网，2016 年 11 月 14 日，http：//www.xinhuanet.com//zgjx/2016-11/14/c_135826829.htm。

当今世界正在经历一场更大范围、更深层次的科技革命和产业变革。互联网、大数据、人工智能等现代信息技术不断取得突破，数字经济蓬勃发展，各国利益更加紧密相连。为世界经济发展增添新动能，迫切需要我们加快数字经济发展，推动全球互联网治理体系向着更加公正合理的方向迈进。① 2021 年 9 月，在致 2021 年世界互联网大会乌镇峰会的贺信中，习近平总书记指出，数字技术正以新理念、新业态、新模式全面融入人类经济、政治、文化、社会、生态文明建设各领域和全过程，给人类生产生活带来广泛而深刻的影响。②

（二）加快推进数字产业化和产业数字化

2017 年 12 月，在十九届中共中央政治局第二次集体学习时，习近平总书记明确指出，要构建以数据为关键要素的数字经济，要坚持以供给侧结构性改革为主线，加快发展数字经济，推动实体经济和数字经济融合发展，推动制造业加速向数字化、网络化、智能化发展。③

在 2018 年 4 月举行的全国网络安全和信息化工作会议上，习近平总书记指出，要发展数字经济，加快推动数字产业化，依靠信息技术创新驱动，不断催生新产业新业态新模式，用新动能推动新发展。④ 数字产业化和产业数字化应当相辅相成、相互促进，这不仅能促进新技术的发展和应用，还能加速传统产业的升级改造。通过集成应用互联网、大数据、人工智能等现代信息技术，可以在保证经济持续健康发展的同时，实现产业结构和经济增长方式的根本转变。

① 《习近平向第五届世界互联网大会致贺信》，《中国青年报》2018 年 11 月 8 日。
② 《加强数字化发展治理 推进数字中国建设》，《人民日报》2022 年 2 月 15 日。
③ 《习近平主持中共中央政治局第二次集体学习并讲话》，中国政府网，2017 年 12 月 9 日，https：//www.gov.cn/xinwen/2017-12/09/content_5245520.htm。
④ 《习近平出席全国网络安全和信息化工作会议并发表重要讲话》，中国政府网，2018 年 4 月 21 日，https：//www.gov.cn/xinwen/2018-04/21/content_5284783.htm。

在推动数字经济发展过程中，应重视数据安全和个人隐私保护，确保数字经济健康有序发展。要加强国际合作，推动构建开放、合作、互利的网络空间命运共同体，以促进全球数字经济的共同繁荣。

总的来说，习近平总书记的一系列指示为中国数字经济的发展提供了明确的方向和强大的动力，有利于通过创新驱动、结构优化和开放合作，推动中国经济实现高质量发展，同时为全球数字经济的发展贡献中国智慧和中国方案。

（三）发展数字文明促进人类文明和幸福

2017 年 12 月，在致第四届世界互联网大会的贺信中，习近平总书记强调："中共十九大制定了新时代中国特色社会主义的行动纲领和发展蓝图，提出要建设网络强国、数字中国、智慧社会，推动互联网、大数据、人工智能和实体经济深度融合，发展数字经济、共享经济，培育新增长点、形成新动能。中国数字经济发展将进入快车道。中国希望通过自己的努力，推动世界各国共同搭乘互联网和数字经济发展的快车。"[1] 在 2020 年 11 月的亚太经合组织领导人非正式会议上，习近平总书记指出数字经济是全球未来的发展方向，应该主动把握时代机遇，打造竞争新优势，为各国人民过上更好日子开辟新可能。[2]

2022 年 11 月 9 日，在向 2022 年世界互联网大会乌镇峰会发出的贺信中，习近平总书记强调，中国愿同世界各国一道，携手走出一条数字资源共建共享、数字经济活力迸发、数字治理精准高效、数字文化繁荣发展、数字安全保障有力、数字合作互利共赢的全球数字发展道路，应加快构建网络空间命运共同体，为世界和平发展

---

[1] 《习近平书信选集》第一卷，中央文献出版社，2022。
[2] 《习近平在亚太经合组织第二十七次领导人非正式会议上的讲话（全文）》，中国政府网，2020 年 11 月 20 日，https://www.gov.cn/xinwen/2020-11/20/content_5563097.htm。

和人类文明进步贡献智慧和力量。[①] 习近平总书记的贺信反映了中国在全球数字经济发展中扮演的积极角色，凸显了确保数字安全和推广数字文明的重要性，同时也指出使全球每一个角落的人民都能享受到数字化带来的便利和福祉，构建人类命运共同体。

二 推动数字经济快速发展

（一）把握数字经济发展趋势和规律

2021 年 10 月，习近平总书记主持十九届中共中央政治局第三十四次集体学习，学习的主题是推动我国数字经济健康发展。习近平总书记强调，近年来，互联网、大数据、云计算、人工智能、区块链等技术加速创新，日益融入经济社会发展各领域全过程，数字经济发展速度之快、辐射范围之广、影响程度之深前所未有，正在成为重组全球要素资源、重塑全球经济结构、改变全球竞争格局的关键力量。要站在统筹中华民族伟大复兴战略全局和世界百年未有之大变局的高度，统筹国内国际两个大局、发展安全两件大事，充分发挥海量数据和丰富应用场景优势，促进数字技术与实体经济深度融合，赋能传统产业转型升级，催生新产业新业态新模式，不断做强做优做大我国数字经济。习近平总书记还对党的十八大以来的数字经济发展策略进行了回顾与总结，指出自党的十八大以来，党中央高度重视发展数字经济，实施网络强国战略和国家大数据战略，拓展网络经济空间，支持基于互联网的各类创新，推动互联网、大数据、人工智能和实体经济深度融合，建设数字中国、智慧社会，推进数字产业化和产业数字化，打造具有国际竞争力的数字产业集

---

① 《习近平向 2022 年世界互联网大会乌镇峰会致贺信》，中国政府网，2022 年 11 月 9 日，https：//www.gov.cn/xinwen/2022 - 11/09/content _ 5725580. htm？eqid = 8e40731900163f2 4000000036459dbf5。

群，我国数字经济发展较快、成就显著。习近平总书记进一步明确，发展数字经济是把握新一轮科技革命和产业变革新机遇的战略选择。发展数字经济是党面对新科技革命和产业变革的重要战略决策。数字经济的健康发展对于推动新发展格局的构建、加速资源要素流动和市场主体融合、助力市场主体创新和跨界发展具有重要意义。此外，数字经济不仅能够成为推动现代化经济体系建设的关键，还能够帮助国家在新一轮国际竞争中构建新的竞争优势。习近平总书记也强调了要加强关键核心技术攻关，牵住自主创新这个"牛鼻子"。增强自主创新的重要性，利用国家制度优势，扩大市场规模优势，提升数字技术的研发水平，以确保数字经济发展的自主可控。此外，习近平总书记还指出了要加快新型基础设施建设，加强战略布局，加快建设高速泛在、天地一体、云网融合、智能敏捷、绿色低碳、安全可控的智能化综合性数字信息基础设施，打通经济社会发展的信息"大动脉"。习近平总书记指出要推动数字经济和实体经济融合发展，把握数字化、网络化、智能化方向，推动制造业、服务业、农业等产业数字化，利用互联网新技术对传统产业进行全方位、全链条的改造，提高全要素生产率，发挥数字技术对经济发展的放大、叠加、倍增作用。[①]

（二）以数字中国建设助力中国式现代化

2023 年，中共中央、国务院印发了《数字中国建设整体布局规划》（以下简称《规划》），从党和国家事业发展全局和战略高度，提出了新时代数字中国建设的整体规划，明确了数字中国建设的指导思想、主要目标、重点任务和保障措施。数字中国建设是数字时

[①] 《习近平主持中央政治局第三十四次集体学习：把握数字经济发展趋势和规律 推动我国数字经济健康发展》，中国政府网，2021 年 10 月 19 日，https://www.gov.cn/xinwen/2021-10/19/content_5643653.htm。

代推进中国式现代化的重要引擎，是构筑国家竞争新优势的有力支撑。

中央宣传部副部长、中央网络安全和信息化委员会办公室主任、国家互联网信息办公室主任庄荣文在《人民日报》撰文，对数字中国建设助力中国式现代化这个问题进行了阐释。文章重点讲了如何"准确把握数字中国建设整体布局的任务要求"，一是要着力夯实数字中国建设基础，二是要着力深化数字中国全面赋能，三是要着力强化数字中国支撑能力，四是要着力优化数字中国发展环境。[①]

三 推动数字经济和实体经济深度融合

（一）数字经济和实体经济深度融合的创新

《求是》杂志 2023 年第 17 期发表了中共工业和信息化部党组关于大力推动数字经济与实体经济深度融合的理论文章。文章分析了推动数字经济和实体经济深度融合的重要意义、我国数字经济和实体经济融合发展取得的显著成效，以及如何科学判断数字经济和实体经济融合发展的新形势等问题。文章指出，当前新一轮科技革命和产业变革加速发展，全球产业结构和布局深度调整，数字经济和实体经济融合发展呈现诸多新特点、新趋势。一是数字技术进入加速创新的爆发期。二是数字技术与千行百业的融合向纵深拓展。三是数据作为关键生产要素的价值日益彰显。四是数字经济和实体经济融合领域的国际竞争日趋激烈。世界主要经济体纷纷加强战略布局，加大对智能制造、工业互联网、数字供应链等融合领域发展的政策支持力度，并抢夺数字领域技术标准、经贸规则制定的主导权。

[①] 庄荣文：《深入贯彻落实党的二十大精神 以数字中国建设助力中国式现代化》，《人民日报》2023 年 3 月 3 日。

欧盟出台《数据治理法案》《数字市场法案》等法律法规，利用隐私和数据保护、反垄断、数字税等手段维护"数字主权"。

文章对促进数字经济和实体经济深度融合的创新做法进行了梳理。一是加强数字基础设施建设应用。二是推动数字技术创新和产业发展。三是推进制造业数字化转型。四是激发企业融合发展活力，这是促进数字经济和实体经济深度融合的着力点。五是提升数字治理现代化水平，这是促进数字经济和实体经济深度融合的重要保障。①

（二）在经济社会发展中充分利用数据要素的倍增效应

2023 年 12 月，国家数据局等 17 个部门共同发布了《"数据要素×"三年行动计划（2024—2026 年）》，目的是充分利用数据要素的倍增效应促进经济和社会的发展。该计划基于需求驱动、注重成效、试点先行、关键突破四个核心原则，确保市场的有效性和政府的有为性，并且注重开放性与安全有序性。计划明确提出，到 2026 年底，在工业制造、现代农业、商贸流通、交通运输、金融服务、科技创新、文化旅游、医疗健康、应急管理、气象服务、城市治理、绿色低碳十二个重点领域和行业中实现数据要素价值的全面释放，进而推动实现数据要素的倍增效应。国家数据局计划与相关部门协作，加强组织领导，推进试点项目，利用比赛激励机制，加大资金投入力度，强化宣传教育，确保各项措施得到有效实施。②

---

① 中共工业和信息化部党组：《大力推动数字经济和实体经济深度融合》，《求是》2023 年第 17 期。

② 《十七部门关于印发〈"数据要素×"三年行动计划（2024—2026 年）〉的通知》，中华人民共和国国家互联网信息办公室网站，2024 年 1 月 5 日，https://www.cac.gov.cn/2024-01/05/c_1706119078060945.htm。

（三）加速数据基础设施的建设

国家数据局局长刘烈宏表示，推进数据流通，必须加快建设数据基础设施。要建立可信流通体系，利用多方安全计算、区块链等技术，使供给方能够有效管控数据使用目的、方式、流向，实现数据流通"可用不可见""可控可计量"，保障数据安全，防范泄露风险，实现数据可管可控；建立健全数据要素市场化配置机制、运用市场化机制提高数据的配置效率、推动数据要素合规高效流通，是释放数据价值的重要基础。下一步，国家数据局将通过支持技术型、服务型、应用型数据商的发展，繁荣数据开发利用生态，做强做大数据产业。[①]

第二节　大力推进长三角一体化

一　长三角一体化在中国式现代化中具有示范作用

2023 年 11 月，在深入推进长三角一体化发展座谈会上，习近平总书记强调，深入推进长三角一体化发展，进一步提升创新能力、产业竞争力、发展能级，率先形成更高层次改革开放新格局，对于我国构建新发展格局、推动高质量发展，以中国式现代化全面推进强国建设、民族复兴伟业，意义重大。要完整、准确、全面贯彻新发展理念，紧扣一体化和高质量这两个关键词，树立全球视野和战略思维，坚定不移深化改革、扩大高水平开放，统筹科技创新和产业创新，统筹龙头带动和各扬所长，统筹硬件联通和机制协同，统

[①] 《国家数据局：支持技术型、服务型、应用型数据商发展》，新华网，2024 年 1 月 7 日，http://www.xinhuanet.com/tech/20240107/0961da411cf2414ba647964b9851392d/c.html。

筹生态环保和经济发展，在推进共同富裕上先行示范，在建设中华民族现代文明上积极探索，推动长三角一体化发展取得新的重大突破，在中国式现代化中走在前列，更好发挥先行探路、引领示范、辐射带动作用。①

二　长三角一体化战略取得了显著成效

2023 年 11 月，习近平总书记在上海主持召开深入推进长三角一体化发展座谈会并发表重要讲话。习近平总书记在讲话中充分肯定了长三角一体化发展战略提出并实施 5 年来所取得的成绩。② 过去五年的发展已经形成了成熟的政策体系，增强了区域的增长潜力和现代化产业结构，实现了区域发展的显著进步，并加快了改革与开放的步伐。同时，长三角地区的环境治理也取得了实质性进展，增强了该区域作为展示中国特色社会主义制度优势的重要窗口和国际竞争平台的能力。尽管如此，当前长三角一体化进程中仍存在深层次问题，包括发展不平衡、产业链与供应链合作水平不高，以及超大城市治理存在短板等。长三角一体化发展是一项长期任务，需要一代又一代人的持续努力，只有坚持稳中求进的工作方针，才能不断开创长三角一体化发展的新局面。

三　长三角一体化发展的重点方向

在深入推进长三角一体化发展的过程中，要高度重视科技创新和产业创新的紧密结合，促使新产业、新业态和新模式的涌现，开

---

① 《习近平主持召开深入推进长三角一体化发展座谈会强调：推动长三角一体化发展取得新的重大突破 在中国式现代化中更好发挥引领示范作用》，中国政府网，2023 年 11 月 30 日，https：//www.gov.cn/yaowen/liebiao/202311/content_6917835.htm。

② 《取得新的重大突破 谱写新的发展篇章——习近平总书记在深入推进长三角一体化发展座谈会上的重要讲话振奋人心、指引方向》，中国政府网，2023 年 12 月 1 日，https：//www.gov.cn/yaowen/liebiao/202312/content_6917920.htm。

辟发展新空间，激发新的经济活力，并加强与长江经济带的联动，进而影响和带动全国范围内的发展。要重视跨区域、跨部门的合作，整合科技资源，构建高效的创新网络，并通过开放的姿态加强国际科技合作，建立具有全球竞争力的创新环境。①

四　推动长三角区域高水平对外开放

长三角地区在推动对外开放方面具有重要的战略地位，应鼓励长三角地区通过制度创新引领更高水平的开放，成为全国经济循环的关键节点和国内国际双循环的战略链接。特别是上海应加速"五个中心"建设，成为推动全方位改革开放的引擎。此外，长三角一体化发展应与共建"一带一路"紧密结合，推动区域内的优势产能和高质量装备"走出去"。②

五　上海要聚焦"五个中心"建设

2023 年 12 月，习近平总书记在上海考察时，要求上海聚焦建设国际经济中心、金融中心、贸易中心、航运中心、科技创新中心（"五个中心"）的重要使命，在推进中国式现代化中充分发挥龙头带动和示范引领作用。③ 上海 2018 年 1 月发布城市总体规划，在原有"四个中心"的基础上，提出加快推进"五个中心"建设。

习近平总书记于 2023 年 12 月听取了上海市委、市政府的工作

---

① 《习近平主持召开深入推进长三角一体化发展座谈会》，新华网，2023 年 11 月 30 日，ht-tp：//m. news. cn/2023－11/30/c_1130001743. htm。

② 《取得新的重大突破 谱写新的发展篇章——习近平总书记在深入推进长三角一体化发展座谈会上的重要讲话振奋人心、指引方向》，中国政府网，2023 年 12 月 1 日，https：//www. gov. cn/yaowen/liebiao/202312/content_6917920. htm。

③ 《习近平在上海考察时强调 聚焦建设"五个中心"重要使命 加快建成社会主义现代化国际大都市 返京途中在江苏盐城考察》，中国政府网，2023 年 12 月 3 日，https：//www. gov. cn/yaowen/liebiao/202312/content_6918294. htm？type＝8。

汇报。习近平总书记强调，上海作为我国改革开放的前沿阵地和深度链接全球的国际大都市，要在更高起点上全面深化改革开放，增强发展动力和竞争力，要全方位大力度推进首创性改革、引领性开放，加强改革系统集成。习近平总书记对民营经济发展和吸引外资高度重视，强调要落实保障民营企业公平参与市场竞争的政策措施，打造国际一流营商环境，激发各类经营主体活力，增强对国内外高端资源的吸引力。[①]

第三节　上海以数字经济发展推动经济社会高质量发展

一　上海推出城市数字化转型规划

2021 年 10 月，上海市人民政府办公厅发布《上海市全面推进城市数字化转型"十四五"规划》。该规划对上海的数字基础条件和优势进行了梳理和概括。

一是数字基础设施建设全国领先。建成全国"双千兆第一城"，实现中心城区和郊区城镇化地区 5G 网络全覆盖。截至 2020 年底，上海基本实现千兆固定宽带家庭全覆盖，平均可用下载速率超过50Mbps，累计建设 5G 室外基站 3.2 万个，室内小站 5.2 万个。国际信息通信枢纽地位增强，通信海光缆容量达到 22Tbps。推进绿色高端数据中心建设，建成面向公众服务的互联网数据中心 103 个，机柜总量近 14 万架。发布《新型城域物联专网建设导则》，建设 30 余种智能传感终端近 60 万个。

---

① 《习近平在上海考察时强调 聚焦建设"五个中心"重要使命 加快建成社会主义现代化国际大都市 返京途中在江苏盐城考察》，中国政府网，2023 年 12 月 3 日，https://www.gov.cn/yaowen/liebiao/202312/content_6918294.htm？type＝8。

二是数据资源利用效率明显提升。着力探索公共数据资源开发利用，发布《上海市公共数据开放暂行办法》，截至 2020 年底，累计开放数据集超过 4000 项，推动普惠金融、商业服务、智能交通等多个产业共 11 个公共数据开放应用试点项目建设。启动国际数据港建设，数据要素市场化配置进程提速。全力推进公共数据归集，累计归集 237.7 亿条数据。强化数据共享，打通国家、市、区三级交换通道，实现跨部门、跨层级数据交换超过 240 亿条。

三是数字经济保持蓬勃发展势头。产业数字化能级不断提升，工业互联网赋能全产业链协同、价值链整合，率先建成标识解析国家顶级节点并辐射长三角，标识注册量突破 16 亿，打造一批具有全国影响力的工业互联网行业平台。数字产业化持续深化，2020 年，集成电路产业规模达到 2000 亿元，成为国内产业链最完备、综合技术最领先、自主创新能力最强的集成电路产业基地之一。人工智能产业集聚核心企业 1000 余家，获批国家新一代人工智能创新发展试验区和人工智能创新应用先导区。在线新经济快速发展，基本形成以浦东、杨浦、静安、长宁为主产业发展布局的"浦江 C 圈"，网络零售、网络视听、消费金融等信息消费新业态不断涌现。[1]

二 上海发布数字经济发展"十四五"规划

上海的一系列数字化转型措施，不仅为城市自身的可持续发展提供了强有力的支撑，也为其他城市提供了值得借鉴的经验和示范，展现了数字化时代城市发展的新趋势和新路径。

2022 年 6 月，上海市人民政府办公厅正式公布了《上海市数字经济发展"十四五"规划》。该规划意在推进上海数字经济的全面

---

[1] 《上海市人民政府办公厅关于印发〈上海市全面推进城市数字化转型"十四五"规划〉的通知》，上海市人民政府网站，2021 年 10 月 24 日，https://www.shanghai.gov.cn/202124bgtwj/20211221/9d023714880f4ae79dc9c78fff4712d4.html。

进步，确保上海在全国的领军地位。目标设定为到 2025 年底，上海的数字经济增加值达到 3 万亿元，占全市生产总值的比重超过 60%。此外，该规划旨在加强产业集聚和创新能力，加速培养具有潜力的数字企业，提升数字消费能级，形成多个高价值数字产业新领域。

规划强调，上海将致力于提升数字经济核心竞争力，预计数字经济核心产业增加值占全市生产总值的比重将达到 15% 左右，规模以上制造业企业数字化转型比例达到 80% 左右，促进数字经济新动力的快速增长。同时，规划旨在提升数字经济企业的活跃度，计划每年新增超过 1 万家数字经济新兴企业主体，持续推动高价值新产业和新业态的涌现。

在创新动能方面，规划强调需要在人工智能、区块链、云计算、大数据等关键技术领域取得突破，并在智能网联汽车、可穿戴设备、智能机器人等方面培育重量级产品。此外，规划还关注数据要素市场体系的建设，推动数据资源的整合与高效利用，促进数据确权、定价和交易有序开展，构建协同的全价值链生态系统。

具体到重点任务方面，规划详细阐述了上海在数字新产业、数据新要素、数字新基础设施、智能新终端等核心领域的发展目标。如在数字健康领域，上海计划利用新技术推动制药、精准治疗和智慧康养等方面的创新，加快人工智能制药的布局和精准治疗技术的应用，同时快速推进智慧康养领域的建设。

智能制造将成为重点推动领域之一，上海计划加速制造业的数字化转型，推广柔性化制造，探索"平台+生态"的开发协作模式，积极布局自主无人制造，并致力于打造智慧供应链。

在低碳能源和数字零售领域，上海将推动数字技术与绿色技术的融合，探索"能源云"新模式，发展"虚拟电厂"新业态，同时，促进商业流通创新，推进商业数字化转型，积极创建智慧菜场，打造"无边界"新零售模式。

数字金融和智能城市也是规划提及的重点领域，上海将推动金融科技应用，探索数字人民币的应用场景，发展可信交易和数字凭证，加快城市新型基础设施建设，推广数字孪生城市新形态，发展数字化社区服务新业态，为社区居民提供全面的智能服务。[1]

三　上海数字经济发展重点和方向

2023 年 6 月，上海市十六届人大常委会第三次会议听取和讨论了关于城市数字化转型发展情况的报告。上海市经信委主任吴金城表示，在经济数字化转型领域，上海着力打造世界级数字产业集群，目前全市数字经济核心产业增加值保持持续快速增长，规模已超过5500 亿元，体现了上海在经济数字化转型领域的雄心和实力。报告主要包括以下几个方面的内容。

第一，上海正加快"硬核"数字技术攻关突破。上海开展跨境贸易、工业互联网、供应链金融、区域征信等重点领域赋能应用；推动通用人工智能大模型创新发展，本土 AI 企业发布语言大模型和AIGC 产品级应用，"MOSS"大模型上线开源，支持企业积极布局大模型研发和垂直领域应用。此外，上海培育壮大数字经济核心产业，优化人工智能发展环境，出台《上海市促进人工智能产业发展条例》，上海人工智能实验室发布了"OpenXLab 浦源"人工智能开源开放体系等重磅成果，2022 年人工智能产业规模超过 3800 亿元。据悉，2022 年上海电子信息制造业产值达到 5746 亿元，同比增长1.7%；软件和信息技术服务业营收达到 14238 亿元，同比增长 8.7%。

---

[1] 《上海市人民政府办公厅关于印发〈上海市数字经济发展"十四五"规划〉的通知》，上海市人民政府网站，2022 年 6 月 12 日，https://www.shanghai.gov.cn/202213bgtwj/20220715/1be66c6bc12243459bd7b1182bc4f9ab.html。

第二，上海开展了资本市场金融科技创新试点。上海数字人民币应用全国领先，大数据普惠金融2.0累计开放超1000项数据，信贷投放超过3800亿元。在推进数据要素市场建设方面，上海数据交易所自2021年11月25日揭牌成立以来，场内交易日趋活跃、数据基础制度不断创新、数商生态加速成势，截至2023年5月底，数据产品累计挂牌1245个，交易额超过3.4亿元，其中1~5月完成交易额2.3亿元，已超过上年全年并呈现持续加速态势。

第三，上海生活数字化转型取得成效。上海建成了25个生活领域重点场景，涵盖医疗、教育、养老、文旅、交通等领域。以医疗领域为例，上海打通诊疗各环节数据，实现精准预约30分钟内就诊，首诊挂号全市号源，111项检验、检查项目全市互认；同时在全国率先实现医保于急救车上结算，医保账户家庭共济全市覆盖。在治理数字化转型方面，上海"一网通办"平台个人实名用户累计7995.73万人，法人用户累计315万户，累计接入政务服务事项3629项，持续推进"一件事"业务流程再造，累计办件量超1000万件，累计推出152项高频事项"免申即享"。

第四，上海数字经济发展仍存在不足。当前数字经济发展外部环境更加严峻，全球城市数字化竞争也日趋激烈。上海在国际网络枢纽、国际数据流量、数字技术创新、数据治理规则等方面与先进城市仍存在不少差距。对此，报告提出，上海要着力完善数字化转型生态与制度体系。报告建议上海持续推进上海市人工智能公共算力服务平台建设，推进高能级城市智算设施建设，建设全国一体化大数据中心长三角国家枢纽节点；同时加强政府统筹和市场引导，推动上海新型城域物联终端联网数量翻番，加快推进车路协同感知示范。

第五，促进上海数字经济发展的建议。重点推动"一所一港"建设："一所"为国家级数据交易所，要提升数据交易链等设施服务能级，开展金融、航运、交通等多板块运营，加快建设数据交易国际板，力争年交易额突破 10 亿元；"一港"为国际数据港，要率先对标 DEPA 等国际规则开展综合集成和压力测试，探索建设国际数据空间，打造新型数据服务试验区，深化数据跨境流动机制。[①]

四　上海奋力推动 2024 年经济社会高质量发展

在 2023 年 12 月 13 日召开的上海全市领导干部会议上，市委书记陈吉宁传达了中央经济工作会议的精神，并针对 2024 年的经济社会发展提出了具体要求。陈吉宁强调，上海必须将学习贯彻习近平总书记的重要指示与落实中央经济工作会议精神相结合，以此作为推动 2024 年经济社会发展取得新进展的基础。

陈吉宁提出，上海需要加速推进构建"五个中心"的发展战略，以满足国家战略需求，提升上海在国际舞台上的影响力和竞争力。同时，上海将全面深化高水平的改革和开放，执行制度型开放的总体方案，特别是通过浦东引领区和临港新片区的先行先试，进一步优化营商环境，使之达到国际一流标准。

此外，陈吉宁强调了在推动长三角一体化发展中，上海要发挥领头羊作用，加强与周边地区在科技和产业创新上的协同合作，完善一体化发展的体制机制，实现区域内高层次的协同开放。

在城市管理方面，陈吉宁强调要深化人民城市理念，提升超大城市的建设和治理能力，确保宜居安居，持续优化生态和居住环境，推进形成共建共治共享的城市治理体系。

关于文化建设，上海将深入推进国际文化大都市建设，继承和

---

① 《关于城市数字化转型发展情况的报告》，上海人大网站，2023 年 10 月 26 日，https：// www.pdjs.com.cn/n8347/n8407/n9627/u1ai259368.html。

弘扬红色文化，推广习近平文化思想，提升上海文化品牌的全球影响力。

最后，陈吉宁强调加强党的政治建设，打造一支高素质的专业化干部队伍，提高基层党组织的建设水平，坚持全面从严治党，确保上海的党建工作在新时代取得新成效。[①]

第四节　代表性企业高质量发展实践——以华优文化艺术有限公司上海分公司为例

一　华优文化艺术有限公司上海分公司基本情况

华优文化艺术有限公司上海分公司（下文简称"华优公司"）坐落于漕河泾开发区，位于上海市闵行区万源路 2800 号，团队创始人及核心团队扎根互联网行业十余年，伴随着哔哩哔哩网站（B 站）效果广告成长而成长，专注于为品牌客户解决在 B 站平台上的效果营销问题。秉承着"用心服务让营销变得更简单"的核心经营理念，客户留存率近 100%，业务覆盖全国，运营团队为累计百余家广告主提供竞价广告投放、UP 主合作和商业起飞等综合服务。提出 B 站全生态营销概念，打造开放共赢的营销生态圈，为广告主提供一站式高效的整合传播服务。在游戏与社交网络服务行业拥有众多优秀服务案例。

二　华优公司主要业务范围

华优公司在游戏行业积极耕耘，受到国内外网络游戏头部企业

---

① 《深入学习贯彻习近平总书记在中央经济工作会议上的重要讲话精神 更好发挥龙头带动和示范引领作用 全市领导干部会议举行》，上海市人民政府网站，2023 年 12 月 14 日，https://www.shanghai.gov.cn/nw4411/20231214/c5794b07832242e9aa62c820ab0ecd35.html。

的青睐，主要业务范围涵盖以下几方面。

一是成为 B 站核心代理商、游戏行业效果授权代理商。华优公司深耕 B 站电商、网服、游戏三大业务板块，以流量助力内容，再以好内容延长效果寿命，以此精准提升用户对品牌的认知、高效传播产品。

二是成为小红书商业化广告代理商。在业务上，华优公司采用成熟的 KFS 整合营销策略。基于对"达人"的高把控度、"种草"的高精准度、搜索的强决策权，形成商业引流闭环生态圈。吸引高质量用户关注，为品牌输送优质的客户资源。

三是成为支付宝广告业务代理商。华优公司的定制化搭建方式、打通支付宝广告至电商的跳转链路，为广告主开拓了数字化经营新阵地。

四是构建内容营销和内容工厂。华优公司分平台精准制定 B 站、小红书"达人"布局策略，最大化"达人"价值，提升品牌价值传播力与产品种草力。品牌官号在运营上遵循全平台蓝 V 三大价值体系，即核心人群精准化、出圈内容原生化、品牌形象符号化，成为品牌生成内容的发声窗口。在内容工厂运作方面，华优公司以平台调性为基础，让创意与效率并行，量产优质素材内容，产量高达每月 20000 万条以上。同时具备完善的内容工厂整合功能架构，掌握全媒体平台账号矩阵搭建方法，可以为客户提供 10 年以上互动整体营销服务。

三　华优公司高质量发展基础

一是营销力。具有丰富的传播营销经验，是 B 站、小红书、支付宝官方认证的合作供应商，同时与强势媒体资源合作，为高效传播蓄力，具备游戏、网服、电商、教育等品牌效果广告投放经验。

二是策略力。从品牌定位、人群洞察、定制营销策略角度出发，根据目标用户需求，产出解决目标用户痛点的营销策略方案。内容创意团队致力于与客户共创具有爆款潜质的内容，运用 KOL 选择方法论，达到内容效果最大化的传播目标。

三是团队力。核心成员来自腾讯、B 站、字节跳动等互联网龙头传播平台的核心岗位，优化师对于用户人群定向具备精准网感，赋能客户品牌效果广告的全媒体平台投放，以及上海规范化、年轻化、专业化的三合一社交媒体营销广告团队的打造。

四是经营力。作为媒体资深广告代理商，华优公司营销生态渗透力强，能够从新品上市到品牌换新，形成品牌生命线全链路整合营销。擅长组合营销，拥有丰富的广告投放经验和较高的品牌策划能力。

四 华优公司高质量发展的主要特征

一是华优公司的综合营销能力具有创新性强、时代感强、方法丰富多样等特点，主要表现在 KOL 营销、内容营销、效果营销和品牌策划等方面。KOL 营销包括达人孵化、KOL 营销策略和 KOL 内容创意等。内容营销包括内容运营、爆款内容打造、IP 合作等。效果营销包括效果广告投放、运营优化、精准运营等。品牌策划包括活动策划、策略制定、创意设计等。

二是华优公司服务的客户范围极为广泛，且多为知名品牌。主要包括电商类客户、效果类客户、品宣类客户和网服类客户等。电商类客户包括北通、欧诗漫、特步、汤臣倍健等；效果类客户包括网易游戏、雷霆游戏、腾讯互动娱乐、莉莉丝游戏、库洛游戏；品宣类客户主要有一汽奥迪、网易严选、京东、世纪佳缘、青藤之恋等；网服类客户主要有汽车之家、懂车帝、中国移动、七猫中文网、喜马拉雅、饿了么等。

三是华优公司具有优秀的"跑量基因"。华优公司强调"以基因实力说话",主要特点为拥有完整的素材团队,能够提供专业的平面设计、短视频剪辑、短视频制作、电商直播、"达人"带货、新媒体运营、店铺代播、主播代播、直播策划、红人 IP 孵化等一站式采买服务。具有两大优势。一是团队优势,素材资源生产团队有 500 多人;团队成员平均职龄在 5 年以上;团队成员实践经验丰富,服务多行业客户;团队成员能助力客户达成目标,并提供更好的专业服务与帮助。二是资源优势,表现为媒介资源丰富、能为客户提供更多选择、服务的性价比更高、能更好地保证素材质量,可以真正做到有效传播。

五 华优公司高质量发展取得的成绩

一是华优公司成为小红书商业化广告代理商、支付宝数字推广平台颁布的广告业务代理商、B 站核心代理商和游戏行业效果授权代理商。

二是华优公司获得相关部门的认可。2023 年,国家新闻出版署融合出版智能服务技术与标准重点实验室经考察研究决定,同意华优公司设立游戏大数据研究所。该研究所将主要开展游戏运营、大数据分析等方面的研发及服务模式创新工作。未来华优公司将以创新的思路、有力的举措,推动游戏产业高质量发展,为建成文化强国、全面建设社会主义现代化国家作出新的贡献。

三是华优公司业绩显著提升。2020~2023 年,华优公司营销规模逐年扩大,分别达到 1.2 亿元、1.4 亿元、3.0 亿元和 4.0 亿元。展望未来,华优公司将继续发挥自身专业优势,在数字互联网游戏赛道深耕,做敢闯敢拼的创业者,为高质量发展和中国式现代化建设作出自己的贡献。

（执笔人：21世纪马克思主义研究院经济社会文化发展战略研究中心主任助理，张筱；21世纪马克思主义研究院经济社会文化发展战略研究中心副主任，马平；华优公司，郁剑敏 等）

第四章　持续推动"八八战略"走深走实：
浙江高质量发展实践创新

　　"八八战略"，这一概念诞生于 2003 年，由当时担任浙江省委书记的习近平同志倾注心血，经过深入的调查研究与细致的系统规划后提出。[①]"八八战略"不仅是针对浙江省特定情况量身打造的发展规划，也是对省级发展战略的顶层设计，其目标是引导浙江省成为中国现代化进程中的先行者。在实施过程中，这一战略不仅是一份文件、一项计划，更转化成为浙江全省上下的共同行动指南。过去二十多年，浙江省一直未曾偏离这一指南。无论是政府换届还是时代变迁，都未改变浙江省深入贯彻实施"八八战略"的决心。正是这种持续不断的努力，促使浙江在政治、经济、社会等多个方面全面进步和协调发展，实现了从传统到现代的华丽转身，展现出一系列引人瞩目的成就和变化。这一战略的核心在于其对浙江省未来发展给予了精准定位和明确指引，并且确立了一系列切实可行的目标和措施。随着时间的推移，"八八战略"不仅深刻影响了浙江的发展轨迹，也成为推动地方创新、促进经济结构转型、加快社会主义现代化建设的重要力量。浙江的经验也为其他省份提供了参考，展现了中国特色社会主义理论和实践的活力。

---

　　① 《时政微观察丨"八八战略"久久为功》，人民网，2023 年 7 月 10 日，http：//politics.people.com.cn/n1/2023/0710/c1001-40032101.html。

第一节　"八八战略"对推动我国高质量 发展的重要指导意义

习近平同志在浙江工作期间，直面浙江遇到的种种"成长中的烦恼"，把党中央的战略决策同浙江实际紧密结合起来，着力破解制约浙江经济社会长期发展的突出问题，从省域层面对坚持和发展中国特色社会主义进行了卓有成效的理论探索和实践创新，创造了弥足珍贵的理论成果、实践成果、制度成果，这其中，最具有统领性、领航式的理论成果就是作为引领浙江发展总纲领的"八八战略"。"八八战略"的深入实施，赋予了浙江在中国特色社会主义共同富裕先行和省域现代化先行上的战略主动、历史主动，为浙江打造新时代全面展示中国特色社会主义制度优越性的重要窗口奠定了重要的思想基础和实践基础。①

一　"八八战略"的丰富内涵

"八八战略"是全面、系统、开放的理论体系，可分为狭义和广义两个方面。

狭义的"八八战略"，特指习近平同志在 2003 年 7 月浙江省委第十一届四次全体（扩大）会议上，对浙江发展方向进行的深刻阐释，包括进一步发挥"八个优势"与推进"八项举措"。这一战略不仅总结了浙江省过去发展的宝贵经验，也针对浙江省未来的发展方向进行了科学的规划和策略性部署。②

---

① 《"八八战略"闪耀马克思主义真理光芒》，光明网，2023 年 9 月 25 日，https：//theory.gmw.cn/2023-09/25/content_36854922.htm。

② 《习近平同志提出的"八八战略"非常具有前瞻性》，人民网，2021 年 3 月 2 日，http：//zj.people.com.cn/GB/n2/2021/0302/c186327-34600282.html。

　　具体而言，狭义的"八八战略"的首个"八"，即浙江发展的"八个优势"，并不限于浙江已经形成的优势，而是在对浙江的优势进行系统的总结和提炼后所形成的全面优势，意在将现有优势进一步增强，同时将潜在优势转化为明显优势，甚至是将某些不利因素转换为有利条件，这一过程不仅是优势的延续与加强，更体现了一种从传统到创新的思维转变。而第二个"八"，即面向未来的"八项举措"，则是针对如何进一步激发和强化"八个优势"所提出的具体行动方案。这些举措涵盖了经济、社会、环境和文化等多个领域，旨在通过一系列切实可行的措施，促进浙江省经济社会的全面进步与高质量发展，创造新的发展优势，实现高水平社会主义现代化。"八八战略"是习近平同志在浙江工作期间提出的重要战略思想，它的提出不仅是浙江省发展历程中的一个重要里程碑，也是中国特色社会主义理论在地方实践中的成功案例。"八八战略"不仅是浙江省发展的总纲领和工作的总方针，而且为全面建设小康社会提供了重要指引。这一战略思想，对于指导当前及未来浙江乃至全国的发展具有重要意义和深远影响。

　　广义的"八八战略"不再局限于习近平同志在浙江任职期间提出的具体政策和战略部署，而是一个更为全面和深远的概念。它综合了习近平同志在浙江工作时所作出的一系列重大决策与部署，并且随着时间的推进，将党的十八大之后习近平总书记对浙江的重要指示以及党中央的重大决策部署在浙江的实施情况纳入其中，形成了一套完整的省域治理理论和实践体系。这个广义的"八八战略"框架，不单反映了习近平同志对浙江发展的深刻思考和战略布局，也体现了中国特色社会主义理论与实践在省级层面的创新和应用。它涉及政治、经济、文化、社会、生态文明建设等多个领域，旨在为浙江乃至全国的省域治理提供指导思想和行动方案。

　　通过这一战略的实施，浙江省在推进社会主义现代化建设的道路上取得了显著成效，不仅促进了经济的高质量发展，也在政治建设、文化繁荣、社会治理、生态文明建设等方面实现了全面进步和协调发展。广义的"八八战略"已经成为引领浙江高水平全面建设小康社会和推进社会主义现代化的强大动力，为中国特色社会主义省域治理提供了重要的思想理论支持和实践范例。

二　"八八战略"的发展历程

"八八战略"是管长远的行动总纲。它不是管一时一域的，而是管全局、管长远的，是一个不断发展的战略体系。从时间节点看，"八八战略"的发展历程大体分为三个阶段。

第一个阶段始于 2003 年 7 月，习近平同志作为当时的浙江省委书记，在浙江省委十一届四次全会上提出了"进一步发挥八个方面的优势、推进八个方面的举措"的重要决策和部署，这一战略性思想后来被称为"八八战略"。这不仅标志着浙江发展战略出现一次重大转折，也为浙江的未来发展定下了明确方向。

第二个阶段，习近平同志围绕着深化"八八战略"作出了一系列重大工作部署，包括平安浙江建设、文化大省建设、法治浙江建设、生态省建设以及加强党的执政能力建设等，这些部署不仅丰富和完善了"八八战略"，也为浙江省的全面发展提供了新的动力和方向。

第三个阶段是在党的十八大之后，特别是在一些重要时间节点，如在浙江考察、出席 G20 杭州峰会等，习近平同志都对浙江提出了新的更高要求，旨在使浙江在全面建成小康社会、全面建设社会主义现代化国家新征程中发挥先行示范作用，同时在中国特色社会主义制度优越性展示、共同富裕示范区建设等方面走在前列。①

---

① 参见《挺立潮头开新天——习近平总书记在浙江的探索与实践·创新篇》，《浙江日报》2017 年 10 月 6 日。

通过这三个阶段的发展，"八八战略"已经成为浙江省发展的"定盘星"。无论外部环境如何变化，浙江都坚定不移地按照这一战略方针，不断深化中国特色社会主义的地方实践，推进高质量发展，为实现中华民族伟大复兴的中国梦贡献浙江智慧和浙江力量。

三 "八八战略"对推动我国高质量发展的重要指导意义

（一）坚持旗帜鲜明讲政治

"八八战略"展现出鲜明的真理性和旺盛的生命力，深层次的原因就在于不折不扣贯彻党中央决策部署，并紧密结合浙江实际抓好落实。"八八战略"体现出中央精神与浙江实际的结合，确保党中央权威和集中统一领导，确保党发挥总揽全局、协调各方的领导核心作用，确保把地区工作融入党和国家事业大棋局。[①] 推动高质量发展要自觉在思想上政治上行动上同以习近平同志为核心的党中央保持高度一致，把中央精神落实到谋划战略、制定政策、部署任务、推进工作中，做到为一域争光、为全局添彩。

（二）坚持改革开放引领

"八八战略"在持续迭代升级中不断开辟新境界、在持续拓宽路径中不断取得新成就，成功的密码就在于改革开放这个活力之源，就在于源源不断调动激发政府、市场、社会的积极性和创造力，以不断完善社会主义市场经济体制、不断提高对内对外开放水平破题开局，以一以贯之的实际行动，生动诠释了"改革不停顿、开放不

---

① 《浙江 20 年一以贯之践行"八八战略"的经验启示》，国家发展和改革委员会网站，2023年 10 月 8 日，https://www.ndrc.gov.cn/xwdt/ztzl/NEW_srxxgcjjpjjsx/jjsxyjqk/xxgw/dt/202401/t20240117_1363466_ext.html。

止步"的坚定信念。推动高质量发展要坚定不移吃改革饭、走开放路，持之以恒塑造体制机制和区位新优势，推动有效市场和有为政府更好结合，构建高水平社会主义市场经济体制，推进高水平对外开放，增强国内国际双循环的动力和活力。

（三）坚持为人民群众办实事

"八八战略"在实施中牢牢扭住为人民群众办实事这个出发点和落脚点，在全国率先形成了长效机制，体现了尽力而为与量力而行相统一，持续推动浙江民生保障事业高质量发展，让"十大民生实事"成为温暖浙江人民心田的高频热词，为高质量发展建设共同富裕示范区提供了重要实践基础。推动高质量发展要牢记让人民生活幸福是"国之大者"，把惠民生、暖民心、顺民意的工作做到群众心坎上，尽力而为、量力而行，重点加强基础性、普惠性、兜底性民生保障建设，不断把人民对美好生活的向往变为现实。

（四）坚持绿水青山就是金山银山

"八八战略"以创建生态省为重要抓手，持续打造"绿色浙江"，探索出绿水青山与金山银山相互转化、保护生产力与发展生产力相统一的路径，深刻蕴含着"两山"理念，通过创新绿色发展制度供给，加强生态环境保护，推进产业绿色转型升级，加快生态经济发展，探索美丽乡村建设，让浙江的生态优势持续发挥作用。推动高质量发展要更加积极践行绿色发展理念，以最严格的标准保护生态环境，以最有效的路径推进绿色低碳发展，以最高效的办法把生态优势转化为发展优势，使绿水青山产生巨大的生态效益、经济效益、社会效益，不断推进美丽中国建设和人与自然和谐共生的中国式现代化。

（五）坚持发挥比较优势

"八八战略"以回答如何发挥优势、如何补齐短板这两个关键问题为起点，蕴含了深厚的马克思主义、中国特色社会主义理论逻辑，体现了鲜明的辩证思维和实践导向，科学指导了浙江全省的发展实践。推动高质量发展要全面、动态、辩证认识比较优势，让既有优势持续发挥积极作用，让潜在优势通过体制机制创新被发掘出来，让原有的劣势通过主动而为转化为新的优势。

（六）坚持以民主法治促团结奋斗

"八八战略"形成可靠的群众基础和不竭的动力源泉，形成积极的社会预期和稳定的社会环境，靠的是社会主义民主法治建设。"八八战略"与"平安浙江""法治浙江"建设是相辅相成的，为浙江凝聚团结向上的强大力量提供了重要保障。推动高质量发展要积极发展全过程人民民主，坚持党的领导、人民当家作主、依法治国有机统一，充分发挥顶层设计和基层探索的积极作用，不断形成广大干部群众团结奋斗的强大合力。

（七）坚持涵养"浙江精神"

"八八战略"形成于求真务实的调查研究，发展于诚信和谐的环境营造和开放图强的主动作为，并以敢为天下先的精神力量鼓舞广大干部群众奋发向上，以"浙江精神"为"根"和"魂"，蕴含着浙江人民追求美好生活、建设美好家园的初心愿望，为推动浙江发展进步提供了强大动力和坚实支柱。推动高质量发展要坚持不懈用习近平新时代中国特色社会主义思想凝心铸魂，更有效地推动中华优秀传统文化创造性转化、创新性发展，促进物质文明和精神文明相协调，为打开事业发展新天地提供更为主动的精神力量。

（八）坚持深入实际抓调研

"八八战略"不是拍脑瓜的产物，而是经过大量调查研究提出来的发展战略，并通过持续深入的调查研究推动各项战略举措走深走实，不断解决实际问题，不断总结提炼规律性认识进而更好指导实践，充分彰显了调查研究这个党的传家宝的重要性和实用性。推动高质量发展要坚持一切从实际出发，大兴调查研究之风，把解决问题和把握规律有机统一起来，深入实际、深入基层、深入群众调查了解情况，扑下身子干实事、谋实招、求实效。

（九）坚持系统观念谋发展

"八八战略"作为浙江省的长远发展规划，体现了一种全面而深远的战略眼光，它不仅仅聚焦于经济建设，更广泛地覆盖了政治、文化、社会、生态文明建设以及党的建设等多个方面，展现了对发展全局的系统把握和综合谋划。这一战略布局准确体现了习近平新时代中国特色社会主义思想的核心原则，包括世界观、方法论以及立场观点方法，强调了系统观念在现代治理中的核心地位。

通过"八八战略"的实施，浙江省在各个方面都展现了全面协调发展的良好态势。从体制机制创新到全面深化改革、从美丽乡村建设到乡村振兴战略的实施、从生态省建设到为建设美丽中国贡献力量、从科技创新驱动到建设科技强国、从提升海洋经济到构筑海洋强国梦想、从确保地方治安到助力"平安中国"建设、从文化大省建设到推进文化强国战略、从健康浙江建设到支持健康中国的愿景，浙江不断在各个领域取得新的进展和成就。

推动高质量发展的核心，在于准确理解并贯彻习近平新时代中国特色社会主义思想，坚持以系统的观念来指导实践，做到统筹兼顾、综合平衡，以重点项目带动整体发展，强化前瞻性的思考与全局性的规划。这使得浙江不仅要在具体的政策执行和项目推进上下功夫，更要在思想和理论上进行深化，以确保各项事业在新时代背景下连续取得新成就，为推进社会主义现代化国家建设贡献浙江智慧和浙江力量。

（十）坚持一张蓝图绘到底

"八八战略"历久弥新、持续引领发展的关键，就在于锲而不舍地接力赛跑、一以贯之。在继承中创新、在创新中发展，既坚守真理、坚守正道，又勇于探索、开辟新境，体现了守正与创新相辅相成、原则性与创造性辩证统一的理论品格。推动高质量发展要持续深入学习贯彻习近平新时代中国特色社会主义思想，对已有的部署和规划，只要是科学的、契合新的实践要求的、符合人民群众愿望的，就要坚持，发扬"功成不必在我、功成必定有我"的精神，坚持一张蓝图绘到底、一茬接着一茬干，在守正中创新、在创新中发展。

第二节 浙江省委、省政府学习贯彻"八八战略" 推动高质量发展的重要举措

党的二十大擘画了以中国式现代化全面推进中华民族伟大复兴的宏伟蓝图，明确提出高质量发展是全面建设社会主义现代化国家的首要任务。在 2023 年全国"两会"上，习近平总书记再次强调要牢牢把握高质量发展这个首要任务，更好统筹质的有效提升和量的合理增长，以高质量为追求，以效率变革、动力变革促进质量变革，发出了推动高质量发展的最强音。[1] 浙江省委深入学习贯彻党的二十

---

[1] 《必须更好统筹质的有效提升和量的合理增长》，人民网，2023 年 3 月 13 日，http：//lianghui. people. com. cn/2023/n1/2023/0313/c452482－32642723. html。

大精神和全国"两会"精神，坚定捍卫"两个确立"、坚决做到"两个维护"，坚定不移沿着习近平总书记指引的道路奋勇前进，坚决扛起经济大省勇挑大梁的责任担当，持续推动"八八战略"走深走实，以"两个先行"打造"重要窗口"，强力推进创新深化、改革攻坚、开放提升，以高质量发展的大突破实现新一轮竞争洗牌的大突围，全方位展现浙江"敢为天下先"的锐气和"弄潮儿向涛头立"的风采，奋力谱写中国式现代化浙江篇章。

一　强力推进创新深化，加快打造高水平创新型省份

坚持将创新放在现代化建设的核心位置，是推进国家和地区发展的关键。具体到"八八战略"的实践上，需要重点解决制约创新发展的关键问题，加速构建具有国际影响力的科技创新中心，这不仅能够为地区经济发展注入新的活力，还有助于形成引领全球的创新高地。

（一）数字经济的创新与提升将成为主要的发展动力

通过实施数字经济创新，不仅能够推动现代化产业体系的建设，还能够实现经济结构的升级。这需要围绕以下几个方面展开具体工作。

1. 提升技术和产业发展水平

要突破技术发展中的瓶颈，全面提升数字经济的规模和水平。包括抢占关键领域技术高地，如智能视频处理、专用芯片、智能系统、大数据等领域，同时加速形成具有国际竞争力的数字产业集群，推动产业升级和集群发展。

2. 拓展形成新的业态和模式

推动传统产业的数字化改造，引导产业向新的增长点转型，如

发展工业互联网、个性化定制等新兴产业模式。同时鼓励平台企业加强核心竞争力、引领新的发展方向。

3. 深化产业融合

通过推动数字经济与先进制造业、现代服务业、现代农业的深度融合，促进各个领域的创新和转型，如推进"产业大脑+未来工厂"的建设，加速制造业的高端化、绿色化、智能化，同时推动服务业和农业的数字化转型。

通过这些措施，可以有效地推动数字经济的全面发展，实现经济结构的优化升级，同时为地区经济的持续健康发展提供强有力的支撑。

在"八八战略"的指引下，浙江正致力于通过"超常力度"构建教育、科技、人才"三位一体"的强省，打造全球重要的人才中心和创新高地。

（二）建设教育、科技、人才强省

1. 完善科技创新体系

实施"315"科技创新体系建设工程，通过"产学研用"全链条整合，强化科技创新的系统布局，包括构建新型创新体系、加速在关键领域和战略科技力量上取得突破，以及大力推进基础研究和科技基础设施的建设。此外，提升科技创新平台的能级，如在杭州、宁波、温州等地打造具有不同特色的科技创新走廊，旨在形成覆盖全省的科技创新网络。

2. 提升全域创新水平

通过人才发展体制机制的改革，鼓励地方互通互补发展，提升全域的创新能力。通过打造创新极点和创新群体，如推动杭甬双城建设，以及支持更多城市成为国家创新型城市或试点，在全省形成高低搭配、各具特色的创新生态。

3. 加快创新主体升级

重点发挥科技型企业、高校科研院所的引领作用，推动这些创新主体的能力提升。实施不同规模和层次的科技企业发展计划，提高高校和科研院所的整体水平，支持高水平的新型实验室和研发机构建设。

4. 集聚战略人才

将人才视为创新发展的核心资源，通过更有力度的人才引进和培育策略，如升级"鲲鹏行动"计划，聚集各类高端人才，同时营造更有利于人才发展的政策环境，以实现人才的有效集聚和利用。

（三）激发全省域文化创新活力

1. 厚植优秀创新文化

坚持中国特色社会主义文化发展道路，深入挖掘和利用浙江本土文化资源，推动文化与创新的深度融合，厚植创新发展的文化土壤。

2. 激活文化创新机制

通过守正创新，释放文化创新的潜力，完善文化管理和服务机制，建立以创新为导向的文化产业体系。

3. 推进文化事业繁荣发展

创新传播方式引领社会风尚，提升公众的科学文化素质，推动文化与教育、旅游、科技等领域的跨界融合，培育具有创新能力和国际竞争力的文化创意企业。

通过这一系列措施，浙江省不仅将在教育、科技、人才方面实现质的飞跃，也将在文化创新方面展现新的活力，从而在全面推进中国式现代化建设中发挥示范和引领作用。

二　积极推动改革攻坚，努力将浙江建设成为改革先锋省

始终站在改革前列，积极解决体制及机制问题，全力以赴确保浙江建设成为共同富裕示范区，努力汇聚一流人才和技术，打造创业创新的热土及现代化治理的典范。

（一）优化和提升商业环境取得重大进展

坚定不移地采取强有力的措施，勇于直面挑战、解决难题，增强企业和市民的信心，保持市场的稳定性和预见性，极大地激发社会各界的创新和创业热情。目标是将浙江塑造成为全国乃至全球商业活动最便捷、政府服务效率最高、官员责任心最强、法律保护最严格、经济环境最健康的地区之一。

1. 优化政务服务环境

浙江省全力推进打造以"服务无障碍、依规依法办理、高效便捷处理、关怀备至"的商业环境品牌为核心的政务服务环境优化行动。持续强化"民众需求即我的行动，民众期望即我的责任"以及对企业服务"及时响应、不打扰"的服务理念。以民众和企业的满意度为最终评价标准，不断升级无感知的监测体系，用结果驱动改革，用效果促进优化。针对企业发展的全阶段，不断更新政策，确保政策的精确传递和高效实施，实现政策、服务的主动送达。同时，提升政务服务的整体质效，实施全域覆盖的网络服务和移动办公，通过微观改革优化服务流程，实现更精细的管理和服务。

2. 建立优质的法治环境

浙江省致力于建设以法治为基础的营商环境，确保企业在公平、透明的法治环境中成长。强化依法行政，提升政府部门工作人员的法律意识和问题解决能力，通过一体化行政执法改革等措施，规范

各种行政和司法活动，从根本上预防和减少企业权益受到不正当侵害。遵循包容且审慎的执法原则，优化企业纠纷的解决流程，平衡监管与创新的关系，确保法律执行既有力度又注重人性化。同时，坚守司法公正，坚决保护企业尤其是民营企业的合法权利，为企业发展提供坚实的法治保障。

3. 创造公平的市场环境

专注于构建一个公正竞争的市场体系，确保市场在资源配置中的核心作用得到充分发挥，进而推动经济的健康发展。设立明确的市场规则，划定清晰的市场主体行为底线，完善资本市场的规范运作，加强对新兴和创业企业的保护。畅通要素流动，消除制度障碍，推进资源价格"市场化"和"社会化"。强化信用体系建设，促进形成诚实守信的商业文化，同时实施信用奖惩制度，确保诚信主体受益、失信主体受限。

4. 优化经济生态环境

不断优化产业、金融和物流等领域的生态系统，为企业的健康成长和经济的稳定发展提供动力。加强基础设施建设，采取前瞻性策略，优化发展布局和功能配置，构建高效、经济、智能、绿色的基础设施网络。改善产业环境，通过加强产业链、供应链、创新链和价值链的整合，打造具有吸引力的现代产业集群。提升金融服务水平，深化融资渠道改革，建立数字化的金融服务平台，提高服务的全面性和可获得性。扩大有效投资，降低投资门槛，鼓励和支持民营企业参与更多重大项目的建设。

5. 营造良好的人文环境

坚持不懈地强化和优化创业、尊商和安商的文化氛围。继承和发扬"浙商精神"，如坚毅、创新、责任和开放。积极推进健康的政商关系，完善政商互动机制，将企业家视作伙伴，为他们提供全面的支持和服务，同时保持透明和清廉的互动。建立完善的民企舆情响应机制，加强正面引导，减少不利影响，为社会注入积极向上的正能量。

（二）致力于打造共同富裕示范区

浙江省承担起建设共同富裕示范区的重大任务，着力缩小"三大差距"。积极探索促进全民共享繁荣成果的新策略，并点燃群众财富创造的激情，确保富裕的成果普惠于民。

1. 推进"扩中提低"改革

积极推动收入增长，创新政府、社会、企业与个人间的互动规则，激励通过劳动、创业和创新致富。倡导富裕的先行者助力和带动后来者，创造更多的致富和创业机遇，打造高质量就业创业体系。关注关键家庭、特定人群及特定区域，对其开展针对性的增收行动，不断改善低收入群体的经济状况。通过"共富工坊"的发展、对干部和人才资源予以倾斜，促进财富资源的有效整合。同时，实施乡村振兴战略，通过多种途径提高中低收入人群的经济收入和财产性收入。优化分配策略，强化基本养老保险制度，推动建立更公平、更高效的财税体系，探索和完善符合共同富裕要求的分配体系，以实现收入分配中效率与公平的有机统一。

2. 积极发展高标准公共服务

提高公共服务的福利性和普及性，努力实现服务的高质量和公平性。开展"七优享"工程，即"幼有善育、学有优教、劳有所得、病有良医、老有康养、住有宜居、弱有众扶"，旨在持续改善民生，确保群众能够实实在在感受到改革的成果。确立公共服务的标准体系，快速推进覆盖所有社区的"15分钟服务圈"建设，使得高质量的公共服务更加触手可及。通过提供温暖、贴心的服务，减轻中低收入群体的生活压力，提升他们的幸福感，积极落实各项民生改善举措，针对老年人和儿童的需求，探索全面的解决方案。此外，拓宽服务的覆盖范围，特别是在偏远山区和岛屿，加大公共服务的投入力度，确保城乡教育、医疗服务的均衡发展，助力实现全民全面发展。

3. 优化"民呼我为"响应机制

确保每一项民众的诉求都能得到有效的回应和解决。深化"民情日记"的应用，建立一个整合各种渠道和数据的民声响应系统，确保政府的决策和行动能够紧密跟随民众的需求和期待。加强预判功能，提高对民众需求的响应速度，确保民生小事能够快速解决，建立解决民生问题的长效机制，将民众的需求和问题直接转化为政府的工作重点。同时，加强社区治理，借鉴和发扬"枫桥经验"，推动社区治理和服务资源的整合，构建一个每个人都参与、每个人都负责、每个人都享有服务的社区治理体系。

（三）促进数字化改革成效再上新台阶

将关注点放在立即可行的解决方案和具体成效上，大力加强以现代化为导向的技术、方法及能力的发展。

1. 加强数字化平台的全面融合

确保数字化改革的全面落实。实现不同管理层级管理平台的一体化发展，提升整个系统的智能化水平，建立一个高效、自主、开放的智能化支持体系。同时，促进数据资源共享和开放，加强数据流动和管理，提高数据的可用性和处理速度。在应用层面，重点关注重要且频繁使用的服务功能，鼓励地方根据实际需要进行创新适配，确保实用的应用能够实现各层级间无缝对接和广泛部署。

2. 推动数字化的综合集成工作体系建设

通过跨部门、跨领域的资源调度和工作协调，实现高效的跨界协同。在基层治理中推广智能化综合集成应用，整合党建、经济、法治和公共服务资源，实现对服务和管理的全面覆盖。加强场景化应用的集成，通过打破常规的部门界限，实现服务生命周期的全方位管理，确保服务的连贯性和效率。构建一个全面集成的工作体系，设定明确的任务和协作执行机制，促进各项工作的有机衔接和工作效率的整体提升。

3. 持续深化数字化改革制度建设

系统总结改革实践中的宝贵经验和方法，通过制度化的形式固化和传承这些经验和方法。开展对数据治理制度的探索，确立关于数据权益、流动、交易和利益分配的明确规则，开辟数据价值实现和数字红利共享的新途径。同时，加固数据安全防线，完善数据安全相关法规、技术防护措施和管理体系，确保关键信息和基础设施的安全，全方位提升数据安全防护能力。

三 积极推动开放提升，致力于建设高水平开放型省份

浙江全面实施多元开放战略，着力于构建全方位、涵盖各领域的开放新体系，积极融入"一带一路"建设，主动融入全球市场，以创新驱动发展，构建以国内大循环为主体、国内国际双循环相互促进的新发展格局，通过开放突破发展瓶颈的突破，汇聚全球合作的力量，集聚创新发展动能，不断开创开放发展新局面。

（一）实施"地瓜经济"提能升级"一号开放工程"

2023 年，浙江提出实施"地瓜经济"提能升级"一号开放工程"，坚持高水平走出去闯天下与高质量引进来强浙江有机统一，加快打造高能级开放之省。这是浙江践行"八八战略"、主动应对国际形势、更高水平推进对外开放的重大战略举措。坚持将高标准"走出去"与高品质"引进来"的策略相结合，不断深化浙江经济的全球融入和提质增效，促进本土与全球市场、资源的深度结合，从而

实现从简单贸易开放到产业、制度等全方位开放的转变，构建具有较强韧性、活力和竞争力的开放新模式。此外，浙江还着重推进出口、进口、外资等领域的系统提升，努力成为对外贸易强省和外资项目的集聚地，加快打造民营经济总部高地。

1. 提升产业链和供应链的全球能级

通过实施质量、标准、品牌三大提升战略，整合从生产到销售的全环节，构建全球化的研发和市场网络。促进产品和服务的全流程协同，将产业合作从简单的制造加工拓展至研发、设计、营销和品牌建设等高端环节。同时，支持企业进行海外投资，拓展能源、食品等关键领域的国际合作，确保产业链供应链的安全和稳定。

2. 提高国际贸易的综合实力

持续推进"千团万企拓市场抢订单行动"，在深入开发欧美、日本等市场的同时，积极进军东盟、非洲等新兴市场。创新服务贸易和数字贸易模式，优化全球营销网络，实现外贸的规模扩张和结构优化。加强大市场建设，如进行义乌、绍兴等商贸城的国际化布局，加快推动浙江成为国际消费中心，提升"买全球、卖全球"的综合服务能力。

3. 加速重点开放平台的功能升级

全面优化对外投资和本地发展策略，促进不同类型开放平台的协同发展，实现资源共享、功能互补。加强自贸试验区建设，实现区域间的有效联动，打造开放型经济的示范窗口和创新发展的前沿阵地。同时，推动各类新区和开发区转型，加快海关特殊监管区域整体优化，构建具有高产值的开放平台。强化展览平台的作用，举办中国—中东欧国家博览会、世界互联网大会等大型活动，充分利用商会和侨联等机构的资源和平台，拓宽国际合作的渠道。同时，推动境外经贸合作区高质量发展，探索打造国际产业园区的新发展模式和合作机制，促进浙江的产品、服务和标准向全球扩展。

4. 提升企业的国际竞争力

指导本地企业优化全球布局，通过"走出去"、开展"雄鹰行动"等，加速构建全球资源配置和服务网络，培育具有国际水平的大型企业、跨国集团及出口导向型企业。同时，加强主导企业和总部经济发展，引导高端产业和创新成果的聚集，促进海外资源和利润的回流，将本地总部建设成为全球的运营、管理和研发中心，增强本地产业集群的国际市场竞争力。

（二）提升双循环战略枢纽的功能和效能

着力增强浙江在国内大循环与国内国际双循环互动中的核心地位，提升流通效率及整体水平，增强高端要素的集聚力和产业协同性，确保经济循环和产业链的顺畅运行。

1. 增强大宗商品配置和保障能力

集中力量保障国家能源和食品安全，推动大宗商品从生产到销售的全链条集成创新。增强储备功能，加速宁波舟山等重点基地的建设，打造全国乃至全球的能源和资源保障中心。扩大大宗商品交易规模，深化区域交易市场的建设，建立具有国际影响力的定价体系。同时，创新大宗商品的储备和流通机制，探索新的储存与分配模式，加快建设中国特色自由贸易港。

2. 提升物流通达能力

实现区域物流资源的深度整合，通过"四港联动"战略，构建覆盖本地、面向全国、连接世界的现代物流网络。以优化港口和交通设施建设为重点，提升宁波舟山港等关键港口的集疏运能力和服务质量。扩展省内外的物流通道，提升区域大通道的辐射力，促进物流节点的高效互联互通，打造全方位协同的物流体系。同时，支持空港经济区建设和国际物流线路拓展，提升国际物流服务能力。

3. 加速高端要素集聚和投资吸引

通过"投资浙里"等全球招商活动，积极引入资金、技术、智力和人才，不断提升开放型经济水平。实施"链长制"，积极吸引全球 500 强企业、跨国公司及行业领军者，促进产业链的优化和高端发展。关注大型投资项目，特别是推动百亿级项目的引入和落地，确立项目驱动的发展策略，加快项目实施进度，通过高标准项目推动区域高质量发展。同时，增强对外资的吸引力，提高外资在高端制造和高技术领域的投入，确保外资项目的高效落地和产出。

（三）提高制度型开放的深度和广度

浙江致力于建立与国际高标准接轨、具有全球影响力的制度体系，通过制度创新推动形成更高层次的开放新局面。

1. 推进贸易投资自由化与便利化

利用自贸试验区的先行先试优势，加强制度创新，确保货物、资金和人员的跨境流动更加便捷。增强"单一窗口"建设，深化通关一体化改革，采用创新监管方式适应新业态新模式的发展需要。进一步推动金融领域开放，实现银行账户体系全面覆盖自贸试验区，简化跨境交易流程。同时，为商务人员提供更便捷的跨境交流渠道，建立境外人才引进的绿色通道，确保人员交流无障碍。

2. 扩大服务领域的制度开放

努力创建一个开放程度更高、监管更加规范、市场环境更为优越的服务业体系。放宽对外开放的门槛，特别是在科技、专业和商务服务领域，促进跨境电商和绿色金融的发展，建立专业的服务出口基地。优化制度机制，加强新型贸易规则的研究与制定，推动数据安全和流动的国际合作，参与全球数字贸易治理，增强浙江在数字经济时代的国际话语权。

3. 建立全面的开放风险防控体系

在扩大开放的同时，坚持安全和发展并重，优化产业链安全保障机制，确保企业海外投资的安全。加强对企业境外投资的指导，提升产业链的整体安全和稳定性。完善风险评估和应对机制，确保企业在海外运营时能够及时应对各种突发事件。同时，引导企业建立健全合规管理体系，确保其在全球运营中遵守国际规则，提升全球竞争力。

四　全面强化创新、改革、开放的系统性融合，形成综合性增长动力

通过坚持系统化的思维，进行高效的整合与协调，统筹推进创新、改革、开放策略，实现领域互通与资源整合，以达到增长效应的倍增与扩散。

（一）解决体制机制障碍，提升制度供给效率

聚集制度性难题，将制度创新作为核心驱动，构筑支撑发展的基础框架。在深化创新领域，集中力量解决影响创新资源配置、创新主体活跃性、科技管理体系完善性以及教育、科技和人才协同发展的制度障碍，建立一个全方位支持创新的制度环境。针对改革的关键领域，如优化商业环境、推进共同富裕以及加快数字化转型，围绕管理架构、操作机制和组织体系的优化调整，实施人才管理、评价激励和制度执行等相关的改革措施，加强国有企业、金融体系、投融资体制以及公共服务的综合改革，确保改革成果的有效落地。在拓展开放领域，积极促进投资和贸易便利化、服务行业的广泛开放以及"一带一路"建设的高质量参与，推动构建更加开放、包容的经济体系。

（二）深化政策体系整合，推动实现政策效能同步

全面加强政策间的协调配合，确保各项政策相互支持、互补增效。对于可能带来负面影响的政策，必须严格审查和慎重实施；而对于能够促进发展的政策，则应增强其执行力。通过协调一致、集中发力，实现政策目标的动态平衡。对现行政策进行全面梳理和优化，废除过时政策，根据新的形势和需求调整政策方向，确保政策的精准性和实效性，确保政策之间相互衔接、共同实施，围绕明确的问题和需求，打造一套协同执行的政策体系。

（三）建立高效的协同运作机制，提升系统性能力

增强各部门之间的沟通与合作，确保各个平台和资源的有效整合，构建一个既有深度又有广度的协作体系。从横向到纵向，实现部门间的紧密配合与整合，确保创新、改革、开放的各项措施能够高效、紧密地协同推进。同时，确保省、市、县三级行政体系能够同步规划、分步实施，形成自上而下的推动力量，确保政策和项目的连贯性与实效性。通过条块结合的方式，实现政府、金融机构、企业和社会组织的整体动员和协作，形成创新、改革、开放的综合推动力。

（四）促进各类优势资源的有效整合，实现优势叠加

加强系统规划和整体布局，全面审视和利用自身优势，不断固化和拓展现有优势，同时积极探索和创造新的竞争优势。推动不同地区、不同领域的优势资源集成，搭建共享平台，形成区域联动的发展新优势。鼓励基层创新和实践，提倡地方特色和首创精神，实现优势资源的有机结合和功能互补。同时，整合新旧动能，利用新技术和新模式改造传统行业和生活方式，实现上下游、前沿与基础

的全方位优势集成，通过政策引导和支持，确保各方面优势能够相互补充、相互促进，共同形成更大的发展合力。

（五）强化组织领导，集结强劲动力

积极营造全体上下一心、勇于担当、积极作为、创新求变的工作环境，以取得创新、改革、开放方面的新突破。

1. 打造团结协作的大团队

汇集各方意志与力量，深化对"八八战略"的理解和实施，确保各项工作与习近平总书记对浙江的重要指示及浙江省第十五次党代会的决策部署保持高度一致。努力实现思想统一、目标统一、行动统一，确保工作的持续性和深入性。通过整合各方资源和力量，形成全面推进创新、改革、开放的强大合力，确保每个领域和层面都能贡献自己的光和热。充分发挥各级领导干部带头作用，实施重点项目和工程，以局部的成功带动全局的进步。

2. 激发全民参与的热情

构建广泛的共识，深入贯彻新发展理念，鼓励和引导干部、企业、群众勇于创新、勇于实践。提倡开放思维和实事求是的精神，鼓励提出新观点、新方法，敢于解决之前未曾触及的问题。强化责任意识，确保每个人都明确自己的责任和任务，使其不仅在本职工作中创造成果，而且积极参与到创新改革开放的大潮之中，为实现共同目标贡献力量。

通过这些措施，浙江将能够更好地聚焦目标、集中力量，形成推动高质量发展的强大合力，确保在创新、改革、开放上实现新的飞跃和突破。

3. 建立问题解决机制

积极面对问题，直面挑战，以真诚的态度为市场主体、企业和民众解决实际困难。坚持以问题为导向，将调查研究和问题解决作为工作的起点，精准识别问题、深入分析原因，找到突破口和关键点，为基层、企业、民众提供有效解决方案。坚持以目标为导向，建立定量和定性相结合的目标体系，持续追求卓越，争取在新时期创造一流成绩。坚持以效果为导向，提供全面、持续、全方位的服务，积极听取民众、基层和实践中的声音，专注解决长期未解和群众最急最忧最盼的紧迫问题，以实实在在的成效检验工作的成果和价值。

4. 确保任务落实闭环管理

强化责任感和落实意识，把工作落实作为每个人的职责，确保落实成为普遍行动。由主要领导带头，形成强大的示范效应，激发团队活力。加强协调与整合，完善领导体制，建立和优化创新、改革、开放的组织架构和工作流程，确保政策和项目得到有效实施。建立竞争与激励机制，通过展示成效和进度，形成健康的竞争氛围。提升责任担当意识，强化服务精神，引导党员干部树立正确的责任观，确保对无作为的情况予以问责。提高执行能力，鼓励干部在创新和改革的最前线接受挑战，通过不懈努力开创事业发展新局面。加强督导和考核，改进考核机制，确保考核既公正又严格，真正实现考核的目标导向，树立正确的人才选拔导向，激励各级干部正确行动，全力推进高质量发展。

第三节　代表性企业落实"八八战略"推动实现高质量发展——以浙江宝博自动化科技有限公司为例

浙江宝博自动化科技有限公司坐落在湖州市南浔镇，在"八八战略"的影响下，实施科技创新发展战略，开启了高质量发展的新征程。该公司成立于2021年，是一家以从事仪器仪表制造业为主的科技推广和应用服务企业，注册资本为 2000 万元。公司主营业务活动包括一般项目和许可项目两个方面。一般项目主要包括技术服务、技术开发、技术咨询、技术交流、技术转让、技术推广。具体为：工业自动控制系统装置制造；工业自动控制系统装置销售；住宅水电安装维护服务；普通机械设备安装服务；电子、机械设备维护（不含特种设备）；电子产品销售；农林牧副渔业专业机械的制造；农林牧副渔业专业机械的销售；农林牧副渔业专业机械的安装、维修；机械设备研发；机械电气设备制造；机械设备销售；电气机械设备销售；电子元器件与机电组件设备制造；电子元器件与机电组件设备销售；计算机软硬件及外围设备制造；计算机软硬件及辅助设备批发；计算机软硬件及辅助设备零售；工程和技术研究和试验发展；电机及其控制系统研发；通用设备修理；建筑装饰材料销售；金属材料制造；金属材料销售；五金产品研发；五金产品制造；五金产品零售；日用产品修理；日用品销售；家用电器研发；家用电器制造；家用电器销售；家用电器安装服务；日用电器修理；汽车零部件研发；汽车零部件及配件制造；汽车零配件零售；针纺织品销售；服饰研发；服饰制造；服装服饰零售；信息咨询服务（不含许可类信息咨询服务）（除依法须经批准的项目外，凭营业执照依法自主开展经营活动）。许可项目包括货物进出口、技术进出口、进出口代理。

公司自成立以来，认真贯彻落实习近平新时代中国特色社会主义思想，将"八八战略"内化为企业全方位的发展理念，尊崇"踏实、拼搏、责任"的企业精神，以诚信、共赢、创新为经营理念，坚持质量为先，坚定走高质量发展之路，用"八八战略"引领企业科技创新，不断提升核心竞争力，充分秉持绿色循环理念，创造良好的企业环境，以全新的管理模式、完善的技术、周到的服务、卓越的品质打造优质产业生态，成为湖州优势产业绿色集群发展的一方新高地。今后，公司将继续把忠实践行"八八战略"与学习贯彻党的二十大精神相结合，与公司发展实际相结合，将学习成果转化为工作动力，为湖州打造长三角城市群综合枢纽、大上海都市圈西翼门户贡献力量。

（执笔人：21世纪马克思主义研究院经济社会文化发展战略研究中心副主任，张群；21世纪马克思主义研究院经济社会文化发展战略研究中心副主任，马平；中交集团高级顾问、研究员，蒋聪慧；上海德玖机电科技，陈友清 等）

第五章　强化文化赋能：江苏盐城暨大洋湾生态旅游景区高质量发展实践创新

习近平总书记指出，文物和文化遗产承载着中华民族的基因和血脉，是不可再生、不可替代的中华优秀文明资源。[①] 江苏盐城特别是大洋湾生态旅游景区（下文简称"大洋湾景区"），使得更多的文物和文化遗产"活"了起来，集"演、展、商"于一体，营造了传承中华文明的浓厚社会氛围。大洋湾景区以独具特色的文化魅力，成为盐城和长三角地区乃至全国的文旅亮点，带动中华优秀传统文化创造性转化、创新性发展，满足了人民日益增长的美好生活需求。本章重点对江苏盐城文化高质量发展进行分析、对大洋湾景区优秀传统文化"两创"的实践创新及发展愿景进行综合概述。

第一节　国家高度重视历史文化遗产保护工作

一　中华优秀传统文化是中华民族的"根"和"魂"

党的二十大报告指出，要"传承中华优秀传统文化，满足人民日益增长的精神文化需求"[②]。要实现这个目标，必须牢固树立

---

① 《习近平关于社会主义精神文明建设论述摘编》，中央文献出版社，2022。
② 习近平：《高举中国特色社会主义伟大旗帜　为全面建设社会主义现代化国家而团结奋斗——在中国共产党第二十次全国代表大会上的报告》，人民出版社，2022。

"根""魂"意识。习近平总书记指出，如果没有中华五千年文明，哪里有什么中国特色？如果不是中国特色，哪有我们今天这么成功的中国特色社会主义道路？必须结合新的时代条件传承和弘扬中华优秀传统文化，让中华文化展现出永久魅力和时代风采。[①]

习近平总书记在十九届中共中央政治局第三十九次集体学习时指出，中华文明探源工程等重大工程的研究成果，实证了我国百万年的人类史、一万年的文化史、五千多年的文明史。[②] 习近平总书记在敦煌研究院座谈时的讲话指出，中华文明在长期演进过程中，形成了中国人看待世界、看待社会、看待人生的独特价值体系、文化内涵和精神品质，创造了博大精深的优秀传统文化，铸就了博采众长的文化自信，为中华民族生生不息、发展壮大提供了强大精神支撑。[③] 中华优秀传统文化蕴藏着解决当代人类面临的难题的重要启示，可以为人们认识和改造世界提供有益启迪，可以为治国理政提供有益启示，也可以为道德建设提供有益启发。

二　推动中华优秀传统文化创造性转化、创新性发展

党的二十大报告对"创造性转化、创新性发展"提出明确要求，"我们要坚持马克思主义在意识形态领域指导地位的根本制度，坚持为人民服务、为社会主义服务，坚持百花齐放、百家争鸣，坚持创造性转化、创新性发展"[④]。习近平总书记多次指出，优秀传统文化是一个国家、一个民族传承和发展的根本，如果丢

---

① 中共中央宣传部编《习近平新时代中国特色社会主义思想学习纲要（2023年版）》，学习出版社、人民出版社，2023。
② 《习近平主持中共中央政治局第三十九次集体学习并发表重要讲话》，中国政府网，2022年5月28日，https://www.gov.cn/xinwen/2022-05/28/content_5692807.htm。
③ 习近平：《在敦煌研究院座谈时的讲话》，《求是》2020年第3期。
④ 习近平：《高举中国特色社会主义伟大旗帜　为全面建设社会主义现代化国家而团结奋斗——在中国共产党第二十次全国代表大会上的报告》，人民出版社，2022。

掉了，就割断了精神命脉。① 我们要善于把弘扬优秀传统文化和发展现实文化有机统一起来、紧密结合起来，在继承中发展，在发展中继承。

2023 年 6 月，习近平总书记在文化传承发展座谈会上再次强调，对历史最好的继承就是创造新的历史，对人类文明最大的礼敬就是创造人类文明新形态。要通过创造性转化和创新性发展，使中华民族最基本的文化基因同当代中国相适应、同现代社会相协调、同现实文化相融通，把跨越时空、超越国界、富有永恒魅力、具有当代价值的文化精神弘扬起来。②

三　像爱惜自己的生命一样保护好文化遗产

党的二十大报告指出，要加大文物和文化遗产保护力度，加强城乡建设中历史文化保护传承。③ 习近平总书记多次指出，文化遗产是不可再生、不可替代的宝贵资源，不仅生动述说着过去，也深刻影响着当下和未来，它不仅属于我们，也属于子孙后代。要积极推进文化遗产保护传承，更好赓续中华民族的基因和血脉。④

保护好、传承好文化遗产是对历史负责、对人民负责，要像爱惜自己的生命一样保护好文化遗产，保护好中华民族精神生生不息的根脉。坚持把保护放在第一位，增强对历史文物和文化遗产的敬畏之心，切实加大保护力度，系统梳理传统文化资源，建立健全历

---

① 中共中央宣传部编《习近平新时代中国特色社会主义思想学习纲要（2023 年版）》，学习出版社、人民出版社，2023。

② 《习近平：在文化传承发展座谈会上的讲话》，中国政府网，2023 年 8 月 31 日，https：// www. gov. cn/yaowen/liebiao/202308/content_6901250. htm。

③ 习近平：《高举中国特色社会主义伟大旗帜　为全面建设社会主义现代化国家而团结奋斗——在中国共产党第二十次全国代表大会上的报告》，人民出版社，2022。

④ 中共中央宣传部编《习近平新时代中国特色社会主义思想学习纲要（2023 年版）》，学习出版社、人民出版社，2023。

史文化遗产资源资产管理制度，建设国家文物资源大数据库，加强对相关领域文物资源普查、名录公布的统筹指导，强化技术支撑，引导社会参与。

四　从文化遗产中汲取精神力量

2013 年 12 月，习近平总书记在主持十八届中共中央政治局第十二次集体学习时强调，要系统梳理传统文化资源，让收藏在禁宫里的文物、陈列在广阔大地上的遗产、书写在古籍里的文字都活起来。[①] 2014 年 3 月，习近平主席在联合国教科文组织总部发表演讲时指出，要把跨越时空、超越国度、富有永恒魅力、具有当代价值的文化精神弘扬起来，让收藏在博物馆里的文物、陈列在广阔大地上的遗产、书写在古籍里的文字都活起来，让中华文明同世界各国人民创造的丰富多彩的文明一道，为人类提供正确的精神指引和强大的精神动力。[②]

2019 年 1 月，习近平总书记在致信祝贺中国社会科学院中国历史研究院成立时强调，历史是一面镜子，鉴古知今，学史明智。重视历史、研究历史、借鉴历史是中华民族 5000 多年文明史的一个优良传统。当代中国是历史中国的延续和发展。新时代坚持和发展中国特色社会主义，更加需要系统研究中国历史和文化，更加需要深刻把握人类发展历史规律，在对历史的深入思考中汲取智慧、走向未来。[③]

---

① 《习近平：建设社会主义文化强国　着力提高国家文化软实力》，中国政府网，2013 年 12 月 31 日，https://www.gov.cn/ldhd/2013-12/31/content_2558147.htm。

② 本书编写组：《不忘初心　继续前进》，人民出版社、学习出版社，2017。

③ 张太原：《跟毛泽东学领导方略》，人民出版社，2023。

五　赓续红色血脉

加强革命文物保护利用，弘扬革命文化，传承红色基因，发挥好革命文物在党史学习教育、革命传统教育、爱国主义教育等方面的重要作用。习近平总书记在主持十九届中共中央政治局第三十一次集体学习时强调：要用心用情用力保护好、管理好、运用好红色资源；要深入开展红色资源专项调查，加强科学保护；要开展系统研究，准确把握党的历史发展的主题主线、主流本质，旗帜鲜明反对和抵制历史虚无主义；要打造精品展陈，坚持政治性、思想性、艺术性相统一，用史实说话，增强表现力、传播力、影响力，生动传播红色文化；要强化教育功能，围绕革命、建设、改革各个历史时期的重大事件、重大节点，研究确定一批重要标识地，讲好党的故事、革命的故事、英雄的故事，设计符合青少年认知特点的教育活动，建设富有特色的革命传统教育、爱国主义教育、青少年思想道德教育基地，引导他们从小在心里树立红色理想。[1]

六　留住历史根脉，传承中华文明

2023 年 6 月，习近平总书记在文化传承发展座谈会上的讲话指出，"中华文明具有突出的连续性。中华文明是世界上唯一绵延不断且以国家形态发展至今的伟大文明。这充分证明了中华文明具有自我发展、回应挑战、开创新局的文化主体性与旺盛生命力"。"中华文明的连续性，从根本上决定了中华民族必然走自己的路。如果不从源远流长的历史连续性来认识中国，就不可能理解古代中国，也不可能理解现代中国，更不可能理解未来中国。"[2]

---

[1]　马吉芬：《保护好管理好运用好红色资源》，《人民日报》2022 年 3 月 30 日。
[2]　习近平：《在文化传承发展座谈会上的讲话》，人民出版社，2023。

2015 年 12 月，习近平总书记在中央城市工作会议上指出："要保护弘扬中华优秀传统文化，延续城市历史文脉，保护好前人留下的文化遗产。要结合自己的历史传承、区域文化、时代要求，打造自己的城市精神，对外树立形象，对内凝聚人心。"① 只有留住历史根脉，才能传承中华文明，也才能体现中华文明的连续性。各级组织和相关人员要树立保护文物也是政绩的科学理念，统筹好文物保护与经济社会发展，全面贯彻"保护为主、抢救第一、合理利用、加强管理"的工作方针，切实加大文物保护力度，推进文物合理适度利用，使文物保护成果更多惠及人民群众。

七　强化中华优秀传统文化的创新性

在 2023 年 6 月文化传承发展座谈会上，习近平总书记指出，"中华文明具有突出的创新性。中华文明是革故鼎新、辉光日新的文明，静水深流与波澜壮阔交织。连续不是停滞、更不是僵化，而是以创新为支撑的历史进步过程。中华民族始终以'苟日新，日日新，又日新'的精神不断创造自己的物质文明、精神文明和政治文明，在很长的历史时期内作为最繁荣最强大的文明体屹立于世。中华文明的创新性，从根本上决定了中华民族守正不守旧、尊古不复古的进取精神，决定了中华民族不惧新挑战、勇于接受新事物的无畏品格"②。

要站在历史和现实正确的一边。按照党中央和习近平总书记的要求，积极推动中华优秀传统文化创造性转化、创新性发展，既充分体现了中华文明突出的创新性特点，也是符合历史发展规律、弘扬社会主义先进文化的正确决定。

---

① 《中央城市工作会议在北京举行》，人民网，2015 年 12 月 23 日，http：//politics. people. com. cn/GB/n1/2015/1223/c1024-27963140. html。

② 习近平：《在文化传承发展座谈会上的讲话》，人民出版社，2023。

第二节　江苏盐城推动文化高质量
发展的创新做法

文化是城市的"根"与"魂"，是推动高质量发展的重要内容与内在动力。近年来，盐城立足习近平新时代中国特色社会主义思想，以实现人民对美好生活的向往为出发点，注重以文化人、以文兴业、文化赋能，深入实施文化产业"六个一"工程，按照勇当沿海地区高质量发展排头兵的目标定位，发挥"天蓝地绿基因红"的独特优势，持续深入推进文化工作提质增效、高质量发展，为奋力谱写"强富美高"新盐城现代化建设新篇章贡献产业支撑和文化支持，凝聚奋进磅礴力量。

一　盐城文化事业产业高质量发展的创新经验

2023 年 12 月，盐城市委宣传部、市政府新闻办公室举行"在推进中国式现代化盐城新实践中实干争先"系列主题新闻发布会——"推动文化事业产业高质量发展"专场发布会，从三个方面系统总结了盐城推动文化事业产业高质量发展的创新经验。

（一）创新发展，探索文化传承转化新路径

近年来，盐城立足实现中华优秀传统文化创造性转化、创新性发展，大力探索历史文化挖掘、文艺精品创作、文化新型传播等文化传承发展新路径，努力提供体系化、多样化和优质化的文化产品。

在传承平台上，新四军纪念馆入选中华民族文化基因库（一期）红色基因库建设试点单位，成立了全国新四军纪念场馆联盟、大运河文化带建设研究院盐城分院、全国盐文化场馆联盟、紫金文创研

究院盐城分院、盐城文脉展厅、盐城市文物保护和考古研究所等平台，在传承红色文化和地方特质文化中取得了一系列丰硕成果。大运河文化带建设研究院盐城分院深入挖掘大运河文化基因，在西溪成立大运河盐运文化中心；紫金文创研究院盐城分院依托南艺优质资源，在提升文创设计水平、强化产业发展研究方面不断取得突破；全国新四军纪念场馆联盟、全国盐文化场馆联盟等，也都发挥了更好地传承红色文化和地方特质文化的作用。九龙口"淮剧小镇"作为淮剧文化活化传承的示范样本，坚持"生态为本、文化为魂、文旅融合"的发展理念，全方位、多角度、立体式展现淮剧等系列非遗的丰富内涵。中央电视台《非遗里的中国》（江苏篇）在盐城拍摄，节目播放当天仅"淮剧"一词搜索量就达 300 多万次，实现"C 位"出道。这些平台更好地推动了盐城文化的传承和发展。

在承载空间建设方面，与城市更新有机结合，通过注入文化元素，实现空间焕新升级，将老建筑转化为新地标。将盐城老肉联厂历史建筑改造升级为文创园，在保留冷库、水塔、走廊等工业遗存的同时，以"小体量"作出"最大化"的商业运营布局，将历史与现代、生活与潮流、文化与体育、娱乐与艺术、品质与体验融合。以浓缩版的盐城老城为载体打造盐城民俗博物馆，展示了极具盐城本土特色的市井人文，通过复古公交车站、小人书摊、钟表房、轮船码头、老邮局等，再现属于过去的那些时光记忆。此外，还有亭湖老八中变身为文创园、西溪古镇变身为旅游胜地、建湖沙庄变身为淮剧小镇等，这些文化承载空间都实现了"华丽转身"。通过"何以盐城"，加大对盐城文明探源的研究阐释和宣传力度，打造盐城文脉展厅，汇集《盐城地标丛书》《一场风花雪月的盐城》《勺子飞来了》等多种类型图书百余种千余册，让人们在文字中进一步加深对盐城的认识和理解。

在文创产品上，红色铁军文化、蓝色海洋文化、白色海盐文化、绿色湿地文化组成的"四色文化"，代表着盐城地方文化特色和历史底蕴，凝结着盐城精神特质。盐城厚植"红、蓝、白、绿"四色文化，连续举办七届市级文化创意设计大赛，并将其焕新升级为"金海贝"文创大赛，旨在用"盐城之美"向世界更好地讲述盐城。在红色上，突出传承并弘扬新四军"铁军文化"，开发"铁军潮""东进"系列红色文创，放大盐城红色资源品牌效应。在蓝色上，突出展现盐城经济社会发展的崭新面貌，运用新能源等特色产业元素，开发"风生水起"等系列文创，在大写意的设计中，强调实用性和功能性，展现盐城新兴产业的发展活力。在白色上，突出"盐"文化主题，围绕海盐这一特殊材质，开发出品盐雕、"盐城盐"系列等地域特色文创。在绿色上，突出生态湿地之美，以黄海湿地珍稀动物等为IP，设计开发"吉祥三宝""潮汐树"等系列文创产品。同时，打造"礼遇盐城"文创旗舰店，用好"燕舞商城"网上文创店，以"线上+线下"方式叫响盐城文创品牌。

在表达形式上，注重活态传承。在盐城，从线下"淮剧小镇"到线上"中华淮剧"，从东台发绣的"穿针引线"到数字化活态传承的"宋画复活"，从市博物馆NPC探秘游、"夜韵盐博"到市美术馆的《伟大的作品》魔幻情景剧、跨媒体艺术展，再到中国海盐博物馆的地域文明探源研学游，文化主体表达的方式不断被创新激活。"一河、二堤、三相"（串场河，范公堤、宋公堤，吕夷简、晏殊、范仲淹）等传统文化，通过多元艺术表达方式，呈现独特魅力、时代风采。文化品牌效应持续放大，围绕历史文化名人范仲淹，打造情景剧《范仲淹》、大型淮剧《范公堤》、历史小说《范仲淹》、以范仲淹命名的学校等，这无一不是文化的活态传承。注重现代表达。推动各类文艺形式的跨界融合，以创新性的表达方式，增强文化认同感。著名淮剧表演艺术家、"梅花奖"与"白玉兰奖"获得者陈澄，在哔哩哔哩网站上翻唱了淮剧版《神女劈观》，成为互联网上的一部"现象级"作品。她的"淮剧陈澄"抖音号粉丝数已超30万人。注重风格混搭。将杂技与淮剧两个国家非遗项目的精髓紧密套搭融合，创作杂技诗剧《四季江淮》、杂技报告剧《芦苇青青菜花黄》等视觉冲击强烈的作品，《万疆》《声声慢》等以淮剧与国风歌曲有机结合的形式呈现，更是吸粉无数。

（二）融合发展，彰显文化消费独特魅力

近年来，盐城市文化消费新空间在融合发展中日益彰显独特魅力。街区火热、场馆爆满、剧场出圈……全市21家重点景区、21条特色文化街区、42家文博场馆、56个小剧场和3000多家阅读新空间等"五大文化消费空间"，成为人们的沉浸式打卡新去处，使人们在游览之中充分感受城市文化的深厚底蕴。

在历史与现代的融合中，一批近悦远来的文化项目正成为盐城闪亮的"文化标识"，一批新老文化地标正成为串场河河畔最亮丽的风景。建军路承载着几代盐城人的美好回忆。亭湖区遵循保护现有资源的理念，对街区持续"有机更新"、拓展"微空间"。竹林大饭店、1956星剧场、市博物馆等新旧业态叠加，文商旅融合辐射效应明显。从东台西溪、安丰古镇到珠溪古镇、中国海盐博物馆，再到盐镇水街、阜宁庙湾古城，新老文化地标成为盐城"母亲河"——串场河河畔最亮丽的风景。

在本土与国际的融合下，特色文化街区既发展本土文化，也融入外来文化，彰显"个性"。连续举办"欢乐—夏'街'有你"盐城特色文化街区夏季嘉年华活动。一批国潮类、艺术类、国际类、怀旧类的文化街区脱颖而出，成为青年人常去的网红打卡地。充满时尚气息的KK-PARK国际街区围绕中韩文化主题，将盐城文化、韩国元素、特色项目有机结合，采用开放式运营模式，打造1.1万平方米的宜业、宜商、宜乐、宜游的城市商业新空间。射阳趣伏里街

区依托"安徒生童话"IP 主题，通过打造"主题乐园+特色商业"创新模式，以全新复合业态带来新式消费体验。

在艺术与商业融合方面，创新开展小剧场主题展演活动，进一步丰富盐城演艺市场的艺术类型，掀起文化消费新热潮。为了释放城市文化活力，盐城不断加快小剧场建设。《关于加快小剧场建设的工作方案》出台后，盐城市已建成开放各类小剧场 56 个。在江苏省文旅厅认定发布的两批示范小剧场和小剧场精品剧目中，盐城登瀛老茶馆入选全省示范小剧场，话剧《为钱癫狂》和淮剧《紫荆树下》入选全省小剧场精品剧目。为了将小剧场主题展演打造成常态化的活动品牌，盐城还举办了"盐风海韵"2022 小剧场艺术季、2023 小剧场新春秀，23 个小剧场累计推出 150 场高水平演出，涵盖话剧、舞剧、音乐剧、儿童剧、淮剧、杂技等，掀起文化消费新热潮。

在文化与文明融合方面，统筹推动文明培育、文明实践、文明创建。在核心价值观培育、道德风尚建设、精神文明创建、公民素质提升上打好"组合拳"，凝聚精神力量，厚植文明沃土。盐城全市 11 家文化馆、11 家图书馆、14 家博物馆、6 家美术馆、134 家镇级综合文化站、2375 个村级综合文化服务中心，均免费向市民开放。用好新时代文明实践中心（所、站），推动文化与文明相互融合、相得益彰。创新打造新时代文明实践"夜模式"，盐城全市 2600 多个新时代文明实践中心（所、站）和特色文化街区精准对接群众需求，因地制宜，联合各方资源广泛开展草坪音乐节、社区超级联赛、夜生活节、"夏季村晚"、"阅享新空间 夜读沐书香"等一系列高品位、高质量的夜间文化惠民活动，持续点亮夏夜群众幸福之光。适应群众需要，积极开展群众性文化活动，持续实施戏曲进乡村、文化进万家和优秀群众文艺作品巡演巡展等文化惠民项目，每年举办文化惠民演出（送戏下乡）3000 场次左右，送展览 500 场次以上。在

2023 年紫金文化艺术节盐城地区活动中，盐城市在 5 个主题板块中专门设立群众文化活动板块。策划举办"文明实践'艺'起秀"、2023 双十馆联动下基层巡演、2023 优秀群众文化团队汇报演出等一批重点活动，切实推动文艺"热"在基层、"火"在基层。

在自然与人文融合方面，以打造文旅融合消费新空间为载体，坚持历史人文与自然景观有机传承，演绎人与自然和谐共生的绚丽篇章。黄海森林公园立足丰富的森林资源优势，实现由"卖树"向"卖生态、卖风景"的新发展理念转变，推进生态资源与特色文化、亲子旅游、休闲康养相结合，实现生态效益、社会效益和经济效益共赢。去条子泥观鸟，"滩"玩，看日出；到黄海森林公园骑行，度假，"森"呼吸；赏鹤舞鹿鸣、看勺嘴鹬卖萌等黄海湿地特色旅游备受游客追捧。依托"世界自然遗产""国际湿地城市"两大国际品牌，盐城以两个国家级保护区和条子泥等区域为重点，加快建设"探秘自然遗产、戏水湖荡湿地"等 5 条旅游产业带，打造世界级滨海生态旅游廊道。依托田园风光，扎实推进城郊都市休闲圈和里下河水乡风光带、沿海滩涂风光带、古黄河生态风光带等建设。依托长三角高端化康养市场，加快长三角康养基地、大纵湖疗休养基地、大洋湾康养基地等建设，创建国家级康养旅游示范基地。

（三）聚力发展，推动文化产业提优扩能

从"有戏盐城"到"演艺盐城"，从线下实景到线上数字，从生态"高颜值"到经济"高价值"，盐城市围绕文化产业九大类别，结合实际，重点实施文化产业"六个一"工程，聚力提升演艺文化、数字文化、生态文化产业，为物质文明和精神文明相协调的现代化贡献盐城的"人文经济"新力量。

聚力演艺文化产业。近年来，盐城依托良好的资源禀赋、深厚的人文底蕴，不断打造"演艺+"品牌，建设"主题演出+旅游景

区""驻场演出+小剧场""街头演出+文化街区""氛围演出+文博场馆"等一批新型演艺空间，推出以荷兰花海《只有爱》、西溪《天仙缘》、九龙口《九龙聚喜》、大洋湾《盐渎往事》、珠溪古镇《相约伍佑》、盐镇水街《串场夜画》等为代表的新型演艺作品，将文艺有机融入城市肌理和文旅场景。拓展多种艺术表达，将文化融入旅游产业，将演艺融入日常生活，持续塑造"有戏盐城"文化标识，在向"演艺盐城"转型升级的发展格局上，盐城描绘出一幅"诗与远方走在一起"的新图景。

聚力数字文化产业。"发展一批数字文化产业"是盐城文化产业"六个一"工程之一。盐城市多措并举，大力实施文化数字化战略。作为省市共建基地，长三角（盐城）数字视听产业基地以发展数字视听领域新技术、新产品、新模式、新应用、新业态示范标杆为目标，争创省级、国家级数字视听产业园区。目前网易、华为、人民百业等30多个重点数字文化产业项目已集聚于此，未来将辐射带动实现规模达500亿元的产值。依托盐城大数据产业园，数字创意、数字出版、数字娱乐等业态得以发展。在新四军纪念馆，红色基因库建设项目（二期）完成，实现了场馆实景漫游及数字化信息展示，在深植红色基因的盐城大地上，"红色信息人人共享，红色精神如影随形"。实施"20000+"文物藏品数字智能应用与展示工程。为更好地传播和呈现淮剧数字化内容，盐城通过建设中华淮剧官网及App，打造了集淮剧视听、社区互动、短视频创作、版权存证、版权交易、VR导览、荣誉展示七大功能于一体的互联网淮剧综合服务平台。打造全网首个以"淮剧"命名的戏曲官方账号，在抖音、微信等新媒体平台进行传播，全网曝光量突破1.1亿。4D动画短片《不是菜鸟的盐小勺》荣获第12届澳门国际微电影节"金莲花"最佳动画片奖，并新建4D影院对外展播。霆善4K纳米悬浮光显屏、"气味王国"嗅觉数字化等科技领跑行业前沿。

聚力生态文化产业。良好的生态环境、深厚的人文底蕴、浓郁的水乡风情，为盐城文化产业发展奠定了厚实的基础。依托世界级滨海生态旅游廊道，将相应文艺作品、文化符号和价值标志植入景区，让游客了解盐城"尊重自然、保护自然、顺应自然"的生动故事，真正把生态优势转化为经济优势，将生态"高颜值"转化为经济"高价值"。在"湿地盐城·生态文旅融合示范带"，丹顶鹤翩翩起舞、麋鹿呦呦鸣叫、极危物种勺嘴鹬悠然栖息，生态美与人文美相得益彰。黄海森林公园获得全国首张零碳旅游景区认证证书。大纵湖景区作为省级生态旅游示范区，以"生态旅游"主题为核心，打造集休闲、旅游、度假于一体的湿地旅游度假区，将生态做成高附加值的产业。以勺嘴鹬为原型的卡通形象"盐小勺"已成为盐城家喻户晓的文化IP，以此为主题孵化的40多个系列文创产品、2家盐小勺咖啡馆、盐小勺4D影院等文化消费新场景，已经成为城市文化消费新热点。

二　盐城推动文化高质量发展的创新举措

天蓝地绿基因红，有地有人有机遇。盐城持续强化文化赋能，坚持不懈用党的创新理论凝心铸魂，做实文化传承发展，做优公共文化服务，做大文化产业规模，做深精神文明建设，不断塑造城市发展新风尚。

（一）建设文化遗产保护传承利用体系

坚持发掘好、保护好、研究好、利用好文化遗产，在保护传承基础上创新开发利用手段，在保护中发展、在发展中保护，让文化遗产真正"活"起来，走进百姓家庭、融入现代生活。普及文化遗产教育，坚定城市文化自信，传承和弘扬盐城优秀传统文化。

1. 物质文化遗产保护利用

加强物质文化遗产保护工作。积极开展资源普查，建立盐城物质文化遗产数据库。对遗产资源点设立分类分级保护机制，进行文化价值鉴定与文旅开发潜力评估，为盐城物质文化遗产的更新和活化利用打好基础。应用数字手段，做好文物、遗址、古建筑、纪念馆及馆藏文物的线上数据库建设工作。持续开展物质文化遗产创建申报工作，积极推动开庄、云梯关遗址进入省级大遗址保护名录。依托各级图书馆、博物馆，推进古籍数字化保护与整理出版。

创新物质文化遗产利用，推动文物活化与交流出圈。高水平策划文物专题展览、文物巡展、特别展览，拓展精品展陈渠道，最大限度地利用好、发挥好文物价值。对接市场，探索文物授权机制，开发系列文创产品，举办盐城市文化创意设计大赛，将文物活化推向民众。利用场景再现等方式推动遗址公园规划建设，提高游客体验感与获得感。统筹伍佑镇、富安镇、安丰镇等历史文化名镇名村的保护与开放，实现历史建筑空间再生产。

深化物质文化遗产管理，共建共享文博专家库。与江苏省内其他文博单位合作组建文博专家库，增强盐城特色历史文化向外传播的"回音"。构建"线上+线下"安全监管体系，推进省级文物安全综合管理实验区创建工作，实现数字化管理全覆盖。建立健全文物安全风险评估和动态保护管理制度，启动市级文化遗产保护科技创新平台建设。

2. 非物质文化遗产传承开发

加强非物质文化遗产挖掘保护工作。建立非物质文化遗产资源发现、收录、申报长效工作机制，持续挖掘盐城历史文化、农耕文化和民间优秀文化资源，扩大盐城非物质文化遗产基数，组织盐城的代表性项目参与省级、国家级非物质文化遗产申报工作，鼓励支持代表性传承人和保护项目申报地理标志，高质量推动非物质文化遗产传承复兴。推动非物质文化遗产数字化运用，建立传统工艺重点振兴项目数字名录，积极建设传统工艺工作站和国家级非物质文化遗产生产性保护示范基地，为非物质文化遗产资源的盘活利用创造条件。搭建非物质文化遗产传承人培养平台，完善非物质文化遗产传承人保护制度和保护机制，建设非物质文化遗产传承保护基地，制订非物质文化遗产传承人群研修培训计划，实现非物质文化遗产传承人培训制度化、常规化，保障非物质文化遗产传承有序、保护有力。

创新非物质文化遗产传承开发渠道。通过"非遗+技艺"模式，利用盐城老虎鞋、东台发绣、大丰麦秆剪贴、大丰瓷刻、射阳草编等非物质文化遗产技艺推动非物质文化遗产创意产品开发，让民众共享文化遗产美学价值。通过"非遗+曲艺"模式，推动淮剧、杂技、小戏等非物质文化遗产曲艺类项目无限定空间展演，创造更多年轻人喜闻乐见的演艺精品。通过"非遗+美食"模式，开展非物质文化遗产美食联名探店行动，运用市场化手段推广运营美食类非物质文化遗产，讲述美食背后的文化故事，赋予非物质文化遗产美食年轻感与时尚感。通过"非遗+载体"模式，创新打造非物质文化遗产下午茶、非物质文化遗产餐厅、非物质文化遗产民宿等场景式消费空间，探索建设非物质文化遗产特色村镇、街区、景区、园区。通过"非遗+购物"模式，以文化市集嫁接非物质文化遗产元素和符号，让非物质文化遗产成为活在当下、渗透于生活的有生命物品。

强化非物质文化遗产机制体制保障。为非物质文化遗产民间组织、非物质文化遗产传承人、非物质文化遗产爱好者和政府企事业单位搭建线上线下一体的资源整合需求对接平台，设立盐城市非物质文化遗产专项基金，完善非物质文化遗产金融保障机制。将非物质文化遗产纳入地方教育教学体系，建立非物质文化遗产培养教育体系。

3. 红色文化遗产继承弘扬

推动红色文化遗产立体建库，实现"一张图"管理红色文化遗产。搭建红色文化遗产数字平台，整合红色遗址、纪念馆、文化村等资源信息，面向社会广泛征集红色文物，建立数字模型，为信息共享、修复和开发利用等提供数字化原始素材。建立红色人物文化名册，通过口述历史、实景照片、影音制品等抢救性保存一批红色历史片段。系统开发红色丛书及影视作品，丰富红色文化资源保存形式。

推动红色文化遗产弘扬开发。开展革命遗址集中连片保护利用工程，推动文创产品开发利用，完善革命文物划片保护机制。推动红色文化场馆实现数字化展示，提高红色文化场馆的交互性和参与性。创新性利用科技手段探索红色文化遗址场景化展示。以淮剧等地方特色艺术形式演绎经典红色文化故事，创新红色文化艺术化表达，深入开展红色文化艺术熏陶。

营造红色文化城市氛围。发挥盐城在全国新四军纪念场馆联盟中的核心作用，举办百件重要文物巡展、红色文物和史料征集等特色红色文化活动。结合红色文化场馆等载体建设，打造红色之旅等特色旅游线路，提升红色文化服务品质。培养优秀的红色文化场馆讲解员队伍，扩大红色文化志愿者队伍，通过自主自愿和统筹安排方式，让乡村民众成为乡村红色文化讲解志愿者。

（二）建设新时代艺术创作体系

营造"城市即舞台、全城皆有戏"的文艺氛围，构建以文艺院团为主体，政府部门、产业园区、文艺协会、院校等广泛参与的社会化文艺精品创作生产格局，建设文化生态良好、文化创新示范、文化英才荟萃、文化交流活跃、文化生活丰富的现代文化名城。

1."盐城有戏"文艺繁荣工程

创作文化艺术精品序列。牢牢把握意识形态工作主导权、主动权，聚焦重大主题创作，打造一批具有标志意义和广泛影响的文艺精品。推动文艺表现形态跨界融合，探索推动地方戏曲与潮流演艺碰撞，创新戏剧表现形式，探索在新载体、新技术上进行突破，引入"动漫""古风""国潮"等元素，打造国潮戏曲创新标杆。建立社会化文艺创作机制，搭建集全国剧本展示交易、编剧培养、项目合作、IP授权、文化金融投资等于一体的剧本交易平台，更好地扶持精品剧本创作。

拓展特色文艺剧场空间。加快各类剧场剧院建设，打造一批小型剧场、电台直播间、沉浸式演艺空间等演艺新载体，优化全市演艺空间布局。实施城市角落文艺更新，在博物馆等城市空间，植入地方文化艺术元素，打造独树一帜的艺术"打卡地"与"文艺微空间"。推进创新表演试点建设，探索城市、艺术与人三者交互的可能性，打造全国淮剧创新表演试点、样板，实现"城市即舞台、全城皆有戏"。

2.社会艺术氛围营造工程

丰富文艺作品类型。持续组织全市学术性美术作品展览，国画、油画等各类美术作品研讨写生创作集训等活动；不断丰富音乐创作、表演、评论、艺术考级等各方面的音乐活动；持续推动全国荷花诗会、书画艺术节等诗歌、书画艺术活动开展；将网络文艺纳入文艺创作生产和引导管理范畴，引导网络文艺讲好百姓身边日常故事，加大对原创优秀网络文艺作品的扶持和推介力度，促进优秀作品多渠道传输、多平台展示、多终端推送。

推动社会艺术教育普及。将中小学校作为传承优秀传统文化的重要载体和主要阵地，推出一批弘扬优秀传统文化的教育普及读物，开设淮剧班，编印淮剧课本，改编淮剧歌曲，开展亲子戏剧课，不断丰富传统文化内涵和形式。发挥好盐城作为"淮剧之乡""杂技之乡"在地方戏剧领域的传承创新、传播推广等功能作用，整合周边旅游、教育等资源，增设培训、展示等场地和设施，开展多方面、多层次的展演、培训、推广等活动。加快地方戏曲保护立法工作，出台地方淮剧保护条例，营造文化艺术优质创作环境。

推动文化艺术交流输出。持续开展淮剧艺术研究、学术交流、社团联谊等活动，积极开展现代淮剧的现场观摩和学术研讨活动，探索盐城在艺术样式国际化发展方面的新路径。推动城市文艺生活对外交流，主动将优秀戏曲剧目"引进来"，支持戏曲院团"走出去"，持续放大戏剧创作的"盐城现象"，提高淮剧、杂技与地方文化艺术的国际知名度。

（三）建设现代公共文化服务体系

盐城市适应新发展阶段人民生活品质化多样化发展趋势，以群众需求为导向，以品质提升为引领，建设完善"覆盖城乡、可持续发展、全民共享"的公共文化服务体系，打造市场广泛认可、在全国有影响力的公共文化服务品牌，推动公共文化服务高质量发展，创造人民群众期盼的高品质文化生活。

1. 公共文化服务网络建设工程

深化文化载体全域布局。提升各级公共文化设施载体利用效能，建成全域覆盖、全效利用、全面服务的"市—县—镇（街道）—村（社区）"四级公共文化设施网络体系，推进县级文图两馆形成"区县总馆+镇街分馆+村社书屋"的三级模式。深入推进市博物馆等重点项目建设，提升市文化艺术中心等现有场馆服务水平，支持中国海盐博物馆创建国家一级博物馆。把公共文化建设融入基层治理体系，建设集党政教育、科普宣教、文化服务、艺术熏陶、体育健身等于一体的功能复合型基层文化服务中心。

打造"嵌入式"文化服务。放大盐城"书香城市建设示范市"示范效应，在都市商圈、文化园区、商办楼宇等现代消费集聚区域，嵌入式建设一批开放性、艺术性、现代性的小型公共文化空间，打造融合阅读、艺术展览、文化沙龙、轻食餐饮等服务的城市书房、文化驿站、文化广场等新型文化业态。积极探索"展馆+"发展模式，打造一批"博物馆+""美术馆+""文化馆+"的复合型公共文化场馆和"最美公共文化空间"。将文化创意融入社区生活场景，推动"嵌入式"社区公共文化服务发展，建设淮剧文化社区、红色文化社区、非物质文化遗产传承社区、诗歌文学社区、书画美术社区等公共文化服务标杆社区，提升社区公共文化空间的融合性、功能性与审美性，从服务群众的"最后一公里"向"最美一公里"转变。结合中韩（盐城）产业园开放优势，提升现有公共文化服务特色，建设集国际化居住、国际化商务、国际型服务、国际型文化于一体的国际友好公共文化服务社区，打造"嵌入式"国际友好公共文化服务社区，丰富国际友人公共文化生活，树立中外文化交流融合典范。

推动文化服务上云赋能。整合建设文化大数据服务平台，逐步实现"一部手机看盐城"的文化服务上云目标。推动公共文化服务设施数字化建设，构建智慧图书馆、智慧文化馆、智慧档案馆、智慧博物馆等数字文化平台矩阵。推进盐城市公共文化云平台建设，探索线上公共文化服务场景，鼓励景区、展览馆、文博场馆等发展线上服务，提供"云演出""云展览""云培训""云讲座"等服务形式，加强微视频和艺术慕课等数字教育资源建设，为群众提供优质云端文化服务。

2. 公共文化服务惠民典范工程

提升公共文化服务效能。完善公共文化服务绩效评估体制，明确公共文化设施建设的目标与责任，深入落实城乡一体的公共文化服务标准规范建设要求，开展基层公共文化阵地服务效能测评，推动基层综合文化中心提升服务效能。创新公共文化服务购买配送运行机制，促进公共文化服务市场供给多元化健康发展，使公共文化服务实现"低投入、高产出、可持续"的自我良性循环发展。大力推广"文化预约"工程，打造公共文化"超市式"供给、"菜单化"服务模式。建立健全公共文化服务参与考核机制，提高公共文化服务供给与群众需求之间的匹配度。

打造文化服务品牌序列。持续推进盐城特色文化惠民工程，扩大"南苏北盐"群文现象的社会影响力。根据江苏省文化进万家活动的总要求，组织送书、送戏、送展览等活动。加强公共文化服务品牌序列建设，彰显红色铁军、白色海盐、蓝色海洋和绿色生态等盐城特色，提升"海盐文化节""盐渎文化艺术展演月""盐渎大舞台""丹顶鹤文化艺术节""郁金香文化月""百合花文化月"等特色文化服务品牌影响力。丰富面向老年群体、妇女儿童、残障人群的公共文化产品和服务，满足不同群体多样化的精神文化需求。

推动乡村公共文化普及。开展艺术乡村文化建设活动，推动乡村建设品质提升与传统文化传承创新。开展乡镇文化服务中心文旅融合试点建设，围绕乡村振兴战略，将乡村文化建设融入城乡经济社会发展全局，探索乡村基层综合性文化服务中心建设与旅游、电商、就业辅导等结合，为本地群众提供公共文化服务，为外来游客提供景点咨询、土特产销售、导游讲解、食宿咨询等文旅服务。打造"3+1+3"乡村公共文化品牌，以乡村常见的自然生态、历史人文、非物质文化遗产资源为基础，衍生开发"原生态生活、老习俗节庆、老手艺传承"3 类文化场景，提炼开发 1 个新文化 IP，发展"稻田生活美学艺术节""市井老街创意市集""自然湖荡阅读季"3 类特色乡村文旅节庆，打造节庆新民俗，形成具有区域影响力的乡村文化名片。

（四） 建设现代文化产业体系

科学构建"4+3+3"现代文化产业发展格局，搭建文化服务创新平台，培育文化产业发展主体，加强文化创意产业园区建设，积极发展对外文化贸易，扩大优质文化产品供给，塑造盐城文化产业核心竞争力，实现盐城文化产业高质量发展。

1. 文化产业发展格局重塑工程

构建四大文化产业体系。依托现有产业基础优势，衔接未来行业发展趋势，构建数字文化产业、创意设计产业、工艺美术产业和文化旅游产业四大文化产业体系，推动文化产业从"盐城制造"转向"盐城智造"。数字文化产业聚焦软件开发、数字出版、动漫游戏、影视制作等关键环节，打造数字文化产业示范基地。创意设计产业以工业设计为主导，大力发展建筑设计、广告平面、文创开发、专业设计等行业，将创意设计产业打造成盐城文化产业的重要支撑。工艺美术产业以文化与制造业融合为核心，重点发展非遗工艺品、玻璃工艺品、户外运动用品、金属工艺品、玩具等设计制造，实现文化美学增值和品牌塑造。文化旅游产业聚焦文旅消费产业链条延伸，积极推动国家级、省级夜间文旅消费集聚区创建，争创文化和旅游消费试点城市，激发文化旅游市场消费活力。

聚焦三大文化经济业态。放大主题价值，发展世界遗产经济。发挥盐城世界自然遗产的资源价值，以世界遗产保护性开发带动世界遗产旅游、商务会展、体育休闲、康养度假、节庆赛事、IP开发、科普研学等产业发展，推动生态资源向产业经济转变，打响以世界自然遗产为主题的文化经济品牌。优化空间价值，发展都市水岸经济。发挥盐城"百河之城"水资源优势，以串场河水岸功能利用为主导，开拓与周边协调互动的滨水开放空间，有序打造沿岸商业空间、游船经济、文博场馆、演艺品牌、文化创意产业园，推动形成

"水岸+"文化、旅游、创意、消费的产业生态链，优化提升水岸空间经济价值，打造时尚休闲都市水岸的标杆。转化时代价值，发展潮流经济。紧跟时代趋势，把握"Z世代"（统指受互联网、即时通信、智能手机和平板电脑等科技产物影响较大的一代人）的消费特征，探索发展年轻人喜爱的潮流经济，实现价值倍增。

建设三大产业发展载体。打造一批文化产业集聚区。联动盐城大数据产业园、盐城西伏河数字智能创新社区，打造以软件开发、动漫游戏、数字出版、影视制作为主导的数字文化产业集聚带，形成文化和科技融合的示范标杆；以盐工盐艺为品牌，打造非物质文化遗产工业美术产业集聚区；聚焦文旅新消费，以聚龙湖商圈、荷兰花海、东台西溪、建军路商圈、串场河沿岸为重点，打造一批都市文旅消费集聚区与夜间文旅消费集聚区。创成一批文化产业示范园区（基地）。聚焦数字文化产业、广告设计、创意策划，加强数梦小镇、长三角（沿海）广告创意产业园、蛋壳数字百变创意空间等文化创意产业园区建设；支持盐城大数据产业园、东台西溪文化产业园争创国家级文化产业示范园区，盐城市文化科技产业园、盐城聚龙湖文化产业园争创省级重点文化产业示范园区；扶持优秀文化科技企业，推动江苏世纪龙科技有限公司、江苏华恒兄弟动漫制作有限公司等重点企业创成省级文化产业示范基地。盘活一批城市存量空间。结合城市更新，盘活老肉联厂、老化纤厂等存量空间，引入文创产新概念，植入文化创意产业，打造一批特色彰显、产业兴盛的工业遗址型文化创意产业园区。以毓龙路、建军路为代表，改造一批老菜场、老码头、老盐场、老站台、老铺子、老市集，建设具有盐城文化感与年代感的生活文化街区。

2. 文化产业发展主体培育工程

培育文化市场重点主体。招引产业头部、区域总部企业。围绕主导产业，坚持扶优扶强扶大，招引一批国内外知名文化头部企业构建具有盐城文化特点和核心竞争力的现代文化产业体系。培育地方文化领军企业。建立盐城市文化领军企业种子库，重点支持江苏华恒兄弟动漫制作有限公司等企业发展。创新数字化技术应用，鼓励文化企业运用数字技术改革管理机制、开发数字产品、拓展线上业务，发展线上交易、艺术普及、交互体验等数字化服务，打造数字示范项目。建立健全以企业为主体、市场为导向、产学研相结合的文化科技创新体系，促进文化科技融合发展，大力扶持文化科技类企业，培育独角兽和瞪羚企业。

搭建文化贸易服务平台。构建开放高效的产学研合作创新网络，鼓励支持有条件的技术创新型文化科技企业建设国家级、省级重点实验室，工程中心、企业技术中心等高层次创新平台，积极承担或参与国家、地方的重大文化科技项目，促进各类创新资源向企业集聚，激发企业创新活力。促进多渠道灵活就业创业、民营经济发展壮大，支持小微企业和个体经营者线上创业就业，鼓励特色小店、独立设计师、家庭手工业等业态发展，打造民本经济众创平台。以国家和省重大外交、外事活动为平台，依托区域性、国际性商务会展，举办文化贸易配套活动，提高盐城文化产业品牌知名度。健全大数据采集系统，搭建国际文化贸易服务平台，实现国际文化产业贸易现代化、专业化、规范化。制定行业标准，帮助企业培育国际品牌。

推动图文出版繁荣发展。建设优秀主题出版项目储备库，将原创优质内容与重大主题、盐城特色相结合，打造一批弘扬社会主义核心价值观、传承中华优秀传统文化、能够高度显示盐城标识的原创出版精品与特色出版品牌。加大对精品图文出版市场主体的扶持力度，搭建盐城出版从业者平台，支持出版单位盐城分支机构、盐城本地出版工作室等出版机构建设作者资源库，着力打造名家工作室，带动更多优秀作者、高质量作品落户盐城。引导出版机构积极培育出版新业态，开发有声读物、网络出版物、多媒体印刷出版物等新兴数字出版产品，探索建立数字化环境下内容生产传播一体化机制，引培一批内容与技术深度融合的出版、印刷、发行骨干企业。加快新闻出版业数字化转型升级步伐，支持盐城主要媒体提升内容生产、融合创新能力，规范引导民营网络媒体、自媒体发展，扶持一批走在全国全省前列的新型主流媒体，建成互联互通的现代全媒体传播体系。

3. 文化市场配套服务保障工程

优化文化市场体制机制。建立联席会议工作机制，成立文化投资管理运营市场化机构，形成政府引导扶持、企业市场运作、社会积极参与的机制。建设数字化管理平台，有效提升跨部门跨领域综合执法成效。健全"红黑榜"制度，完善消费投诉受理机制，强化文化市场消费者权益保护。

健全文化产业支持体系。完善产业发展扶持政策，鼓励重点主导文化产业发展。发挥产业资金引导作用，加大对具有良好社会效益和经济效益的文化产业企业、重大项目的贷款贴息扶持力度，鼓励社会资本创设文化产业投资基金。建立人才培养长效机制，吸引培育一批具有国际视野的文化领军人才；鼓励本地高校开设文化产业类专业，着力培养一批懂文化、懂科技、能实战的复合型人才；加大对盐城紫金文化英才、文化优青的培养选拔力度。

优化文化市场营商环境。创新金融服务手段，加强政府和社会资本合作，引导优质企业入驻。提升优化政务服务，全力推进"互联网+政务服务"，打造便捷高效的政务服务环境。拓展招商引资渠道，围绕文化产业上下游进行产业链招商，研究分析产业发展和转移规律，厚植有利于产业良性发展的创新土壤。

第三节　大洋湾景区优秀传统文化
"两创"成绩卓著

大洋湾景区认真学习贯彻习近平文化思想，积极落实盐城市委、市政府文化高质量发展的各项要求，大力开展实践创新，在文化"两创"方面取得了历史性突破，成为我国长江流域乃至全国展现习近平文化思想"生根开花"的重要基地。

文化"两创"的内涵是出新，实质在应用。文物活化利用作为"源头活水"，是推动文化繁荣，促进文化传承发展的不竭动力。走进大洋湾，一个古典园林风格的现代景区渐次呈现在人们面前，一座座徽派晋派精美古建筑交相辉映、美轮美奂，一幅幅绿意盎然的生态美景让人们目不暇接、流连忘返，一场场高端文体活动让人们陶醉其间，处处体现文化创新创造的活力，文化"两创"在大洋湾景区"花香果硕"。

一　以文化为根，科学规划设计

盐城市委、市政府将大洋湾组团定位为城市组团，高度重视大洋湾景区建设，要求高标准高起点搞好规划设计，精心打造一流的生态休闲旅游景区。经过对大洋湾文化和自然资源等情况及大洋湾与盐城大市区乃至全市关系等的综合分析，大洋湾景区将整体建设目标定位为文化旅游休闲集聚区，集城市观光、休闲度假、游乐观赏、健康养生于一体的城市会客厅、生态度假区、健康养生谷和文化旅游综合体，盐城全域旅游的"圆心项目"和长三角地区乃至全国的生态旅游胜地，名副其实的生态城市新组团。

景区十分注重延续和传承城市文脉和文化内涵，先后聘请16名在文史方面造诣较深、知名度较高的文化顾问，组织他们对盐城历史文化进行爬梳剔抉，深入挖掘盐城特别是大洋湾的文化底蕴，从历史文化、历史名人、民俗文化、饮食文化、建筑文化、禅修文化等多角度全方位剖析文化内涵，重点从历史记载、海陆变迁及地名演变等多方面对大洋湾的历史进行深入挖掘、论证，最终得出大洋湾的特色在于"一'古'二'洋'"的可靠结论。据新、旧《唐书》记载，大洋湾曾是我国与高丽（今朝鲜）、新罗（今韩国境内）、日本等交往的重要门户和出海口。高丽僧人封大圣，新罗王子金士信，日本遣唐使粟田真人、小野石根和阿倍仲麻吕（晁衡）等，都是在盐城大洋湾登陆，然后转赴长安的。专家们一致认为，唐文化是大洋湾也是盐城历史文化之根。

围绕着这一文化根源，景区以多种形式表现大洋湾的文化底蕴。景区规划的总体风格为古典园林，所有的项目规划和建筑设计等都体现了这一特征。在建筑物形态上，以唐风古韵为主，兼顾明清、现代元素；在建筑物命名上，努力体现盐城和大洋湾之古，如登瀛阁、通海桥、三相桥等；景区有诗词联赋、碑林石刻、大家书法等。向全国知名诗词大家定向征集诗词联赋，征集到包括中华诗词学会原会长、文化部原副部长、北京故宫博物院原院长郑欣淼在内的一批大家撰写的诗词联赋，同时延请全国著名书法家沈鹏、言恭达等题写牌匾、楹联，显著提升景区的文化品位；创作一批文化旅游产品，研制樱花系列食品等旅游商品。规划建设一批文化类项目（馆、室），如保利演艺中心、景区规划展示馆、八大碗博物馆、樱花博物馆、盐城文化名人馆与名人工作室、中华诗词学会创作基地、文化创意小镇和盐渎文化小镇等。着力在文化要素上下功夫，通过大力发展文化产业，以文化吸引游客，以文化带动旅游，实现文旅结合、相得益彰。

二 围绕五大元素，聚焦六大主体功能，多元化展示盐城文化特质

景区依托优质文化资源，围绕"水、绿、古、文、秀"五大元素，聚焦"吃、住、行、游、购、娱"六大主题功能，积极探索多元化合作模式，丰富文化产品供给，延续历史文脉，留住乡情、乡愁和记忆，全方位展示盐城的文化气质、文化实力、文化自信，打造精品工程，铸就传世佳作，实现自然美、生态美、人文美和谐统一，助力盐城打造世界级旅游目的地城市。

围绕"水、绿、古、文、秀"五大元素做足文章。围绕"水"，打造了水上乐园、沙滩浴场、温泉酒店、龙舟竞赛基地、龙舟体验等项目，以及水上巴士、画舫、自驾船、碰碰船等水上游览、游乐项目。围绕"绿"，打造了500多亩的樱花园、300多亩的荷莲池、150多亩的粉黛乱子草花海，以及盆景园、桂花大道、香樟大道、朴树大道、法桐大道等特色绿化景观，其中5万余株樱花组成的樱花园已经成为景区最具号召力的景点。围绕"古"，精心打造了盐渎古镇、金丝楠木馆、登瀛阁、唐渎里、孔园、远香堂、岸芷人家、望海楼、西大门等古风建筑群。围绕"文"，打造了反映大洋湾地理变迁的景区客厅，彰显盐城地方餐饮文化特色的八大碗博物馆、八大碗体验馆，以盐城老"八景"为题材的诗画长廊，以北宋吕夷简、晏殊、范仲淹三位宰相命名的三相桥，弘扬诗词文化的"中华诗词范仲淹研究创作基地"，以樱花为主题的樱花博览馆，以及湿地博物馆、老电影馆、三贤堂、树化玉艺术馆等文化类展馆，积累了一大批吟咏大洋湾秀丽风光的石刻、楹联和牌匾等，围绕大洋湾旅游资源设计开发了多个种类的文创产品。围绕"秀"，打造了盐渎古镇沉浸式演艺、樱花园夜樱灯光秀、唐渎里特色演艺和灯光秀、登瀛阁

及小洋湖片区灯光秀等。

完善"吃、住、行、游、购、娱"六大主体功能。围绕"吃",打造了唐渎里美食街、春和景明茶社、登瀛茶坊、沙滩烧烤等项目。围绕"住",打造了希尔顿逸林酒店、盐城大洋湾颐和湖畔酒店、唐风精舍民宿项目。围绕"行",规划建设了电瓶观光车、自行车、画舫游船、摇橹船等景区交通,并在东环路片区设立地下大型停车场。围绕"购",开发了八大碗品牌产品、樱花特色产品、盐城地方土特产、高档金丝楠木产品和各类景区文化产品、旅游产品。围绕"娱",建成了长乐水世界、沙滩浴场、唐渎里街区、龙舟竞赛基地、滑板场地、高尔夫训练基地、沙排基地等娱乐体育设施。

按照多元文化主题理念,建设五大街区,增加景区文化底蕴。唐渎里街区是盐城首家唐风特色的美食街区,2021 年国庆节正式对外开放,已成为盐城市民的首选打卡基地;盐渎古镇按照民国风情建设,也已正式对外开放;长乐水世界以"赶超国际水准、打造国内一流"为目标,以"欢乐无极限,嗨翻长三角"为市场定位,以盐文化为切入点、水上大冒险为主线展开布局;沙滩嘉年华常年开展沙滩排球运动,发展沙雕等沙文化,让市民在观赏比赛、体验沙滩运动的同时,接受沙文化的熏陶;东环路全球购潮街让市民在购物的同时感受不同的文化习俗。

三 聚焦集约集聚,着力打造各具特色、功能互补、互相融合的复合型文化旅游综合体

景区在打造和完善文化旅游休闲集聚区的同时,从规划面积较大的实际出发,以文化为核心,依托旅游资源,着力打造若干个包含综合商业、展览、游乐等相关业态功能,各具特色、功能互补、

互相融合的集约型、复合型文化旅游综合体。

一是东环路娱乐文化旅游综合体，主要包括保利演艺中心、长乐水世界、商业街和停车场等。保利演艺中心是一个文化娱乐综合设施，可作为秀场，可以表演各类歌舞剧等。长乐水世界为华东地区规模最大、设施最先进的国内一流的满足游客一站式体验需求的水上玩乐综合体。另外，还有车辆换乘中心、游客服务中心、以购物为主的小商业中心。

二是机场路美食文化旅游综合体，包括美食街、八大碗博物馆、水舞灯光秀场等。美食街，由中国工程院院士、全国建筑设计大师孟建民亲自设计，建筑风格为唐风，项目运营以服务景区和机场的餐饮，以及特色商品售卖等配套服务为主。八大碗博物馆，主要是系统地介绍"盐城八大碗"的来龙去脉、前世今生的博物馆。"盐城八大碗"是盐城城投集团发起，被国家工商总局商标局正式核准注册的全国首例地方特色系列菜肴集体商标，是盐城地区重要的餐饮品牌。

三是盐渎古镇文化旅游综合体。主要包括古建筑群、金丝楠木馆等。盐渎古镇聚集了22栋古宅，按照历史建筑原貌进行了异地重建，形成了一条原汁原味、古色古香的商业古街，带给游客一种穿越时空的强烈震撼感和厚重的文化感。金丝楠木馆，是中国民间首座金丝楠木四合院，檩、柱、梁、槛、椽、门窗及室内陈设的古琴、二胡、钢琴、佛像等均由金丝楠木制作而成。

四是温泉小镇文化旅游综合体，包括温泉小镇、温泉酒店、森林宾馆和温泉民宿等。景区温泉水质好，富含偏硼酸、偏硅酸等矿物质和多种有益健康的微量元素，井口水温达62℃，出水量充足，为建设温泉酒店提供了优质资源。景区已与国内知名的柏联、涵田等品牌酒店合作，共同建设景区各具特色、不同层次的温泉酒店集群。森林宾馆，合理利用新洋港两侧防护林空间，设置部分小木屋，形成统一规范管理模式。温泉民宿，利用新洋港北侧部分拆迁房，搬而不拆，在基本保持外貌的同时，统一规划提升内部生活设施，为游客和市民带来"第三方空间"体验。此外，景区还量身定制具有韩国特色的温泉酒店，吸引韩国客商入住，为在盐城的韩国员工、客商提供更为舒适、更具特色的旅游、商务服务。

五是樱花文化旅游综合体，这是除日本弘前樱花园、美国华盛顿州樱花园、中国武汉东湖樱花园之外，又一独具特色的赏樱地。栽植 35 种樱花苗木共万余株，其他乔木 1.3 万余株、各类灌木 200 万株、草坪 5 万平方米、时令花卉 6 个区域共 1 万平方米，并辅以广玉兰、香樟等常绿植物作为背景，还建有樱花博物馆。早樱、中樱、晚樱次第开放，花期可持续一个月。游客们可乘坐小火车穿越樱花林，还可乘直升机直面"樱海"，多角度观赏浪漫的"春日限定"樱花。夜幕降临时，景区内沿路灯带亮起，夜樱盛放枝头，在光影交融中争奇斗艳。为了让市民有更多文化体验，樱花节期间，景区还推出了大型烟花秀、非遗打铁花、水幕秀、荧光海、塔楼灯光秀、纱幔全息投影等演出项目。以花为题，用唯美的樱花、浪漫的烟花、绚丽的铁花，以及花灯巡游、樱花不夜城、古风舞蹈等活动，让游客全时段感受最美大洋湾，让"文化+赏花"的花式组合产生"1+1>2"的赏玩效果。

此外，还有婚庆小镇文化旅游综合体等。

四 聚焦文化引领，以文兴旅，以景促融

中共盐城市委八届四次全会提出，要大力繁荣城市文化，积极发展文化新业态、文化消费新模式，推进文旅深度融合发展。文化是大洋湾的根脉，景区以文化为源，以发展文化产业为核心，以"文化+"为手段，以文兴旅、以景促融，一体联动做好文化大文

章，蹚出一条文旅融合、文化创新发展的新路。

（一）放大世界遗产效应，聚焦康养休闲，彰显盐城自然生态之美

大洋湾景区位于盐城市亭湖区东北部，距离市中心约 12 公里。景区水域河面宽近百米，素有"绿水瀛洲"的美称，体现了"东方湿地、水绿盐城"的特色。大洋湾城市湿地公园获批国家城市湿地公园。大洋湾景区 2023 年入选江苏省中医药健康旅游示范基地建设单位。

景区持续放大世界遗产效应，做足湿地特色资源文章，"以城市休闲"功能为基础，以本土文化为依托，以新型康养休闲为导向，用大洋湾历史印记和故事及古典园林体现文化古韵，提升景区文化品位，全力塑造大洋湾康养品牌。

长乐水世界拉长盐城文化链条。长乐水世界以盐文化为切入点、以水上大冒险为主线展开布局，设有盐幻之门、海猫部落、深海历险、盐岭积雪 4 大片区，28 项精彩劲爆的游乐项目，拥有江苏最大最高的水乐园人造盐山景观，彰显在地盐文化主题。

温泉小镇变身盐城康养度假新地标。景区依托丰富的温泉资源建设温泉小镇。盐城大洋湾颐和湖畔酒店为纪念《桃花扇》的作者、清初著名戏曲家孔尚任而复建了孔园，并采用鱼米之乡丰富的水产与地方特色，结合传统淮扬风味，打造了万国春中菜馆。该酒店致力于打造高端的主题文化精品酒店，为游客提供富有盐阜文化底蕴的入住环境，荣获第 7 届黑松露奖和"2023 年度中国最佳美景酒店"称号。希尔顿逸林酒店利用三间风格迥异的餐厅，促进盐城特色与国际文化相融合。

盐渎古镇东侧依托优美水系、原有内部岸线和植被，结合休闲、运动、观光、停车等多种元素，设有乌篷泛舟、水幕电影等文化体

验项目，倾力打造盐渎古镇后花园。

阳光沙滩、自助烧烤、体育康养、温泉度假等项目满足了都市人休闲养生的多元需求。积极探索"文化+"赋能"老有所乐、幼有所育"新实践，推出老年游、研学游等系列旅游产品。"老年团乐游大洋湾"活动让全市老年人共享燕舞文旅康养融合发展成果，为盐城养老事业与产业协同发展作出积极贡献。以小瀛台国学馆为"研学品牌"的核心，全力为中小学生搭建"知行合一"实践平台。"盐城市中小学生素质教育社会实践基地"在大洋湾景区揭牌，可以让孩子们在景区学习历史、了解人文、感受文化、放松心情，寓教于乐、游有所学，成为最受盐城乃至全国中小学生欢迎的研学营地之一。聚力"文化+体育"特色康养项目，龙舟竞赛、马拉松比赛、滑板锦标赛、沙滩排球赛等体育赛事先后落户景区。三相桥草坪成为年轻人开展飞盘运动的乐园。高尔夫练习球场让广大青少年有更多机会认识高尔夫、体验高尔夫。以传统体育文化为精神纽带，将"龙舟精神"、体育拼搏精神融入时代脉搏，这些项目展示出盐城的历史文脉和地域特色，让八方宾客在饱览大洋湾景区的秀丽风光的同时，充分感受到盐城体育、文化、旅游的魅力，让绿色宜居生态新盐城的幸福图景愈发清晰绚丽。

（二）发展特色文化，聚焦绿色融合，彰显盐城绿色之美

"天蓝地绿基因红"是盐城的独特优势，因绿而生、因绿而兴的大洋湾景区，推动文化与农艺（花卉）融合发展，以文化人、以文铸魂，积极探索逐绿前行、绿满金生、以绿惠民的"文化+农艺（花卉）"可持续发展之路，为盐城高质量建设绿色低碳发展示范区赋能助力。

在樱花小镇感受生态之美。樱花小镇分为"樱洲花海""落樱缤纷""绿野樱踪"等景观欣赏区域，包含樱林尽染、浪漫樱堤等

"樱花十景"，涵盖早、中、晚等几十个樱花品种，游客中心的樱花博物馆分四个展厅详细介绍樱花文化、樱花的起源和种类，每年举行不同主题的"国际樱花月"活动。园内还育有郁金香、广玉兰、香樟等。游客或漫步在樱花隧道，赏花聊天，合影留念，享受繁花美景；或乘坐摇橹船，在波光粼粼的河道上泛舟赏樱，看樱花落在温柔的河水上、轻盈飘荡；或搭上骑跨式小火车穿越樱花林，邂逅"秒速5厘米"的美景，人、樱花、唐风建筑仿佛连成了一幅卷轴画；或乘坐直升机直面"樱海"，全方位感受大洋湾春天如梦似幻的樱花风景线。一场夜樱之梦、四场水秀演出、十场主题焰火，景区打造的3000平方米夜樱不夜城，通过水幕灯光、烟火表演等项目，让游客在欣赏夜樱的同时，更能有精彩的视觉体验。"国际樱花月"期间，还推出限定花海草地野餐、樱花演艺、沙滩狂欢、樱花集市活动，通过品美食、赏夜樱、观巡游、逗萌宠、趣野餐给大家带来独特的春天的浪漫，让人沉醉。中央电视台《新闻联播》多次对樱花小镇作了报道。

走进粉黛乱子草花海，可见超过百亩的梦幻粉色花海，一片粉色花海以绿叶为底，粉紫色花穗如发丝，曼妙轻盈，如梦如幻，呈云雾状，层层叠叠的粉色波浪，如烟似霞。行走其中，粉黛乱子草萦绕身侧，仿佛畅游在粉色云海，仙气十足、浪漫无比。

此外，景区还结合自然生态和地形特点，与在地文化相融合，建设了桂花大道、朴树大道、七彩花田、九曲花阶、紫藤长廊、新洋港生态林带等绿色景点。

绿色发展，究其实质，就是要在保护好绿水青山的前提和基础上，实现更有效率、更加和谐、更可持续的发展。守护绿水青山就是守护百姓的"金饭碗"。近年来，大洋湾景区加快推动绿色发展，通过"文化+农艺（花卉）"发展带来新风景，通过新风景带来新"钱景"，这一个个"两山"转化的缩影，正成为大洋湾景区将绿色发展之路越走越宽的生动写照。

（三）传承文化遗产，聚焦创新发展，彰显盐城历史人文之美

景区以文化惠民为宗旨，创新推出一批传统文化、特色文化精品，常态化展演，丰富市民和游客的文化体验。

古街古景，凸显盐都文化之魂。依据丰富的文化底蕴，大洋湾打造了盐渎古镇、金丝楠木馆、登瀛阁、唐渎里、孔园、远香堂、岸芷人家、望海楼、西大门等古风建筑群，修建了景区客厅、三相桥、烟波亭、诗画长廊等文化建筑，建设了樱花博览馆、湿地博物馆、儿童博物馆、老电影馆、古文物展馆、三贤堂、古钱币展览馆、古家具展览馆、树化玉艺术馆等文化展馆，并运用声、光、电等高科技手段，让古建筑、古文物、古文化"活"起来，引爆视听效果，让游客在景区既能领略大唐盛世、民国风情的盐城，又能切身感受盐城浓厚的文化积淀。为进一步挖掘海盐文化藏品，充分展示盐阜大地的海盐文化、红色文化，延续城市历史文脉，促进盐城民间收藏规范发展、保护，景区还联合中央电视台《一槌定音》栏目和盐城市委宣传部在盐渎古镇美术馆举办了大型公益鉴宝海选活动。

特色文化，精彩绽放。唐渎里以唐文化为主线，原创"遣唐使迎宾式""掌灯仪式""敬酒仪式"三大仪式，荷花仙子、异域风情、唐宫乐舞、琵琶女、威武将军、飞天六大行为艺术，鱼龙舞、嗨吧唐渎里、焰火丽人行、花样年华、烟雨江南、敦煌献艺、嘎光七大主题舞蹈，马铃响起、盛世的号角、唐宫夜宴、阿细跳跃四大经典特色演艺，让百姓充分感受盛世大唐盐城的市井繁华。盐渎古镇打造大型行进沉浸式演出《盐渎往事》，借助故事再现、音乐演绎和情节歌舞等多种艺术表现手法，展现古镇顾凌两大家族背后的世事纠葛和制盐历史，将"煮海兴利，穿渠通运"的海盐文化生动地

展现在游客面前，让游客穿越古今，感受民国风情。《盐渎往事》荣获 2022《中国国家旅游》年度臻选"旅游演艺"创新品牌。此外景区还举办大洋湾音乐节、沙滩篝火节、大洋湾湿地美食文化节、"一带一路"国际樱花论坛、全国摄影大赛、唐韵焰火秀、福禄寿喜财上元节、唐渎里女儿会、中小学生夏令营、世界申遗大会、国际湿地生态旅游大会、国际温泉节等主题活动，一年四季都能让游客感受到盐城厚重的历史文化。

品茗赏味，感受"舌尖上的盐城"。大洋湾以文化旅游发展为目的，以国内网红美食、地方特色美食为主业态，配套特色餐饮、文化体验，通过以文带旅、以旅兴商的形式，打造古韵与现代美食相结合的沉浸式体验景区，打造盐城特色美食文化品牌的窗口，使大洋湾成为"盐城人常来、外地人必逛"的文旅胜地。以茶文化为媒传播中华文化。景区在不同地段设置了茶社、茶坊，有得名于唐朝王勃《滕王阁序》名句"落霞与孤鹜齐飞，秋水共长天一色"的秋水长天茶社，取名于范仲淹名篇《岳阳楼记》的春和景明茶社，因毗邻登瀛阁而得名的登瀛茶坊，还有雅楠茶苑等，除了给游客提供休憩服务外，还开展"茶道大讲堂""斗茶比赛"等活动，向游客和市民宣传茶知识、茶文化、茶礼仪，传播中华传统文化。依托八大碗传承非遗文化。盐城八大碗餐饮管理有限公司致力于挖掘盐城餐饮文化，打造盐城特色美食，进一步促进"盐城八大碗"产品和盐城特色餐饮文化的传播和推广，把一碗饭做得更有味道、更有故事、更有文化。"盐城八大碗制作技艺"入选第五批省级非物质文化遗产代表性项目名录。以特色美食宣传盐城文化，唐渎里融合盛唐美食，重现历史盛唐的风俗人情，让游客通过美食小吃体验不同文化风情。

集约集聚，壮大文化产业。景区积极推进以文化人、以文惠民、以文兴业，强化供应链、提升价值链、优化服务链，建强产业体系，提速产业经济。在盐渎古镇，依托 15 个仿古建筑，在沿街商业街区建立了祥和照相馆、花好月圆婚纱摄影店、民国风情文化产业综合体、悦洋布行（旗袍体验馆）、洋湾时光歌舞厅等；在唐渎里，以唐文化为主线，建有名小吃美食区、非遗文创区、湿地特色餐饮区、夜游区四个主题街区，入选第二批江苏省省级夜间文化和旅游消费集聚区建设单位名单。

第四节　大洋湾景区文化高质量发展未来可期

2024 年乃至未来更长一段时间内，大洋湾景区将继续贯彻落实习近平文化思想和生态文明思想，按照盐城市委、市政府的战略部署，积极担负起文化传承新使命，按照既定的战略，大力加强文化建设，全面完成景区规划建设和国家级旅游景区创建任务，强化运营管理、大力创树品牌，使大洋湾景区成为盐城市旅游的"圆心项目"、长三角地区乃至全国的生态旅游胜地。

一　坚持文化建设品牌化

坚定不移推进实施大洋湾景区品牌战略，重点打造三个品牌。一是打造汉韵唐风文化品牌，深入挖掘文化题材，将唐文化 IP 转化为引流产品。二是打造民国风情文化品牌，赋能盐渎古镇使其成为国内网红打卡地。三是打造景区产品品牌，重点建立体育运动、研学旅行、亲子游乐、夏季水乐园、度假休闲五大产品体系，做好消费转化，让大洋湾从"观光地"升级为"度假地"。

二　进一步丰富景区运营项目

加快温泉酒店、盐渎禅意民宿、颐和·盐渎府、串场人家民宿等项目建设，全面提高景区住宿接待能力，为创建 5A 级旅游景区和国家级旅游度假区创造条件。进一步提升完善盐渎古镇沉浸式演艺项目，丰富街区室内外经营业态，使盐渎古镇品牌在市场上站稳叫响。推进东环路商业街区招商，继续抓好唐渎里街区运营，不断擦亮"唐渎里"品牌。围绕康养产业发展，重点推进小 W 湾片区建设，打造大洋湾高端康养基地。陆续开启东沙滩的常态运营，以露营基地为定位，将沙滩露营、天幕、帐篷、水上运动、垂钓、烧烤套餐等关键词相结合，打造盐城大市区内首家沙滩轻奢度假露营基地。打造大洋湾低空飞行体验服务中心，形成涵盖空中观光、飞行体验、航空文化展示等低空飞行旅游综合服务的"低空+"产业发展格局，建成盐城市全域低空景观观赏基地。

三　逐步提升景区业态项目质量

推进生态城片区学校、医院及商业等配套项目规划、立项、征地和建设工作，尽快完善片区功能，满足片区群众日常生活需求。丰富星光大道街边业态，引入罗森等知名门店，优化街区品牌结构；引入休闲团建业态，如清雅茶社、剧本杀等，延长游客游玩时间；对街区空闲门店进行招商；参照商业综合体的招商政策与联营模式，为头部品牌入驻提供条件。

四　提升运营管理水平

围绕标准化、规范化要求，加强景区现有员工的管理和培训，明确岗位分工，同时加大人才引进力度，不断提高景区员工的工作能力；进一步完善修订景区现有的各项规章制度，坚持以制度管人、以制度规范运行，让制度为景区运营管理提供有力的支撑。

（执笔人：21 世纪马克思主义研究院经济社会文化发展战略研究中心副主任，张群、马兆余 等）

第六章　推动齐文化传承发展：山东淄博高质量发展实践创新

习近平总书记十分重视中华优秀传统文化传承发展和黄河流域高质量发展。[①] 本章重点分析山东淄博学习贯彻习近平总书记相关重要讲话精神、推动齐文化传承发展的创新做法，介绍淄博华光国瓷科技文化有限公司把齐文化精华融入企业科技创新领域、努力打造中国高端陶瓷领先品牌和世界陶瓷知名品牌的做法。

第一节　山东淄博积极推动齐文化传承发展

一　齐文化与黄河流域绿色高质量发展

党的二十大报告明确指出，要激发全民族文化创新创造活力，增强实现中华民族伟大复兴的精神力量[②]，这是文化创新的关键所在。

---

① 习近平：《加强文化遗产保护传承 弘扬中华优秀传统文化》，人民网，2024 年 4 月 15 日，http://cpc.people.com.cn/n1/2024/0415/c64094-40216491.html。

② 习近平：《高举中国特色社会主义伟大旗帜　为全面建设社会主义现代化国家而团结奋斗——在中国共产党第二十次全国代表大会上的报告》，人民出版社，2022。

（一）齐文化与黄河文化紧密融合

黄河流域孕育了世界上最为古老而发达的人类文明。处于黄河下游的齐国，出现了中国最早的城市、文字、青铜器和礼法制度。在广阔而又平缓的华北平原上，这里的人们因势利导、变革进取，创造了灿烂辉煌的齐鲁文化，这里涌现出先秦诸子百家，推动形成了历史上黄河文化发展的高峰。千年以来，黄河流域对地区乃至国家的发展发挥了关键作用，古时修建的黄河大堤成为齐长城修筑的起点，"黄河安澜，国泰民安"，黄河文化与齐文化，紧密结合，共融共生。

（二）推动黄河流域绿色高质量发展

习近平总书记十分重视黄河流域发展。2019 年 9 月，习近平总书记在郑州举行的黄河流域生态保护和高质量发展座谈会上指出，"黄河流域是我国重要的经济地带。黄淮海平原、汾渭平原、河套灌区是农产品主产区，粮食和肉类产量占全国三分之一左右。黄河流域又被称为'能源流域'，煤炭、石油、天然气和有色金属资源丰富，煤炭储量占全国一半以上，是我国重要的能源、化工、原材料和基础工业基地"①。

2021 年 10 月，习近平总书记在济南主持召开深入推动黄河流域生态保护和高质量发展座谈会时强调，要科学分析当前黄河流域生态保护和高质量发展形势，把握好推动黄河流域生态保护和高质量发展的重大问题，咬定目标、脚踏实地，埋头苦干、久久为功，确保"十四五"时期黄河流域生态保护和高质量发展取得明显成效，

---

① 习近平：《在黄河流域生态保护和高质量发展座谈会上的讲话》，《求是》2019 年第 20 期。

为黄河永远造福中华民族而不懈奋斗。[①]

二　推动黄河文明和齐文化传承融合发展

2022 年 2 月，中国共产党淄博市第十三次代表大会提出，要深化文化赋能，打造文化繁荣的现代化新淄博。要开展齐文化传承创新突破行动，大力研究、挖掘、阐释、弘扬齐文化，实施齐长城文化公园、齐国故城考古遗址公园、"齐风胜境"文旅综合体等重点工程，让齐文化可研可学、可感可触，基本建成齐文化传承创新示范区，争创国家历史文化名城和优秀传统文化"两创"标杆城市。

淄博市 2023 年政府工作报告指出，要增强沿黄城市意识，全域融入黄河重大国家战略。推动齐文化传承创新示范区建设，做好稷下学宫遗址考古发掘和保护，抓好齐长城、黄河国家文化公园（淄博段），以及齐国故城、陈庄—唐口等考古遗址公园建设。推动齐文化与陶琉文化、聊斋文化等融合发展，挖掘弘扬红色文化资源，保存城市记忆、讲好淄博故事。

（一）健全体制机制，强化文化"两创"高位推进

按照市委、市政府的工作要求，淄博市宣传思想文化战线抓实扛牢"举旗帜、聚民心、育新人、兴文化、展形象"的使命任务，深入学习贯彻习近平总书记对山东工作的重要指示要求，贯彻落实省委关于加强文化宣传创新的安排部署，以"深化文化赋能，打造文化繁荣的现代化新淄博"为目标，传承文脉、以文化人，加快文化强市建设，让淄博的文化资源真正地活起来，为传统文化产业高

[①] 《习近平主持召开深入推动黄河流域生态保护和高质量发展座谈会并发表重要讲话》，中国政府网，2021 年 10 月 22 日，https：//www.gov.cn/xinwen/2021－10/22/content_5644331.htm。

质量发展提供淄博经验。

1. 全力打造"文化之城"

淄博市委、市政府十分重视打造"文化之城"。2023 年 8 月，中共淄博市委十三届四次全体会议指出，要以中华优秀传统文化为根基，以打造服务淄博、诚信淄博、志愿淄博、劳动淄博、文化淄博"五个淄博"为载体，全力打造和谐美好的"文化之城"。

2. 加强系统化引领

为构建文化"两创"工作体制机制，2022 年 5 月，淄博市制定出台《淄博市推进中华优秀传统文化"两创"突破行动方案》，该方案为山东省重大文化片区出台的首个规划性文件，开创了齐文化"两创"省市一体化推动的新局面。其中明确了齐文化在淄博市文化"两创"工作中的龙头地位；明确了实施齐文化研究阐释、齐文化遗产保护和开发、齐文化教育普及、齐文化传播交流、齐文化与产业融合发展、齐文化人才培育"六大创新突破"；明确了要着力落实以发掘、保护、发展齐文化为核心的 24 项工程。

3. 强化工作组织保障

2023 年，淄博成立以市委、市政府主要领导任组长的文化"两创"工作领导小组，制定三年任务清单，落实党委、政府主体责任，相关部门联动，区县协同推进，整合优势资源，总体推进重点项目。成立学术研究、产业发展、宣传弘扬三个指挥部，统筹协调文化"两创"工作，三个指挥部各司其职、互为补充，推动重点工作的清单化和项目化，一件一件抓落实、见成效。

4. 坚持统筹谋划推进

建立文化"两创"重点工作督办台账，对省市意见转办情况进行梳理汇总、形成清单、挂图作战、跟踪问效。推进文化体验廊道建设，其中淄博朗乡颜神古镇二期项目、天鹅湖罗曼园等 11 个项目入选省 2023 年文化体验廊道重点项目名单；推进黄河国家文化公园

（淄博段）建设，加快齐文化传承创新示范区建设进度，出台《齐文化传承创新示范区发展规划》《淄博市齐长城文化生态旅游带开发建设规划》，推进整合沿黄河、沿齐长城、沿胶济铁路重点景区、遗址遗迹、古城古镇古村等文旅项目，以重点交通线路串联形成"三横两纵三环"的齐文化旅游交通网络。

5. 促进区域协调发展

抓住建设长城国家文化公园（淄博段）的契机，从顶层设计上积极推进文化赋能乡村产业发展之路。发展与齐长城、黄河大集相关联的文化创意、精品民宿、研学旅行、乡村旅游等特色产业，打造独具淄博特色的齐长城自然人文风情带。做好对黄河文化的诠释，以"黄河安澜"为主题，以天鹅湖罗曼园、千乘文旅康养项目等重大文旅项目为载体，打造"黄河+湿地+温泉+慢城"的黄河文旅品牌。在推动地域文化保护利用、促进文明建设、深化文旅融合、推进交流互鉴方面争取有更大进展，力争在生态保护、低碳发展、乡村振兴、文化传承等方面获得更多资源和政策倾斜。

（二）整合力量资源，巩固文化"两创"发展合力

近年来，淄博注重运用系统化思维，完善组织架构，制定总体研究规划，搭建起齐文化传承发展的"四梁八柱"，注重加强合作交流、形成研究合力，推动地域文化研究阐释工作深入开展。

1. 打造齐文化高端研究平台

淄博市政府与21世纪马克思主义研究院合作，设立齐文化北京研究院，借助更高层次的平台和优势，开展重点课题等领域的研究，举办国内外学术交流活动，推动研究成果的产业转化，吸引聚集高端人才，提升齐文化的国内传播力和国际影响力。不断创新齐文化学术论坛的主题，推动齐文化与"中国式现代化""建设中华民族现代文明"等议题相结合，促进研究成果的经世致用。更加注重将

齐文化作为中华优秀传统文化和世界古代文化来开展研究，注重齐文化比较研究，在交流互鉴中积极吸纳有益成分，筑牢文化根基。

2. 强化本土学术研究平台

整合齐文化研究骨干力量，不断提升齐文化研究联盟的专业性、系统性和主导性，出版《文化淄博丛书》《齐文化要义》《齐史通览》《历代诗咏淄博总汇》等图书，提升齐文化普及深度与广度，推出《齐文化简明读本》《齐国故事——齐文化中学生读本》《齐文化市民读本》以及《古为今用齐国说》《齐国成语典故》《齐文化廉政名言故事集锦》等普及读本。开展齐文化高质量课题研究，深入挖掘阐释地域文化的时代内涵、当代价值和世界意义，先后完成"新时代齐文化发展研究""山东历代书院资料整理研究""先秦诸子与齐文化研究"等 20 余项重点课题。

3. 构建齐文化"走出去"传播平台

先后举办八届"齐文化与稷下学论坛"、四届中英"世界足球文化高峰论坛"以及黄河"大安澜湾"文化智汇论坛、"稷下学宫·社会发展与中国社会学溯源高峰论坛"、"稷下学宫与柏拉图学园——中希古典文明高峰论坛"等高水平论坛，推动齐文化在更高更广阔平台上的交流与传播。

（三）推进文化赋能，激发文化"两创"产业活力

淄博坚持把中华优秀传统文化作为经济产业发展的重要文化资源，不断挖掘、整合及提升，以齐文化、黄河文化为引领催生产业创意研发新业态，持续放大齐文化的时代价值、社会价值、经济价值。积极搭建齐文化产业转化联盟，通过联盟单位的协作推进、融合创新，让文化看得见、摸得着，真正接地气、有人气。

1. 聚焦文化"两创"具象化

创新文化的表达方式，推进齐文化与优势陶琉产业的融合。大

批优质文化"两创"转化产品加快推进，涌现了"黄河杯"、"泱泱齐风"系列、"齐礼"系列、"管鲍杯"、"仁道杯"、"齐锦"丝绸等一批极具文化内涵和创意的手造产品，为"山东手造·齐品淄博"品牌矩阵注入齐文化力量；开发以齐文化为主题的动漫动画作品、声光电沉浸式体验项目，让年轻人关注传统文化的新表达形式。推选手造企业参加第十九届中国（深圳）国际文化产业博览交易会、第四届中国国际文化旅游博览会、第二届中华传统工艺大会、"好客山东·好品山东"2023 北京推介活动，举办"好品山东·淄博美物"展销会、端午专场等系列专题推介活动，持续扩大文化产业规模，推荐企业参加各类全国性的展销、博览、共建活动，推动传统文化消费。

2. 聚焦文化"两创"生活化

创新推出以"春游""手造""丰收""年货"为四季主题的黄河大集活动。结合景点商圈、体育赛事等流量载体，创新推出了沿黄河乡村展、马拉松展销、农副产品进社区等特色大集，突出"山东手造"这一黄河大集的特色招牌，展示"好客山东、好品山东"齐鲁名片，打造一大批体现山东黄河文化乡土风情的沉浸式体验区。

组织开展文化进万家、群众性小戏小剧展演展播、送戏下乡、文化艺术季等文化惠民活动。创新推出"成语故事进餐厅""齐国成语之旅"系列活动，与肯德基、知味斋等餐饮集团合作，设立齐文化主题餐厅，将齐文化与本土餐饮结合，取得良好的社会成效。举办齐文化主题的艺术画展、研学活动，深化与人民生活息息相关的文化"两创"实践路径。

3. 聚焦文化"两创"大众化

结合淄博烧烤热度，推出"进淄赶烤"新文创、"美淄淄香博博"手办，凸显产品的文化属性，结合热点讲好淄博城市背后的文化故事。实施一批优质文化"两创"项目，推出有特色、成体系的转化成果。有序推进重点文旅项目建设，不断丰富以齐文化为主题的多元化文旅内容供给；深入实施齐文化"六进"工程，开展齐文化短视频大赛、齐文化动漫设计创意大赛、齐文化知识竞赛等系列活动，推出"齐思政+"齐文化线上普及平台，策划"管子说""晏子说""齐人新说"等系列融媒产品，让传统文化接地气、有人气。

第二节 代表性企业传承发展齐文化实现高质量发展实践——以淄博华光国瓷科技文化有限公司为例

一 淄博陶瓷文化在齐文化传承发展中举足轻重

淄博的陶瓷文化底蕴深厚，淄博是我国最早生产和使用陶器的地区之一。纵观古今，淄博陶瓷拥有灿烂辉煌的历史，从扁扁洞遗址到后李文化、北辛文化、大汶口文化、龙山文化、岳石文化、齐文化构成淄博陶文化的发展序列，其中淄博出土的龙山文化时期的蛋壳陶，是中国古陶器的杰出代表。唐宋时期，陶瓷生产技艺日逐精进，窑址星罗棋布，并逐步形成淄博特色，生产出一批颇具影响力的陶瓷名品，磁村窑的黑釉瓷、博山窑的绞胎瓷和彩瓷等都曾名噪一时。新中国成立后，丰富的矿产资源储量、源远流长的制作工艺，都加速了淄博陶瓷业的发展。淄博陶瓷在生产工艺上有着突飞猛进的发展，在工艺和流程上都达到较高的水平，陶瓷产业链不断发展成熟。陶瓷产品种类齐全，无论是日用瓷还是艺术陶瓷、建筑用瓷、工业陶瓷等都应有尽有，成为最早撑起淄博"工业城市"之名的支柱产业之一，如今淄博的陶瓷业有着"当代国窑"之美誉。

二　体现淄博现代陶瓷发展水平的杰出代表企业

淄博华光国瓷科技文化有限公司（以下简称"华光国瓷"）始建于 1961 年。华光国瓷先后自主研发了天然矿物骨质瓷、华青瓷、华玉瓷等新材质；率先引进国际最先进的制瓷工艺与设备；在技术工艺中创新使用无铅釉技术、抗菌技术及高温釉中彩装饰等先进工艺，彻底解决了产品的铅镉溶出问题。华光国瓷以卓越的制瓷技术实现了卓越的国瓷品质，成为"淄博陶瓷　当代国窑"的卓越代表。

（一）文化创意：实现价值再造新模式

陶瓷是"水土火"交融的艺术，文化特质渗透在陶瓷之中，深深地影响着地域文化。从古至今，无论是从陶瓷的文化渊源看，还是从陶瓷作品的外显特征看，陶瓷都具有明显的地域文化烙印。淄博齐文化和陶瓷文化根脉相通，几千年来休戚与共、永续传承，积淀了丰厚的共生文化资源，形成了淄博独特的文化景象。

1. 融合共振，"文化赋能"和"产业赋能"的双向驱动

淄博陶瓷能够成为"当代国窑"，与其所追求的时代创造性、创新性精神密不可分，与其对材质、技术、设计的创造性转化、创新性发展密不可分，与其文化厚度、科技高度、时代主张密不可分。华光国瓷恪守文化品格，致力于使中国陶瓷文化在传承中不断创新，面向世界制瓷技术，敢于不断突破和超越，先后研制成功了天然矿物骨质瓷、华青瓷、华玉瓷三种国际领先的高档新材质。

天然矿物骨质瓷的白度、透明度、强度、热稳定性等诸项指标均超过英国传统骨瓷标准；华青瓷实现了对传统青瓷工艺的超越，传统青瓷是釉面青，而华青瓷是材质青，是坯体在窑炉烧成过程中自然形成的青色，坯体和釉料中没有添加任何色剂和颜料，它一改

几千年传统青瓷靠釉面表现青的历史，实现了制瓷工艺的新跨越，华青瓷既蕴含了中国传统青瓷深厚的文化底蕴，继承和发扬了中国"尚青"文化，又与时代主流文化的审美情趣交相辉映，把中国当代青瓷推向一个更高的美学境界，开创了中国当代青瓷新纪元；华玉瓷则在满足现代女性追求品质生活、个性化消费需求的同时，传递并表达了人们对当代女性的尊重。

在齐文化的熏陶浸润和文化滋养下，淄博当代陶瓷的创新发展始终凸显着自身的文化品格，与"改革、创新、开放、务实、包容"的齐文化精神内涵有着较高的契合度。

2. 品质硬核，"市场趋势"和"时代审美"的升级迭代

随着陶瓷与齐文化融合发展研究的不断深入，华光国瓷对陶瓷的地域文化特质有了更理性的认识，能够更加精准地把握市场发展趋势和时代审美需求，始终在传承中为新时代创造新经典。

为此，华光国瓷致力于设计打造内涵深厚、格调高雅、创意清新、大气经典的产品，在打造具有持续畅销力的文创精品上做文章，在打造文创产品吸睛卖点上下功夫。同时，注重新生代消费需求喜好，设计开发适应现代年轻人生活方式的时尚文创新品，引领新市场、引爆新消费。注重现代审美和消费者的价值取向，加大现代技术的应用，通过科技赋能，打造文创精品。

从国庆 60 周年国宾用瓷"凤舞和鸣"，北京 APEC 首脑用瓷"国彩天姿"，上合青岛峰会元首用瓷"千峰翠色"，第二届"一带一路"国际合作高峰论坛、亚洲文明对话大会用瓷"丝路华青"，到北京故宫博物院、国家博物馆、法国卢浮宫、英国皇室收藏瓷，再到齐风鲁韵、一山一水、七十二圣贤、一百零八单将等精品力作，无不是华光国瓷深挖中国传统文化内涵、推动文化与陶瓷产业融合创新结出的硕果。

3. 互鉴共融，搭建创新发展的广阔舞台

多年来，华光国瓷凭借品牌和渠道优势，为艺术家搭建起了广阔的发展平台，提高了中国陶瓷艺术作品的价值和市场竞争力，这是华光国瓷与时俱进的探索，也是华光国瓷探求创新艺术表现形式的独特思路，更是华光国瓷推动传统产业转型升级的新举动。

通过挖掘中华优秀传统文化资源，在彰显中国陶瓷特色中构筑核心竞争力，华光国瓷让更多优秀的传统文化和技艺融入现代生活，开发具有新时代特色的陶瓷艺术作品，打造国瓷文化品牌，提升了中国陶瓷作品的品位和市场竞争力。

（二）创新驱动：塑造北方瓷都发展新优势

1. 努力打造中国高端陶瓷领先品牌

党的二十大报告中指出，要加快实施创新驱动发展战略，强化目标导向，提高科技成果转化和产业化水平，强化企业科技创新主体地位，发挥科技型骨干企业引领支撑作用。一直以来，华光国瓷秉承"创新才是最好的传承"这一理念，以振兴中国陶瓷为己任，始终坚持走内涵发展的路子，坚定不移地走品牌经营、自主创新和精细管理之路，努力打造中国高端陶瓷领先品牌、世界陶瓷知名品牌，发展方式实现了从低水平规模扩张到高质、高端、高效内涵发展的根本性转变，企业的经济运行质量实现了质的飞跃。

华光国瓷成为中国日用陶瓷行业的第一家上市公司，中国日用陶瓷行业的第一个驰名商标，首批中国名牌，中国陶瓷行业唯一一家同时承担两项国家"863"项目的企业。公司现为中国陶瓷工业协会副理事长单位和中国陶瓷工业协会日用陶瓷专业委员会主任委员单位，是中国日用陶瓷行业唯一被中国工业经济联合会选树的向世界名牌进军具有国际竞争力的中国企业，首批国家重点保护的民族品牌，是被中国陶瓷工业协会授予的"淄博陶瓷 当代国窑"地域品牌首批使用单位。带有浓郁地域色彩的华光国瓷文化发展至今，成为发展陶瓷文化创意旅游的重要资源。2022 年山东省科技厅公布了"第二批拟认定山东省文化和科技融合示范基地"名单，华光国瓷成为淄博市唯一一家入选企业。

2. 推动产业融合，促进陶瓷文化产业高质量发展

华光国瓷在加快产业融合上以促进陶瓷文化产业高质量发展为发力点，不断创新陶瓷文化理念。围绕弘扬中华优秀传统文化，聚焦一系列重大主题和重要时间节点，在创新创意方面狠下功夫，努力让传承和弘扬中华优秀传统文化形成声势、形成合力。在文化创造性转化、创新性发展的指引下，华光国瓷从传统作坊走向现代工厂，从来样加工、贴牌生产的代工走向自主创新、品牌经营，努力打造创新融合发展的规模集群，在市场竞争、价值创造中推动了淄博文化产业的高质量发展。同时，加快互联网、大数据、人工智能等新一代信息技术与文化产业的深度融合，利用 3D、智能等数字技术提升文化产品和产业水准。整合有效文创资源，加快陶瓷文化创意产业发展。

3. 发挥品牌优势，促进文化创意与文旅融合发展

华光国瓷坚持立足自主创新、品牌经营、精细管理和创意产业特色，以建设国家 AAA 级旅游景区和工业旅游示范点为抓手，不断促进陶瓷文化创意与文旅融合发展，推动企业高质量发展。

工业旅游和传统旅游相比，不仅是一种观光休闲方式，而且还能够满足游客的好奇心和求知欲，旅游者不仅能够体验到一种新的旅游模式，而且还能通过旅游加深对城市的了解、增强对企业和产品的感性认识、体会企业深刻的文化内涵。对此，华光国瓷把工业旅游与国瓷复兴、重返世界舞台的使命紧密结合，加快企业高质量发展的步伐。

一是广泛开展丰富多彩的文化活动。通过各种活动挖掘中华优

秀传统文化资源，在彰显中国陶瓷特色中构筑核心竞争力。既要让更多优秀传统文化和技艺融入现代生活，提升其影响力，又要开发具有新时代特色的陶瓷艺术作品，打造陶瓷艺术品牌，在彰显特色中提升中国陶瓷作品的品位和市场竞争力。

二是继续发挥艺术中心和大师工作室的引领带动作用，强化科技和人才支撑。整合更多的文化创意资源、更强的艺术创新力量，吸引更多中外知名工艺美术大师、艺术家和优秀人才为中国陶瓷的创新发展造势助力，提高创作水准，壮大陶瓷行业发展的整体规模和实力。

三是大力弘扬工匠文化。运用各类手段和方式，进一步加大宣传力度，让优秀人才有前途、有盼头、受尊重，让尊重劳动、尊重知识、尊重人才、尊重创造成为共识。充分发挥工匠人才的示范带头和创新引领作用，进一步增强工匠人才在企业的获得感、幸福感。

4. 聚力转型升级，促进淄博新手造走心走红

自 2021 年起，华光国瓷与中央电视台合作持续打造年度生肖春碗，联袂打造了"虎悦春碗""瑞兔春碗"等一批创意精彩、寓意美好的文创产品，开创了公司与国家权威头部媒体合作开发文创产品的新模式，将创意深入精神文化的深处与高处，呈现民族品牌应有的担当与作为。2024 年，华光国瓷根据龙年春晚主题"龙行龘龘，欣欣家园"，设计推出了"龘龘春碗"，在设计理念上生动体现了对传统文化的尊重和传承，以及对时代精神风貌的阐释与弘扬。

以此为契机，华光国瓷在加强与中央电视台文创合作的同时，还加强了与北京故宫博物院、国家博物馆等知名文化机构的合作，整合资源，在文创赋能手造发展上持续加力突破，加快了手造产业高质量发展的步伐。

（三）赋能融合：共绘人文沃土新篇章

清风长流，滋润人心，将文脉基因刻进瓷器之中，让看不见摸不着的文化沁入民众生活，是华光国瓷文化"两创"工作的一大特色。穿越华光国瓷的展厅，"梁山108将杯""伯乐杯""蹴鞠文具""齐国成语故事"等带有齐鲁文化印记的产品随处可见，在展现博大精深的陶瓷文化的同时，也传递着中国文化的底气和自信。

1. 恪守文化品格，在传承中创新突破

中国陶瓷文化是中华文明成就和民族精神风采的重要方面，始终追求一种超越单纯物用、兼重审美价值的精神品格。华光国瓷深挖手造内涵，突出手造产品的"文化""创意""新造"。把文化创意基因植入手造产品之中，不断提升手造产品的文化内涵、艺术品位和产品水准，成为国瓷手造经典的领跑者。与此同时，加大投入力度，加强与国家、省市头部媒体的合作，加大品牌宣传力度，不断提升华光国瓷手造品牌的美誉度、知名度、影响力。

2. 强化品质引领，做世界最好陶瓷

华光国瓷自成立至今，始终以提高产品品质、做世界最好陶瓷为目标，建立了以品牌经营为主导、以自主创新为支持、以精细管理为保证的高质量运作体系，打造中国高端陶瓷领先品牌、世界陶瓷知名品牌，发展方式实现了从低层次规模扩张到高质、高端、高效内涵发展的根本性转变。

当前，人们对国货、国潮、国风的青睐，都为加快手造产业的创新发展提供了难得的机遇。华光国瓷坚持在手造产品的品质感、价值感、时代感提升上做文章。不断打造内涵深厚、格调高雅、创意清新、大气经典，有持续畅销力的陶瓷手造精品，注重新生代消费需求和喜好，设计开发适应现代年轻人生活方式的时尚手造新品，引领新市场、引爆新消费。在现代审美和消费者的价值取向上下功

夫。加强高温釉中彩、手工描金、手绘艺术、浮雕等现代技术的应用，通过先进科技工艺赋能，打造手造优良品质。

3. 完善人才培育，发挥企业的引导作用

强化人才培育的统筹设计，建立健全涵盖培养、考核、使用、待遇等各方面的人才培育激励机制。华光国瓷致力于打造人才培育平台，设立了华光国瓷艺术中心和大师工作室，多方面引进造型、画面专业的中青年陶瓷设计人才，发挥人才聚集效应，成为中国著名的陶瓷创意设计阵地、大师创作中心。邀请世界级艺术大师、全国各大陶瓷产区的知名工艺美术大师和陶瓷艺术大师、陶瓷创意名人来厂参观，增进相互间的交流合作，提升公司陶瓷设计水平。加强国内外陶瓷艺术设计交流与合作，与澳大利亚国立大学、意大利的知名设计机构合作，引进国际智慧，创建国内一流的陶瓷设计中心。与清华大学、中国传媒大学、中国美术馆、山东艺术学院等院校和专业设计机构建立了长期产学研合作关系，借助国内著名书画家、陶瓷艺术设计大师的智慧，提高了公司产品的设计品位和水准。自主开发设计的新器型、新画面达400多种，其中多项获得著作权或外观设计专利，在国内外的陶瓷研发设计领域形成了鲜明而独特的风格。有200多项设计开发的产品在世界、全国、全省的创新设计评比中获得金、银、铜奖。高文化内涵的创新产品推动了市场销售总量的高速增长，使华光国瓷成为国内陶瓷行业的领军者。

（执笔人：齐文化研究院院长、21世纪马克思主义研究院经济社会文化发展战略研究中心副主任，毕雪峰 等）

第七章　在推动中部地区崛起中勇争先：江西革命老区永新县高质量发展实践创新

2023 年 10 月，习近平总书记在考察江西时发表了重要讲话，要求江西各地"努力在加快革命老区高质量发展上走在前"①。江西省委、吉安市委认真学习贯彻习近平总书记的重要讲话精神，制定了推动高质量发展的目标和措施。革命老区永新县在推动高质量发展方面实践创新能力强，充分落实和践行了习近平总书记"走在前、勇争先、善作为"的目标要求。

第一节　江西省委、吉安市委积极推动高质量发展

一　认真学习贯彻习近平总书记考察江西重要讲话精神

2023 年 10 月 10 日至 13 日，习近平总书记时隔四年再次亲临江西考察指导。习近平总书记强调，要紧紧围绕新时代新征程党的中心任务，完整准确全面贯彻新发展理念，牢牢把握江西在构建新发

---

① 《习近平在江西考察时强调：解放思想开拓进取扬长补短固本兴新 奋力谱写中国式现代化江西篇章》，中国政府网，2023 年 10 月 13 日，https://www.gov.cn/yaowen/liebiao/202310/content_6908910.htm?ddtab=true。

展格局中的定位，立足江西的特色和优势，着眼高质量发展、绿色发展、低碳发展等新要求，解放思想、开拓进取，扬长补短、固本兴新，努力在加快革命老区高质量发展上走在前、在推动中部地区崛起上勇争先、在推进长江经济带发展上善作为，奋力谱写中国式现代化江西篇章。①

江西省委认真领会习近平总书记的要求，重点做好以下几方面工作。一是努力构建现代化产业体系。加快推动战略性新兴产业发展壮大，积极部署未来产业，努力构建体现江西特色和优势的现代化产业体系，打造一批高新技术产业，形成在全国有影响力的产业集群。二是深化对内对外开放。以开放促发展，打造内陆地区改革开放高地，主动服务和融入新发展格局。深度融入共建"一带一路"。三是推动农村一二三产业融合发展，全面推进乡村振兴。四是扎实推进共同富裕。五是用井冈山精神、苏区精神、长征精神砥砺党员、干部，教育引导党员、干部坚定理想信念、积极开拓进取、勇于担当作为。

二　江西省委与吉安市委推动高质量发展的创新实践

（一）江西省委提出打造"三大高地"、实施"五大战略"

2023 年 12 月，中共江西省委十五届五次全体（扩大）会议召开，就学习贯彻习近平总书记考察江西并主持召开进一步推动长江经济带高质量发展座谈会精神进行了安排。要求全省上下切实把思想和行动统一到党的二十大精神和党中央决策部署上来，统一到习近平总书记考察江西重要讲话精神上来，大力弘扬井冈山精神、苏

---

① 《习近平在江西考察时强调：解放思想开拓进取扬长补短固本兴新 奋力谱写中国式现代化江西篇章》，中国政府网，2023 年 10 月 13 日，https://www.gov.cn/yaowen/liebiao/202310/content_6908910.htm。

区精神、长征精神，解放思想、开拓进取，扬长补短、固本兴新，努力在加快革命老区高质量发展上走在前、在推动中部地区崛起上勇争先、在推进长江经济带发展上善作为。提出打造"三大高地"、实施"五大战略"，坚定不移推动高质量发展，奋力谱写中国式现代化建设的江西篇章。打造"三大高地"，即打造革命老区高质量发展高地、打造内陆地区改革开放高地、打造国家生态文明建设高地。实施"五大战略"，即实施产业升级战略、实施项目带动战略、实施科教强省战略、实施省会引领战略和实施治理强基战略。

（二）吉安市委提出打好"十大攻坚战"

2023 年 10 月，吉安市委召开全市锚定"三区"战略、打好"十大攻坚战"动员大会，提出要集中力量、集中资源打好"十大攻坚战"，抓重点、破难点，强举措、优机制，锻长板、补短板，推动吉安高质量发展，谱写中国式现代化建设吉安篇章。"十大攻坚战"包括培育壮大千亿产业集群攻坚战、农业标准化规模化品牌化提升攻坚战、文旅高质量建设高水平运营攻坚战、重点改革突破攻坚战、招才引智人才集聚攻坚战、做强做旺中心城区攻坚战、重点民生品质提升攻坚战、"两山"转化突破攻坚战、水运经济高质量发展攻坚战以及党员、干部能力作风提升攻坚战。

第二节　做大做强经济基本盘，奋力推进县域经济高质量发展

一　加快培育特色产业，壮大县域经济总量

（一）新型工业化推进有力

永新县牢固树立"抓发展必须抓工业、强经济必须强工业"的

理念，坚持工业强县核心战略不动摇，聚焦要素资源，创新机制方法，加快推进新型工业化，着力构建彰显永新特色的现代化产业体系。2023年，永新县规模以上工业企业实现总产值188.2亿元，实现三年翻番；新增规模以上工业企业25家，规模以上工业增加值、工业固定资产投资、工业用电量等主要经济指标增幅持续保持吉安市前列，获评2020~2022年全省开放型经济综合先进单位，永新工业园区获评2023年度省级开发区综合先进单位。

1. 锚定产业方向

精准对标吉安市委、市政府决策部署，把培育壮大工业主导产业攻坚战作为永新县"十大攻坚战"的首要之战，立足自身产业基础和特色优势，选择电子信息、超纤新材料、锂电新能源3条重点产业链为主攻方向，推动延链、补链、强链。电子信息产业稳健发展，全面融入京九（江西）电子信息产业带和吉安市电子信息产业圈，主攻基础原材料、智能终端制造，全面建成占地500亩的智能制造产业园，集聚了线路板、LED显示屏、电子元器件、智能终端制造等企业36家。超纤新材料产业延链增效，依托超纤复合新材料省级重点产业集群，新引进原材料生产、超纤制造企业24家，基本形成了前端树脂涂料和基布、中端合成革制造、后端环保处理配套的全产业链条，谋划向终端应用领域延伸，规划建设现代家居产业园。抢抓锂电"风口期"，推动投资超50亿元的华昊锂能项目顺利投产，带动一批关联配套企业落户，锂电新能源产业实现"无中生有"。

2. 攻坚招大引强

坚持把招商引资作为工业发展的重中之重，加速产业链式集群发展。构建招商体系。坚持"一把手"带头招商，县党政主要负责同志带头每月外出开展招商洽谈，高频次会见重要客商、对接重点项目、协调重大事项。组建"23个县乡联合招商团+6个驻外招商分局+7个重点产业链招商队"的综合招商体系，变"单打独斗"为

"全员上阵"，形成领导带头招、专业对口招、县乡联合招的攻坚态势。完善招商方式。深化以商招商，用好企业家、乡贤人脉资源，发挥产业协会作用，2023 年举办多种形式的招商推介活动 30 余场。借助华昊锂能竣工投产之势，举办了锂电新能源产业专题招商推介会，邀请客商 300 余名，现场签约上下游配套项目 6 个。加大基金招商力度，探索市场化运作，设立并实质化运行 10 亿元的产业引导基金，规范投资决策程序，注重选商选资，探索"基金+产业"招商新路径，跟进项目超 20 个，开展尽调 14 个，吸引了新航智能设备制造、多能那诺新材料等企业投资落户。

3. 提升项目质效

聚焦签约率、开工率、投产率"三率"，完善机制措施，推行"四看三比一评"比拼，提速提质项目建设。健全调度机制。建立年度工业重点在建项目台账，实行周分析、月调度、季通报，运用工作提示函、督查督办函、问题警示函、问责建议函及工作通报"四函一通报"机制，对进度滞后的在建项目进行跟踪督办，2023 年新开工建设重大工业项目 31 个、建成投产 22 个。健全会商机制。加强园区与所在乡镇、相关部门之间的对接协作，每周定期开展面对面研判会商，推动各项工作有序衔接。健全帮扶机制。完善县领导挂点项目负责制，落实"六个一"帮扶措施，加强项目签约、建设、投产达产等全生命周期服务，及时掌握项目进展情况，及时协调解决困难问题，为企业解决立项审批、用地协调等方面的问题 85 个。健全保障机制。坚持"要素跟着项目走"，建立重大项目要素优先保障机制，做到项目优先审批、用地优先供给、资金优先统筹。超纤复合新材料产业园短短两个月内完成征地 500 余亩、迁坟 425 座、平整土方 200 余万方，有力保障了歌雨新材料、冠钧置业、路联新材料、巨联新材料等重点项目开工建设。

4. 强化创新驱动

深化改革创新，在技术升级、成果转化等方面多点发力，提升工业经济发展的含金量。推进"老树发新枝"。2023年实施宏展电线、凯迪生物质能源等技改项目34个，投资总额达50.4亿元，引导凯迪、联熹（永新）水务等企业提升改造，肯特、新望等一批企业扩产增效，实现智能化、数字化、绿色化发展。增强科技支撑力。发挥科技部挂点帮扶优势，打造省级产业技术创新战略联盟，新增6家高新技术企业，完成97家国家科技型中小企业评价入库。构建营商暖环境。深入实施营商环境创新年行动，完善落实政企恳谈会、园区工作日、企业安静期、超时默许制、首违轻微不罚"五项制度"，办理惠企纾困事项8134件，打造了"吉事即办用心办"服务品牌。

5. 筑强园区平台

建好工业发展"主阵地"，做实做足"筑巢"功夫，提高园区发展水平。优化管理提升竞争力。深化园区管理体制改革，探索"管委会+公司"运营模式，推进政企分离、管运分开。优化升级园区投融资平台，推动两益园区建设开发有限公司实体化运作、市场化经营、资本化管理，与深圳弈博智能合作共建金融供应链公司，累计融资达6.4亿元。拓展空间提升承载力。树牢"亩产论英雄"导向，深入开展盘活存量求增量三年攻坚行动，实行"一企一策"，2023年，盘活闲置低效用地778亩，处置率达66%，超额完成全年目标任务。加快推进扩区调区，批复后将增加面积3000余亩，为工业发展预留了空间。完善配套提升吸引力。立足企业生产生活需要，滚动建设标准厂房30万平方米，化工集中区安全整治提升通过省级评估验收，完善污水处理和集中供热两大关键配套，加快推进物流园、保障房等项目建设，持续优化学校、医院、商超等布局，产城融合更加紧密。

（二）文旅产业繁荣发展

永新县着眼 2027 年建军、井冈山革命根据地创建和三湾改编"三个 100 周年"，以承办全市旅发大会为契机，深入推进"文化强县、旅游旺县"重大发展战略，充分发挥红色资源丰富、生态环境优美、人文底蕴厚重等优势，做好红、古、绿"三色"文章，创建了三湾改编景区、曲白院下景区 2 个国家 4A 级旅游景区，洲塘书画村江西省 4A 级乡村旅游示范点，龙源口、黄陂洲江西省 3A 级乡村旅游示范点，获评全国休闲农业与乡村旅游示范县；多次成功获得"中国民间文化艺术（书法）之乡"荣誉称号、申报省级和国家级非遗项目 10 项，文旅产业发展环境、辐射影响能力逐步提升，努力打造"1+N"国内著名红色旅游体验目的地。

1. 筹办全市旅发大会

秉承"坚定信念、追求一流、勇于创新、团结奋斗"的吉安旅发经验，实施三湾改编、曲白院下、黄竹岭等景区景点改造提升工程，加快推进长征国家文化公园（永新段）项目建设，产业基础逐步夯实。推动三湾改编景区全面改造提升，打造三湾红色教育培训中心、三湾青少年综合实践基地、红色三湾沉浸式体验馆等阵地载体，推进景区基础设施改造，提升旅游功能服务。南门老街，完成街景立面、屋顶、地面改造，推进街角茶楼、口袋花园、萧家祠、永新商会、海天春茶馆等项目建设，布局了老街书房、永新非遗馆等文旅业态。建设沿秀水河两岸系列景观带，对河两岸年代不一、风格各异的老建筑全力做好"改"的文章。在对秀水河治脏、治乱、治污的基础上，因地制宜布局"秀水书院""寻味秀水""和子夜歌"等秀水八景，规划建设公共停车场等配套设施，实现文化历史与城市风光的高度融合。曲白院下景区投资 1.1 亿元，集美食消费、非遗体验、休闲娱乐等功能于一体，使得周边近 200 名村民实现家门口就业，并成功创建成为国家 4A 级旅游景区。永新滨江岸线生态建设项目，由"一廊一坝一园一桥"构成，即由禾水河驳岸绿廊、生态拦水坝、仰山生态公园和连心桥组成。该项目在 2022 年建成永新生态湿地公园的基础上继续完善，对滨江岸线进行提升，解决禾水河"东岸美、西岸缺"问题，搭建连心桥通联两岸，打造县城最大的慢行系统及绿地生态系统，做到"还景于民、还岸于民、还水于民"。长征国家文化公园（永新段），有序开展各项目建设，其中 1 个国家级重点项目"十送红军长征历史步道永新段"和 5 个省级项目包括红六军团长征出发地项目、永新长征学院项目已全部完工。

2. 培育多元文旅业态

坚持政府引导、市场化运作、群众参与，招引有情怀、有实力、有业绩的运营主体，推进运营市场化、业态多元化、引"课"一体化，培育新的经济增长点。红培研学方面，借助曲白院下景区创建国家 4A 级旅游景区的契机，成功打造了吉安市首家大型红培研学基地，2023 年全年接待超 3 万人次的研学团队。业态开发方面，积极引进社会资本，永新滨江岸线生态建设项目对接万科集团创始人王石创办的深潜运动健康（深圳）有限公司，合作开发禾河夜游、水上乐园、游艇赛艇等水上项目，让滨江岸线集休闲、娱乐、观光于一体，丰富群众生活、聚集大量人气。旅游产品方面，开发了永新和子四珍、李阿公核桃糕、永新书法、油纸伞、盾牌舞人偶、红军斗笠等 60 余件产品；对本地花生饼、栗子豆腐、三湾蜂蜜、蚕桑制品、永新白茶等土特产品进行了包装，提升旅游产品的内涵和价值。旅游路线方面，着重打造了三湾改编景区—龙源口大捷景区—贺子珍故里黄竹岭—坳南乡牛田村红六军团旧址等 3 条乡村旅游线路，提升游客旅游体验。

3. 打造文旅特色品牌

围绕打造"永新一桌菜"、用好"书法一支笔"、演好"非遗一台戏"来重点开展文旅特色品牌建设。演好"非遗一台戏"方面，传承和保护非遗文化的根脉，推动永新小鼓、盾牌舞、采茶戏等项目精品创作、精彩演绎。截至 2023 年底，永新县有国家级非遗代表性项目 2 项、省级非遗代表性项目 8 项、市级非遗代表性项目 18 项、县级非遗代表性项目 59 项，建立了非遗传承基地 4 个、非遗传习所 3 个、省级生产性保护示范基地 1 个。打造"永新一桌菜"方面，从原材料种养、生产等源头把好关，通过制定标准、特色评选、技术培训，做强永新美食文化，带动消费升级。2023 年，举办了十大罗碗永新美食系列推介活动，直播带货销售取得较好成绩。用好"书法一支笔"方面，推动书法艺术走进生活、走向市场，让作品变商品、艺术变财富。

二 攻坚推进项目建设，夯实高质量发展支撑

（一）谋划体量更大

永新县牢固树立"抓项目就是抓发展"的理念，坚持把重大项目建设作为促进全县经济社会高质量发展的主要途径和强力支撑，聚力打好项目大会战，切实以项目支撑发展、以项目改善民生、以项目增强后劲。2023 年，永新县谋划重点项目 142 个，总投资 567 亿元，年度计划完成投资 245 亿元，较上年分别增长 49.4%、31.5%、10.8%，其中纳入第一批省重点项目 3 个、省大中型项目 21 个、市"四个清单"项目 84 个，纳入市级以上重大项目累计达到 108 个，增长 28.5%，为历年之最。

（二）推进机制更优

永新县在推行"四看三比一评"的基础上，优化调整县领导挂帅项目安排，整合筛选了 30 个重点项目，由党政领导领衔挂帅；开展"揭榜挂帅、攻坚提速"行动，各乡镇街道、各部门单位遴选了一批揭榜项目重点攻坚；建立工作例会制度，定期调度项目建设，推进项目的各项机制更成熟完善。截至 2023 年底，142 个重大项目在建 75 个，竣工 32 个，35 个前期工作项目稳步推进，完成投资约占年度计划的 92%。省重点、省大中型项目开工率达 100%，完成投资分别达到年度计划的 110%、107%。

（三）要素保障更实

永新县全力拼项目抢要素，2023 年新造耕地 3800 余亩（其中水田 950 亩），争取林地指标 1026 亩、债券资金 18 亿元、转移支付 29 亿元，均位居全市前列。2022 年县级财政管理绩效综合评价结果进入全国前 200 名，获财政部的表彰奖励。

三　全面深化改革开放，释放发展动力活力

（一）改革攻坚有力有效

永新县扎实推进深化改革十大攻坚行动，谋划实施 101 个重点改革项目，积极探索创新，强化统筹协调，狠抓工作落实，改革工作取得了较好成效。

1. 改革工作影响力不断提升

2023 年以来，永新县共有 30 余项改革经验做法得到《人民日报》、中央电视台、《中国改革报》等重要媒体报道推介，部分改革品牌在国内形成一定影响力。例如：创新机制，推行"针灸式"城

市更新模式，经验做法被《住房和城乡建设部信息专报》刊发、被央视《朝闻天下》分 6 个单条进行专题报道。深化人才体制机制改革，深化湘赣边区域人才合作交流，探索"人才飞地"模式，相关经验做法被《人民日报》综合报道，在湘赣边区域人才合作示范区建设动员部署会议上被作为典型进行推广。市场化推进废弃矿山生态修复试点工作，工作成果得到江西省委主要领导的高度肯定，"生态修复+文旅融合"模式入选全省生态修复十大典型案例，典型经验做法被《中国环境报》刊发。探索推行"民声半月谈"居民议事会机制，相关经验做法被《新华每日电讯》和《中国社区报》报道。积极探索非遗传承保护发展新路径，经验做法被《光明日报》《中国改革报》《江西改革动态》刊发，"永新和子四珍：匠心传承 回味悠长"案例入选 2022 年"非遗工坊典型案例"推荐名单。扎实推进国有农场农垦经济体制改革，在全国欠发达国有农场产业发展示范交流活动中作典型发言。

2. 改革探索项目扎实推进

2023 年，永新县主攻改革探索项目"构建革命老区科技创新融合发展机制"，依托科技部定点帮扶优势，深入推进科技体制机制改革，深化与温州龙湾区、上海普陀区、东莞常平镇等地的对接合作，整合本土科创资源，创新组建"科技轻骑兵"队伍，通过外借动力、内激活力，推动科技创新与老区发展深度融合，实现科技综合实力稳步提升，在江西省 2022 年度县域科技创新能力评价中排名较上年前移 59 位，入选全国第二批创新型县（市）建设名单。创建省级技术创新中心等研发平台 4 个，发展瞪羚企业 2 家、科技型中小企业 82 家；柔性引进 4 名国家级高层次人才，引进各类专家人才 235 人次，建成 2 个博士科研工作站。永新县的改革经验做法先后在《光明日报》《科技日报》《中国农村科技》得到刊发推介。

3. 承担改革试点，取得明显成效

永新县承担了多项改革试点工作。（1）全国创新型县（市）"科技支撑民生改善"示范试点。整合各行业领域科技骨干和院校专家等资源，创新组建"科技轻骑兵"队伍；在龙田乡探索推进数字乡村试点建设，实施村镇数字化科技信息服务综合示范项目，将数字技术融入规划管控、社会治理、产业发展等应用场景；持续加大民生科技投入力度，深化医疗卫生领域的合作交流，将县人民医院、县中医院与解放军 301 医院、湘雅医院等知名医院互联互通；深化教育人才培养交流，与华中师范大学、湖南师范大学联合开展师资公益培训，借力优质资源推动老区教育协同发展。（2）红色美丽村庄建设试点。才丰乡龙安村被选定为 2023 年红色美丽村庄建设试点，围绕红色名村建设，实施红色基因立心铸魂等工程，相关经验做法被央视《24 小时》报道。（3）省级第一批城市更新试点。探索统筹谋划机制、改造更新路径和可持续模式，采用"小尺度、渐进式、微改造"的更新模式，推动城市规划从"扩大增量"转向"优化存量"，城市管理从"粗放式"转向"绣花式"，城市建设从"城市拓展"转向"城市更新"，相关做法被《人民日报》《中国建设报》《中国城市报》《江西改革动态》等刊发推介，并获得住建部杨保军总经济师在多个国家级论坛、峰会上的推介推广。（4）全省相对集中行政许可权改革试点。永新县行政审批局正式挂牌成立，第一批 11 个部门、48 类行政许可事项已交接到位，"一枚印章管审批"模式逐步推开。（5）江西省"红色基因传承示范校"培育创建试点。永新县任弼时中学被列为江西省"红色基因传承示范校"培育创建试点，通过建立红色基因挖掘机制、红色教育常态化机制、红色基因融合拓展机制，依托校内的任弼时故居，使得红色基因在校园传播得更广、红色血脉赓续传承得更好。该校大力建设"红烛党建"品牌，被江西省机关工委内刊《风范》宣传报道。此外，新乡贤改革、"1+N"证照联办等市级改革试点扎实推进，取得明显成效。

（二）开放合作成果丰硕

永新县主动融入内陆开放型经济试验区建设，深入实施产业升级招大引强大会战，完善综合招商机制，举办多场招商推介会、"三请三回"恳谈会。2023 年，引进亿元以上项目 56 个、合同投资总额达 311.6 亿元。敢用、会用、慎用产业引导基金，探索市场化运作，对两家企业完成投资 4000 万元。积极落实市"双赛制"要求，四季度连续举办两次"擂台赛"，23 个项目集中开竣工，总投资 208.5 亿元。深化与湖南长沙高校、温州龙湾区、东莞常平镇等的合作，共建人才、科创"飞地"；推行"人才+项目"双招双引模式，建立广州、深圳等人才联络工作站，引进各类人才 1187 名。

第三节　厚植优势，为高质量发展赋能增效

一　城市功能品质提升

2023 年，永新县加快推动城市建设，统筹推进城市扩容、城市更新、基础设施提升、城市治理提升专项行动，推动城区布局优化、功能完善、品质提升。

（一）加快城市扩容步伐

永新县围绕"山水禾城、人文永新"城市定位，充分发挥比较优势，优化规划布局、要素资源和功能配套，着力拉大城市框架。

1. 构建城市综合交通体系

持续巩固"四好农村路"省级示范县创建成果，着力构建"一

核两环六通道"（一核，以县城为中心；两环，推进东、西绕城公路建设，打通文竹至三湾、汗江至龙源口等路网，构建城市内环、县城外环"两大循环"；六通道，提级改造六条出县主干道）的大交通格局。科学谋划高铁新区，稳步推进西峰山组团开发，加快推进东西绕城公路、分文铁路城区段迁移改线等重大交通项目。

2. 稳步推进县城新区建设

着力打通永新县城新区重点项目建设难点、堵点，加快征迁进度，确保学校、综合医院、党校等重点项目顺利推进，城市框架进一步拉大。

（二）深化城市更新模式

永新县大力推动城市更新拓展提升，推行"针灸式"城市更新模式，完善城市基础设施建设，持续提升城市承载能力。

1. 拓展空间

全域推进背街小巷整治工作，2023年底已完成阶段性验收，探索"微出让""微改建""微更新"机制，盘活利用零星土地，新建口袋公园5个，拓展了城市生活空间。

2. 实施微改造

深化"针灸式"城市更新模式，典型做法被央视《朝闻天下》分六次连续进行报道，受到广泛关注，连续三年获评全省城市功能与品质提升考核先进县。全面完成"重见永新"老街改造和"大美秀水"生态治理项目，做活南门老街和大美秀水业态。南门老街已经完成7栋临街店铺改造、35家店铺招商，持续开展街景和亮化提升工作；秀水美食坊提升改造项目有序推进，美食坊夜间经济街区品质升级。沿江路片区、农机厂片区等老旧小区改造有序实施，2023年改造项目2个，涉及户数4495户，持续改善居民住房，更新城市面貌。

3. 完善新功能

规划建设三湾公园、城南农贸市场等区域的公共停车场，合理利用闲置小微地块，2023 年新增停车位共计 2540 个，有效缓解停车难问题；加快推进城区雨污管网及配套设施三年攻坚行动，完善城市污水处理和防洪排涝体系。

（三）推进提升城市治理效能

永新县持续优化县容县貌环境秩序，加强违法违规建设治理，不断巩固提升创建全省文明城市成果，切实提高群众幸福感、安全感、满意度。

1. 规范提升城市面貌

加强占道经营、倚门经营治理，加大"两违"管控力度，2023 年共拆除违规搭建建筑 23 处。

2. 城市环境品质提升

提高城市卫生精细化水平，取缔城区临街垃圾桶，全面消除设置在主次干道的垃圾桶、垃圾勾臂箱等生活垃圾收集容器，采取扩大收集范围、增加收集频次、上门服务等方式清理城市垃圾，改善城市生态和人居环境。

二 乡村振兴全面推进

（一）巩固脱贫成果

永新县推动巩固拓展脱贫攻坚成果同乡村振兴有效衔接，常态化开展防返贫监测和帮扶工作，坚决守住不发生规模性返贫的底线。

1. 紧盯动态监测守底线

以国家、省、市管理平台三线预警数据为依托，进一步打通行业部门数据，与县人民医院、县中医院合作建立每月医疗自费费用预警数据互通制度，提高了监测的主动性、精准性、及时性。2023年永新县新增识别监测对象175户645人，累计识别监测对象542户1865人。

2. 综合施策抓发展促增收

探索支部联建、产业联盟、服务联享、治理联动"四联共建"乡村振兴新模式，采取"党支部+合作社+农户"的方式，通过示范引领、股权分红、劳务务工等，进一步完善利益联结机制，发展壮大村集体经济，带动更多群众直接参与产业发展，从带富到共富。2023年，全县所有行政村集体经济年收入均达到15万元以上。全县新型经营主体共有843个，较上年底增加32个，其中农民合作社193个、家庭农场15个、龙头企业15个、致富带头人620个，带动户数（产业+就业）4557户5030人，直接带动产业参与户3869户，带动3263人直接参与稳定就业。

3. 全力谋划建设特色就业帮扶车间

出台了《永新县党建引领高标准就业帮扶车间促进脱贫群众就业增收行动方案》，重点强调了就业帮扶车间必须达到"两带"要求（带动脱贫户、监测对象就业增收，带动村集体经济发展），且每年应按受益统筹资金的10%左右支付村集体租金；同时对就业帮扶车间吸纳脱贫人口和监测对象就业的，给予吸纳就业奖励、生活补贴等政策支持。2023年在龙源口镇、才丰乡、石桥镇、里田镇、高溪乡新建5家高标准就业帮扶车间。

4. 积极创建乡村振兴示范村

坚持因地制宜，发挥自然生态、特色产业和文化优势，融合产业发展、基础设施、乡风文明等要素，成功创建8个市级乡村振兴示范村。

（二）稳定粮油生产

永新县全面落实粮食安全党政同责，深入推进"藏粮于地、藏粮于技"战略，严格落实耕地保护制度，坚决遏制耕地"非农化"、基本良田"非粮化"，筑牢粮食安全"压舱石"。

1. 全面落实粮食面积产量任务

抓好粮油等重要农产品稳定安全供给，大力整治耕地抛荒。2023 年，完成粮食播种面积约 72.4 万亩，实现产量 30.4 万吨，增长 7.5%。完成早稻播种面积 21.57 万亩，中稻播种面积 20.99 万亩，晚稻播种面积 22.2 万亩，旱粮播种面积 7.66 万亩。油菜种植面积达 22.3 万亩，位列吉安全市第一。

2. 加强重要产品稳产保供

加快畜禽、水产业绿色生态发展，2023 年，建成生猪生态循环养殖小区 5 个，生猪出栏 32 万头，肉牛存栏 4.2 万头、出栏 2.5 万头。水产养殖面积稳定在 2.94 万亩的水平上，稻渔综合种养面积 0.6 万亩，2023 年水产品总产量约为 2 万吨，较上年同期增长 6.3%。

（三）完善基础要素

永新县强化"土地、水利、技术、服务"等要素保障，充分调动农民种粮积极性，守牢耕地保护红线和粮食安全底线。

1. 充分发挥高标准农田效用

2011 年以来，累计建成高标准农田 34.74 万亩，其中 2023 年新建 3.05 万亩、改造提升 0.75 万亩，投资额 1.1 亿元；开展高标准农田建设工程质量专项整治，新建项目设计投入资金 379.79 万元重点解决未与水利设施相衔接的田块，不断提升农事综合生产能力。

2. 稳步开展水利项目建设

持续开展 62 座山塘整治任务，2023 年底已完成 26 座；禾山灌区、源陂及斗上灌区节水改造项目稳步推进；加快铁镜山水库、袍陂水闸除险加固等重点项目建设；深化抗旱保灌攻坚行动，18 座提灌站、52 座抗旱井已完工。

3. 大力引进推广新技术

坚持以推广新技术、新品种为手段，通过创建示范服务基地，积极开展试验、示范和推广工作。在粮食生产上，大力推广优质高产新品种（组合）、稻油轮作、水稻抛秧、测土配方施肥、节水灌溉和统防统治。推广稻油轮作 2.01 万亩、水稻抛秧 40.8 万亩、测土配方施肥 90.1 万亩、节水灌溉 47.8 万亩、统防统治 50.14 万亩。2023 年全县农机总动力达 28.51 万千瓦，较 2022 年增长 5.63%；拥有各类农业机械 2.5 万余台（套），全年完成水稻播种面积 64.76 万亩，水稻耕种收综合机械化水平达 85.82%，同比提升 3.65 个百分点。

4. 强化农事服务保障

适应规模化种植趋势，以"三个中心"（育秧中心、农事综合服务中心、秸秆综合利用中心）为抓手，解决高效种地和粮食、油菜大县资源循环利用问题。通过市级验收的育秧中心有 8 家、农事综合服务中心有 3 家，数量分别占全市的 9.5% 和 13.6%，成功创建 1 家省级全程机械化农事综合服务中心（第一批）。

（四）做强现代农业

永新县坚持产业兴农、质量兴农、绿色兴农，积极融入"井冈山"农产品区域公用品牌建设，持续壮大"果蔬桑茶油"特色富民产业规模，推进"一村一品、一乡一业"提质增效。

1. 发展特色产业

坚持以"井冈山"农产品区域公用品牌建设为"牛鼻子"工

程，大力发展特色富民产业，统筹做好"土特产"文章。2023 年，果业种植面积达 7.22 万亩，产量预计 1.6 万吨，产值预计达 0.8 亿元。新发展和改造老桑园 860 亩，建设标准养蚕大棚 5000 平方米，新建高标准小蚕工厂 1000 平方米，产品加工等产值达 1.2 亿元。新造改造高产油茶 5 万亩，承办了吉安市油茶产业工作现场推进会，发展新茶园 700 余亩，茶园面积达 1.76 万亩，茶产量 189 吨，综合产值达 1.892 亿元。全县蔬菜种植总面积达 11.1 万亩，总产量 16.8 万吨，产值突破 1.5 亿元。完成井冈蜜柚种植 4200 亩。新增设施蔬菜大棚 1500 亩，完成率 83.3%；改造提升 772 亩，完成率 96.5%。基于大品种战略实施实现蔬菜白萝卜种植 600 亩，完成率 120%。

2. 积极推动产业融合发展

依托县工业园区，积极谋划建设绿色食品产业园，坚持"外引内培"，加大农业产业招商力度，加快推动产业集群建设。深入实施"头雁引航、雏鹰振飞"行动，2023 年洽谈项目 18 个，签约项目 6 个，合同签约金额 6.9 亿元，已开工项目 12 个，实际进资 3.3 亿元（投资规模较大的项目：江西繁盛现代农业科技有限公司的农业桑叶功能性食品加工项目、吉安永庆生物环保有限公司的秸秆综合利用项目），培育县级以上农业龙头企业 49 家。欣蓝农业、晨风米业、申香谷等三家企业投资建设粮食加工生产线，正式投产后，每年可以加工粮食约 10 万吨。正式注册农民合作社 629 个，其中 6 个被评定为县级农民合作社示范社；认证家庭农场 587 个，成功申报 3 个省级家庭农场示范场、14 个市级家庭农场示范场、13 个县级家庭农场示范场。

3. 推动农业标准化品牌化

提升绿色有机农产品品质，2023 年，18 家企业获得"井冈山"农产品区域公用品牌授权，51 家企业加入市绿色农产品促进会，培育"两品一标"产品共 74 个，成立肉牛协会，成功申报全省肉牛增量提质项目，井冈蜜柚、酱制品等进驻盒马鲜生超市。

（五）建设和美乡村

永新县坚持规划先行、建管并重，统筹推进秀美乡村建设、人居环境整治等工作，持续打造景村融合、产村融合、三治融合、城乡融合、共同富裕的"四融一共"和美乡村。

1. 全面改善农村环境

纵深推进农村人居环境整治提升五年行动，高标准打造美丽乡村，2023年，创建了1个全域美丽宜居乡镇、18个美丽宜居村庄、3000个美丽庭院。扎实推进"两水"共治和"厕所革命"，集镇污水处理设施建设项目一期8个乡镇已完工，且已正常运行，二期8个乡镇（街道）主体工程基本完工，准备试运行；完成4995座农村问题户厕改造提升，累计完成户厕整改10606座。

2. 健全长效管护机制

建立乡村建设项目库，优化资金资源配置，加强项目和资金监督管理，合理确定乡村建设的目标、标准和具体项目。深化乡村公共基础设施管护机制改革，明确管护主体、管护责任、管护方式、管护经费来源等。每年落实长效管护资金，管好用好"万村码上通"5G+长效管护平台，群众好评率持续提升。

3. 高效推进乡村治理

坚持系统治理、综合治理、源头治理的理念，提高乡村治理体系和治理能力现代化水平。24个乡镇街道便民服务中心全部实现规范化、标准化、便利化建设，268个行政村及社区均设立便民服务代办点，实现全覆盖；全力推进精神文明建设，获评一批星级新时代文明所站，开展"红色文艺轻骑兵"等群众文化品牌活动110场；推广运用积分制，不断提升基层和农民群众参与乡村治理的行动自觉，已有36个行政村创建积分制。

三 生态优势厚植提升

2023 年以来，永新县坚持全面贯彻落实习近平生态文明思想，坚持走生态优先、绿色发展道路，加大生态修复力度，开展 GEP 核算和"双碳"行动，积极探索"两山"转化路径，成功获批国家生态文明建设示范区。2023 年，全县环境质量总体保持在优良水平，城区集中式饮用水水源地水质 100% 达标，境内河流水质总体良好，全县断面水质综合指数达 2.8987，在江西省排名第 10；空气质量自动监测站点 $PM_{2.5}$ 平均浓度为 23 微克/米^3，优良天数比例达 99.7%、居吉安市首位，县域空气质量稳定达到国家空气质量二级标准；区域环境噪声达到区域环境噪声标准（GB3096-93）中的 II 类区要求。

（一）提升生态环境质量

1. 监管服务深度融合

一方面，强化对重点排污企业的监管。工业方面，加强与工业污水处理厂的对接沟通，及时掌握上游企业污水排放情况，积极开展夜巡夜查行动，不断提高执法监管的威慑力；农业方面，针对辖区大型养殖小区污染问题，制定了专项整改方案，并严厉督促企业认真进行整改。另一方面，严格执行环境影响评价制度。严格落实生态保护红线、环境质量底线、资源利用上线约束，对"两高"项目及涉及危险化学品、重金属等具有重大环境风险的建设项目，严格环评审批。完成建设项目环境影响评价登记表备案 79 个，完成建设项目环境影响评价报告表备案 11 个，报送"三线一单"实施应用案例 9 个。

2. 切实做好污染防治

深入打好蓝天、碧水、净土保卫战，有序推进入河排污口排查整治工作，加快推动城区地下管网及其配套设施建设，16 个乡镇污水处理项目全部完工投用。2023 年，全县粪污资源化利用率达91.16%，规模养殖场粪污处理设施装备配套率达 100%，化学农药使用量同比下降，单位防治面积农药使用量控制在近三年平均水平以下，生态环境得到明显改善。

（二）发展清洁低碳能源

一是水电方面，总投资 80 亿元的装机容量 1200 兆瓦的抽水蓄能项目 2024 年启动建设，建成投产后年纳税将在 1.3 亿元左右，年发电量 12 亿千瓦时。

二是风电方面，1 个 80 兆瓦的风电项目被评为省重点项目，正在快速推进。

三是光伏方面，110 兆瓦的华能怀高光伏电站已投产发电，100 兆瓦的中节能永新芦溪林光互补光伏发电项目和华能永新沙市光伏发电项目正在快速推进，在建和建成的光伏总规模约 700 兆瓦，力争到 2026 年装机总规模达到 1000 兆瓦。

（三）做好"两山"转化文章

1. 加强生态修复

永新县精心组织实施人工造林、退化林修复，持续加大森林经营力度，不断改善林分结构，提升林质林相林效，提高森林碳汇总量。2023 年以来，完成新造林面积 3 万余亩，封山育林 5000 余亩，退化林修复 3 万余亩。强化湿地保护修复，完成了 3 个小微湿地项目建设。积极开展废弃矿山治理与绿色矿山建设，对全县符合采矿权延续条件的矿山企业，严格要求其设立生态修复基金监管账户、规范计提和使用生态修复基金，共计提生态修复基金 473 万元。

2. 加快价值核定

永新县组织召开领导小组会议，审议通过了《2023 年永新县碳达峰碳中和工作要点》等 4 个文件，印发全县的碳达峰实施方案。统筹做好能耗"双控"工作，2022 年能耗强度下降 2.7%。按时完成所有（7 个）节能审查未批先建项目节能审查整改。全县 2018~2020 年 GEP 核算报告已出，各年 GEP 分别为 491 亿元、503 亿元、547 亿元。

3. 探索价值转化

以打好"两山"转化突破攻坚战为主抓手，挂牌成立了永新县两山资源控股有限公司，核定永新县林业碳汇价值。探索推动县域优质生态资源集中化收储、精细化评估、规模化整合、产业化开发，聚力打造集生态资源管理、资源收储流转、项目经营开发、碳汇资产交易等功能于一体的"两山"转化服务平台。

四 民生福祉大幅增进

永新县深入践行以人民为中心的发展思想，坚持尽力而为、量力而行，扎实做好保障和改善民生工作，增强群众获得感、幸福感、安全感。

（一）持续提高就业质量

1. 打造就业创业平台

永新县加快推进"吉岗即聘"公共就业创业平台建设和宣传使用，2023 年为企业送工 4000 余人，新增城镇就业近 3000 人、转移农村劳动力近 7000 人。

2. 加强劳动技能培训

永新县着重抓好城乡劳动力技能培训，提高劳动力就业能力和就业竞争力。截至 2023 年底，开展职业技能培训近 3000 人次。

3. 做好创业政策扶持

永新县全力扶持城乡劳动力创业，扶持高校毕业生、返乡务工人员、退役军人、致富带头人等重点群体创新创业。截至 2023 年底，发放创业贷款 2.6 亿元。

（二）加快建设教育强县

1. 学前义务教育优质发展

永新县出台《关于加强中小学校教育管理工作的若干意见（试行）》，完善城区、园区、乡镇学校布局，促进义务教育学位供给，优化县域义务教育资源配置，加快推进新区小学、工业园区九年一贯制学校及其配套幼儿园、江山樾幼儿园建设，新增学位 2000 余个。严格落实"双减"政策，全面实行"1+N"课后服务模式，打造"上学一件事"招生报名平台。

2. 高中教育多元发展

永新县探索高中办学形式、培养模式和管理方式改革，激发学校办学活力，把永新中学打造成为全县教育龙头、全市一流、全省以及湘赣边区域知名重点高中；实施永新二中、禾川中学提升工程，提升配套教育设施现代化水平。

3. 职业教育特色发展

永新县大力探索校企联合办学，推进校企合作、产教融合改革，建立现代化职业教育体系，开创职业教育发展新格局。

（三）优化医疗卫生服务

1. 完善服务体系

永新县组建紧密型县域医共体，成立永新县总医院，试点推进乡村一体化管理。积极推进村卫生室改革，县中医院住院大楼投入使用。加快建设县人民医院门急诊大楼、住院大楼和新区医院，创建全国基层中医药示范县。

2. 加强疾病预防控制

永新县建立专业公共卫生机构、综合性医院和专科医院、基层医疗卫生机构"三位一体"的重大疾病防控机制，推进慢性病和精神疾病防、治、管融合发展。加强传染病监测预警、预防控制能力建设。

3. 全面开展爱国卫生运动

永新县积极开展爱国卫生活动月和世界无烟日活动，获评江西省卫生县城。

（四）兜牢社会保障底线

1. 社会保险覆盖面持续扩大

2023 年社会保障持续加强，城乡居民养老保险、医疗保险覆盖面不断扩大，分别覆盖 13.4 万人、43.54 万人。

2. 健全社会救助体系

永新县建立以城乡低保为基础、专项救助为支撑、临时救助为补充、村级医疗救助为辅助、深度救助为兜底的保障救助新体系。全面落实残疾人"两项补贴"制度，2023 年发放各类民生救助资金 1.25 亿元。深化"一老一小"试点，加快建设覆盖县、乡、村三级的养老服务体系，居家养老服务中心实现社区全覆盖，改造提升全县养老院基础设施，稳步推进城乡养老服务体系建设，建成了一个综合性嵌入式养老院，台岭敬老院改造提升项目和城区养老服务中心项目在逐步推进中；打造"儿童之家"30 个，将 4710 名农村留守儿童、22 名孤儿、111 名无人抚养儿童均纳入系统管理。

3. 完善住房保障体系

永新县建设一批公共租赁房，改善中等偏下收入住房困难家庭、新进就业无房职工和城镇稳定就业人员的居住条件。

（五）提高社会治理效能

1. 常态化推进扫黑除恶

2023年，永新县紧盯黑恶势力犯罪在信息网络空间的延伸发展态势，严厉打击利用信息网络实施"裸聊"敲诈、"套路贷"、舆情敲诈、恶意索赔、软暴力催收、网络水军滋事等犯罪活动的黑恶势力组织，持续推进了常态化扫黑除恶斗争。连续12年实现现发命案全破，抓获潜逃24年的命案积案逃犯，获省公安厅贺电表彰。

2. 开展重点整治行动

2023年，永新县聚焦影响群众安全感和满意度的多发性犯罪，扎实开展了"夏季战役"、"赣都百日禁毒"以及打击治理电信网络诈骗"长风"系列活动、"春雷"行动等。反诈工作实现了"两降两升"的工作目标（电诈发案数和经济损失数同比双下降，涉诈人员抓获数和电诈案件破案数同比双上升），全县刑事、治安警情数同比分别下降59.21%、47.17%，治安形势持续向好。

3. 扎实推进法治政府建设

永新县印发《关于开展2023年法治政府建设督察的通知》，推动全面建立轻微违法行为容错机制，实行包容审慎监管，配套完善免罚清单等相关制度。截至2023年度，永新县已有33个执法领域落实254条包容免罚清单制度。深化综合行政执法改革，推进行政执法权限力量下沉，市场监管、生态环境保护、农业、交通运输、文化市场5个领域已整合职责，组建了乡镇综合执法队伍。

4. 扎实开展平安队伍建设

永新县组织各乡镇、街道、城市社区管委会组建了2000多人的"平安义警"队伍，指导全县1万余名平安志愿者与平安义警等群防群治组织围绕平安永新建设开展各项活动。整合全县300余名警力

（含森林警察、交警），在划村包干先期试点的基础上，实现"一村（社区）一警"全覆盖。

5. 市域治理现代化成效明显

永新县优化社区共建帮扶机制，深入推行"四个一"网格化管理（树好"一面旗帜"、建好"一个中心"、管好"一支队伍"、抓好"一项机制"），构建全域覆盖、全网整合、规范高效、常态运行的城区多网融合服务管理体系。全面完成农村雪亮工程扩面达标建设任务。新增监控点位 2700 个，完成全县 56 个智能安防小区建设，全县立体化智能防控网络进一步增强。推动"六心合一"多元解纷体系向基层延伸，促进县、乡、村三级联动与诉调对接机制建设，完成 268 个行政村（社区）远程调解平台建设，推进矛盾纠纷联合调处与诉讼服务的深度融合。在 24 个乡镇（街道）高标准打造了全新的"一站式"解纷平台乡镇综治中心，充分发挥"一站式"解纷平台的作用，构建一站式解决群众诉求、一揽子提供便民服务、一体化守护法治平安的社会治理新格局，全县矛盾纠纷基层化解率达 96.3%。

2023 年，永新县委坚持党管干部原则，把干部队伍建设作为推动高质量发展和各项事业发展的关键性根本性问题来抓，坚决打好党员、干部能力作风提升攻坚战，着力锻造一支"忠诚、干净、担当"的过硬队伍，为促进全县高质量发展提供坚强保障。

（执笔人：21 世纪马克思主义研究院经济社会文化发展战略研究中心副主任，马平；江西省吉安市永新县委研究室，汤文清、阮杰 等）

第八章 充分发挥文化在城市建设中的
引领作用：四川自贡高质量
发展实践创新

近年来，四川省自贡市坚持以习近平新时代中国特色社会主义思想为指导，全面贯彻党的二十大精神和习近平总书记视察四川重要指示精神，认真落实四川省第十二次党代会精神和省委、省政府关于建设文化强省、推动文化高质量发展决策部署，大力实施"文旅兴市"战略，积极抢抓文化发展新机遇，做好文化产品供给、文旅融合、质量提升、区域合作等重点工作，全面提升自贡文化影响力、吸引力和文化产业竞争力，推动文化事业高质量发展，为进一步建设独具特色的世界文旅名城奠定了坚实基础。

第一节 四川自贡大力推动文化高质量发展

一 积极贯彻落实党中央对文化高质量发展提出的新要求

党的二十大报告提出大力繁荣发展文化事业和文化产业。对"增强中华文明传播力影响力"提出明确要求，强调："坚守中华文化立场，提炼展示中华文明的精神标识和文化精髓，加快构建中国话语体系和中国叙事体系，讲好中国故事、传播好中国声音，展现可信、可爱、可敬的中国形象。加强国际传播能力建设，全面提升国际传播效能，形成同我国综合国力和国际地位相匹配的国际话语权。深化文明交流互鉴，推动中华文化更好走向世界。"[1] 这是党的历次代表大会报告首次提出这一论断，是对当代中国的文化传播、国际传播提出的战略性要求。

习近平总书记对四川工作一直高度重视，党的十八大以来多次亲临四川视察指导，对四川文化建设作出重要指示，指出：中华民族有着五千多年的文明史，我们要敬仰中华优秀传统文化，坚定文化自信。要善于从中华优秀传统文化中汲取治国理政的理念和思维，广泛借鉴世界一切优秀文明成果，不能封闭僵化，更不能一切以外国的东西为圭臬，坚定不移走中国特色社会主义道路。[2] 文物保护修复是一项长期任务，要加大国家支持力度，加强人才队伍建设，发扬严谨细致的工匠精神，一件一件来，久久为功，作出更大成绩。[3]

四川省委、省政府和自贡市党委、政府深刻学习领悟、认真贯彻落实习近平总书记来川视察重要指示精神，坚持以文促旅、以旅彰文，充分挖掘历史文化的产业价值，打造更多既促进文化发展，又满足群众需求的文旅品牌活动，在保护利用中培育产业、惠及民生，不折不扣推动习近平总书记重要指示精神在川落地生根，奋力推动文化高质量发展实现新突破，谱写中国式现代化四川新篇章。

二 自贡文化高质量发展遵循的指导思想

以习近平新时代中国特色社会主义思想为指导，全面贯彻党的

---

① 习近平：《高举中国特色社会主义伟大旗帜 为全面建设社会主义现代化国家而团结奋斗——在中国共产党第二十次全国代表大会上的报告》，人民出版社，2022。
② 《习近平在四川考察：深入贯彻新发展理念主动融入新发展格局 在新的征程上奋力谱写四川发展新篇章》，《人民日报》2022 年 6 月 10 日。
③ 《习近平在四川考察时强调 推动新时代治蜀兴川再上新台阶 奋力谱写中国式现代化四川新篇章 返京途中在陕西汉中考察》，中国政府网，2023 年 7 月 29 日，https：//www.gov.cn/yaowen/liebiao/202307/content_6895414.htm。

二十大精神，深入学习贯彻习近平文化思想，全面落实习近平总书记对四川工作系列重要指示精神，以推动高质量发展为主题，以改革创新为动力，以满足人民文化需求和增强人民精神力量为着力点；深入实施全市"1743"战略举措（"1"是突出"再造产业自贡"总牵引，"7"是系统实施城市全面振兴七大行动，"4"是"两基地""两区"四个平台，"3"是加快建设新时代成渝地区深化改革扩大开放示范城市、高品质生活宜居现代化历史文化名城、城乡一体繁荣幸福新自贡）和"5553"行动计划（中共自贡市委十二届十二次全会审议通过的《中共自贡市委关于深入推进创新驱动引领超常跨越和高质量发展的决定》中所明确的：聚焦"五个领域"服务国家科技自立自强、建好"五个平台"强化创新资源集聚转化、突出"五个产业"加速科技成果转化为生产力、推进"三项改革"挖掘潜力激发活力），用好"江姐故里""千年盐都""恐龙之乡""中国灯城"四张核心文化名片，自觉担负起新的文化使命，加快建设文化重大项目，稳中求进、守正创新，整体提升创新理论引领力、主流舆论传播力、核心价值凝聚力、文化服务供给力、文化产业竞争力，为将自贡建设成为成渝地区特色消费目的地、国际旅游城市和独具特色的文化名城，奋力谱写中国式现代化自贡新篇章，提供坚强思想保证、强大精神力量、有利文化条件。

三 自贡文化高质量发展战略

按照自贡建设成渝地区特色消费目的地、国际旅游城市和独具特色的文化名城的总体定位，"十四五"时期是自贡全面推进文化强市建设的关键期，需要充分发挥文化在城市建设中的引领作用，紧紧围绕文化强市建设目标，推进优秀文化的传承与创新，优化建设思路和方案，全面推进自贡文化高质量发展。

（一）建设新时代"文明盐都"，构建文化名城新形象

坚持以习近平新时代中国特色社会主义思想引领自贡文化发展。高举思想旗帜，把学习宣传贯彻习近平新时代中国特色社会主义思想和习近平总书记对四川工作系列重要指示精神作为重要政治任务，持续强化理论武装，推动党的创新理论入脑入心、落地生根，筑牢社会主义意识形态高地。

坚持以中国特色社会主义核心价值观引领文化建设，加强社会主义精神文明建设，推动理想信念教育常态化制度化，推进公民道德建设，实施文明创建工程，健全志愿服务体系，提高全社会文明程度。大力弘扬"胸怀全局、开放包容、创新创造、担当实干、团结奉献"的城市品格，深化群众性精神文明创建。

构建现代舆论传播及对外宣传新格局。恪守新闻舆论工作职责使命，坚持正确的政治方向、舆论导向和价值取向，实施全媒体传播工程，做强新型主流媒体，推进媒体深度融合，打造"盐都讲堂""江姐讲堂""玉章讲堂""德铭讲堂"等特色鲜明、形式新颖、群众喜爱的理论宣讲品牌。不断提高新闻舆论传播力、引导力、影响力、公信力。创新推进国际传播，讲好中国故事，营销推介自贡城市形象。

（二）繁荣发展自贡"盐都文化"，构筑文化名城内在底蕴

自贡文化资源丰富，文化类型众多，必须充分依托资源优势，推动优秀文化的传承、弘扬和创新。

1. 弘扬传承"红色文化"

以自贡革命历史为主线，深入挖掘红色文化资源，理清红色历史脉络，发掘红色文化价值和精神。

培育"江姐故里"新名片，以江姐故居为核心打造江姐故里红

色教育基地，整合卢德铭故居、邓萍故居、吴玉章故居等具有代表性的红色文化资源，发挥时代教育价值，塑造新时代自贡城市精神。

实施红色文化传承工程，加强红色文化主题文艺创作，积极开展红色文化主题作品展演。借助重要时间节点，创作演出音乐剧《红梅花开》、杂技情景剧《前进·闪闪的红星》、曲艺情景剧《似水流年》等一批聚焦现实题材、具有时代气息、反映时代风貌的红色主题文艺作品；鼓励优秀作品参加国家级、省级展演及赛事，申报"五个一工程"奖和冲刺文华奖等。积极拓展优秀文艺作品的展演空间，推动相关艺术团体与文化景区、校园、社区、乡镇等合作，做好优秀作品展演工作。

打造一批高品质红色文化场馆，提升基础设施服务水平。提升江姐故居、邓萍故居展陈设计，打造江姐故居陈列馆，提升卢德铭纪念馆建设水平；将宋洋楼（中共富顺县特支机关旧址）、中共自流井特别支部机关驻地等打造成为红色社区博物馆，并申报成为四川省乡史村史和社区博物馆建设示范项目；实施博物馆文物数字化保护项目，完成馆藏珍贵文物数字化保护工作。

推进革命文物、遗址遗迹保护利用等工作。推动江姐故居、卢德铭故居申报全国重点文物保护单位；建立革命博物馆、纪念馆与周边学校、党政机关、企事业单位、城乡社区的资源共享机制，推进革命传统教育进学校、进机关、进社区；推动博物馆、名人故居等的建设，与地方传统文化和红色文化发展及乡村振兴相融合；建立革命文物资源目录和数据库。

引导企事业单位、社会组织和个人等多元主体共同参与，汇集革命文物资源保护利用合力。加强革命文物保护利用和交通、文化配套基础设施建设，持续清理整顿与革命文物环境氛围不相协调的经营活动和娱乐设施。

2. 创新发展"井盐文化"

以自贡盐产业发展史为脉络，以井盐文化为核心，梳理彩灯文化、美食文化、"三线"文化、民俗文化等衍生文化，形成自贡特有的"井盐文化束"。结合自贡历史文化名城保护和城市有机更新，推进"五区、五镇、八街、多点"的文化遗迹保护利用。以创新发展为理念，实施"井盐文化"保护与利用工程，做好相关非物质文化遗产保护与传承，打造一批展现城市历史和风貌的文艺精品，建设一批别具特色的文旅场馆，推进"井盐文化"重要历史文化遗产保护利用。

开展井盐文化展演工程。创作一批展现井盐文化底蕴的大型剧目，如曲艺情景剧《似水流年》、舞蹈《天车往事》等；加快建设多功能综合型娱乐剧场（剧院）、演艺主题公园。以盐都大剧院、江姐剧场、魏明伦戏剧馆建设为契机，形成一主多中心的文化演艺空间布局；鼓励优秀作品参加国家级、省级展演，申报"五个一工程"奖、冲刺文华奖；推动优秀作品进校园、进社区、到景区、下乡镇，做好优秀作品展演工作。

开展井盐文化展示工程。推进贡井盐商文化博物馆、自贡工业文明博物馆、张伯卿公馆等建设和提升工作。加强魏明伦戏剧馆建设，使其达到国家三级馆标准；推进中国彩灯博物馆、自贡市川剧艺术中心争创省级非物质文化遗产保护传承基地；启动一批县级博物馆建设，完善自贡博物馆体系；加大对非国有博物馆的扶持，加强乡村史博物馆建设工作。

开展井盐文化文物、遗址遗迹保护利用工程。推进自贡市文化遗产保护研究中心、自贡工业文明遗址公园等建设；推进釜溪河历史文化长廊、大山铺老街、汇柴口—火井沱、西秦会馆—中华路、贡井老街河街等历史街区建设和复兴，推进荣县大佛、玉川公祠等保护利用项目建设。推进福源灏民居、阁乐祠申报全国重点文物保护单位；推进但懋辛宅、自贡天车群、大公井遗址、大佛沱摩崖造像、保和寨、赵化新华街申报省级文物保护单位；恢复修缮重点盐井遗迹、祠堂会馆、历史街区等。开展桓侯宫修缮和保护工程，实施张伯卿公馆船坊维修项目、吉成井盐作坊遗址维修保护项目、南华宫保护利用项目、公井古城精品院落保护利用项目等；实施古盐道保护展示工程，开展川盐外运古道文化线路梳理、调查以及沿线文化交流。推进贡井区打造四川省文物综合保护示范项目，推进中坝庄园、夏洞寺、天府衙门等一批具有示范意义和推广价值的文物保护活化利用项目，推进公井古城成片（院落）保护利用；实施博物馆文物数字化保护项目，完成馆藏珍贵文物数字化保护工作。

开展井盐技术挖掘和研究，激活井盐文化技术，借助自贡国家文化出口基地，做好井盐文化技术贸易。

（三）立足新时代群众的需求，构筑完善的公共文化服务体系

随着中国特色社会主义进入新时代，群众对文化服务的需求品质不断提升，自贡将加强高品质、多元化公共文化服务设施的建设，加大文化惠民的力度，提高公共文化服务的效能，推进城乡公共文化协调发展，满足新时代群众文化诉求。

1. 完善城乡公共文化设施网络

实施现代公共文化工程，完善城乡公共文化服务体系和基础设施。推进自贡市图书馆二期工程项目，实施自贡市文化馆、南湖体育中心场馆升级改造。采取置换、改扩建、新建的方式，推进区县公共图书馆、文化馆通过国家评估定级，乡镇（街道）综合文化站达到省级及以上标准，加强村（社区）综合性文化服务中心提升建设。以市、县（区）文化馆、图书馆、美术馆（站）、农家（社区）书屋、基层综合性文化服务中心为主阵地，持续推进县级公共图书馆、文化馆总分馆制建设。合理利用历史街区、民居院落、闲置厂

房、A级景区等拓展公共文化服务空间，将公共文化分支机构、服务网点向基层延伸。建立数字化服务平台，融入"智游天府"全省文化和旅游公共服务平台建设，努力实现县级以上图书馆100%接入国家数字图书馆推广工程网络，搭建为公众提供一站式服务的开放性平台。

2. 丰富公共文化服务供给

深入实施公共图书馆、文化馆、美术馆（站）免费开放服务；利用博物馆、影剧院、书店等场所开展公共文化服务，构建主客共享的文化和文化新空间；发挥专业文艺院团和群文人才优势加强文艺创作，推出一批聚焦现实题材、弘扬时代精神、反映时代风貌的优秀文艺作品；发挥"盐、龙、灯、川剧、杂技"等具有浓郁地域特色的文化资源优势，推动地域特色文化资源向公共文化服务资源转化；利用文化艺术节、社区艺术节、春晚等群众文化活动品牌辐射效应，带动全市群众文化活动蓬勃开展。落实保障特殊人群的公共文化权益。积极组织"百千万"传统节日重大群众文化活动，以及巴蜀合唱节、群众广场舞、乡村艺术节、乡村春晚等活动，丰富群众精神文化生活；发展壮大文化志愿者队伍，支持新文艺群体、新文艺组织、新文艺业态、新文艺聚落发展，推动公共文化服务社会化发展。

3. 促进城乡文化协调发展

牢牢把握"产业兴旺、生态宜居、乡风文明、治理有效、生活富裕"的总要求，紧扣新时期乡村文旅产业发展新形势新特点新需求，以"+文旅""文旅+"为路径，深入挖掘乡村生态、文化、产业等资源，推动农业农村一二三产业深度融合，突出抓好乡村公共文化服务体系建设、文化保护与传承、文旅产业发展和文旅人才队伍建设，不断提升乡村文旅经济发展水平，全力助推乡村振兴。实施乡村特色文化产业建设工程，强化区域文化产业发展优势。利用乡村资源推动建立文化产业园区，积极建立和提升特色现代农旅产业园、农旅文创产业园、农旅融合产业园、香辣酱产业园、仿真恐龙文化创意园等，形成引导和辐射态势。在城乡接合区域建立文化产业园区，引导文化产业发展的相关要素和资源在城乡之间合理流动，推进城乡文化的协调发展。

（四）推动文化产业高品质发展，做大做强优势产业

在文化强市建设的新形势下，自贡抓住机遇、明确思路，重点发展"江姐故里""千年盐都""恐龙之乡""中国灯城"四张文化名片，切实推动文化产业的结构优化、质量提升，全面推动文化产业的高品质发展。

1. 做优"江姐故里"

扎实做好江姐故居保护和利用，高质量建设基础和服务设施；深入挖掘反映江姐英雄事迹的史料，做好学术研究，充分认识江姐精神品格的内涵和外延。

发挥文化的传播和传承作用，加强与重庆红岩革命历史博物馆、四川大学的合作，以文旅融合为突破口，做好"江姐故里"顶层设计，谋划一批重大文旅项目，建设江姐故里红色教育基地，推动"江姐故里"建设成为全省乃至全国的干部培训基地。

将"江姐故里"作为全市红色文化的"总名片"，发挥以江姐精神品格为内核的自贡红色文化价值内涵，以江姐故居为核心，整合卢德铭故居、邓萍故居、吴玉章故居、自贡市烈士陵园、富顺县烈士陵园等一批红色资源，提升改造好卢德铭故居（含纪念馆），推进玉章故里雕塑走廊、智慧景区建设、吴玉章生平陈列展项目，及仲权镇红色文化传承项目等重点项目实施，打造集研学旅行、革命教育、学习培训等于一体的红色文化高地，打造红色文化融合发展示范区。

通过政府引导、社会参与和市场运作，推动革命传统教育、干部培训与文化开发有机结合。推出丰富多样的文化产品和革命文物文创产品，打造"网红"打卡地。突出教育性、故事性、参与性，实现从传统单一的参观模式向集红色教育、红色研学、观光农业、生态文化、素质拓展、文艺演出等于一体的新型红色文旅模式转变。

2. 做深"千年盐都"

突出"一馆一区一园"，做好井盐历史文化的深度挖掘和创造性转化。

夯实自贡市盐业历史博物馆中国盐文化学术研究高地的地位，规划建设自贡市盐业历史博物馆新馆。实施古盐道保护展示工程，加强盐井天车、盐运古道、祠堂会馆、盐运古镇等井盐历史文化遗迹的抢救保护和活态利用。

以自流井西秦会馆—中华路、贡井公井古城、沿滩仙市古镇为核心，打造以盐都文化为核心，集文化展示、科普研学、民俗体验、休闲文化于一体的老城历史文化旅游发展区。

利用城市独有的工业"锈带"，串联井盐遗迹、"三线"遗址，打造自贡工业文明遗址公园，全方位展示自贡工业文明和城市发展历程。

加强对自贡盐产业技术的研究与展示，做好盐业相关刊物建设工作。支持企业开发井盐文化商品、工艺品及文创产品。

3. 做大"恐龙之乡"

构建"一馆一园一镇一湖一山一谷"发展格局，打造集科普研学、休闲游乐、文创展会于一体的恐龙文化产业集聚区。

提升自贡恐龙博物馆发展建设水平，争取建设世界一流的古生物博物馆和世界最好的恐龙博物馆。实施恐龙博物馆活化提升示范性项目，推动建立古生物化石修复中心和恐龙化石研究省级重点实验室，出版系列恐龙科普丛书，积极促进恐龙化石保护研究和利用，大力发展恐龙形态复原、恐龙动漫、仿生文创、影视制作等相关产业，加强恐龙文化创意人才队伍建设。

建好自贡恐龙文化科技产业园（方特恐龙王国），打造具有鲜明自贡恐龙文化特色和国际一流水准的高科技主题公园。打造时空龙门镇，加大"时空龙骑士"城市超级IP推广应用力度和文创消费产业链培育力度，积极发展恐龙主题文创产品，带动相关文具、玩具和服饰产业集聚发展，培育引进更多骨干企业。

加强荣县青龙山恐龙化石群遗址及桫椤谷保护利用开发，打造以自然探秘、科考研学为主的恐龙遗址公园。搭建恐龙创意产品和仿真恐龙交易展示平台、产业生态链，通过大数据算法、AI模型、区块链等互联网先进技术，助力实现自贡仿真恐龙产业的智能化，加快推动仿真恐龙市级地方标准上升为省级地方标准。

4. 做精"中国灯城"

发挥彩灯文化资源优势，围绕"一河一心多点"布局，做精"中国灯城"。以釜溪河为纽带串联自贡彩灯文旅新场景，提升夜游釜溪项目及釜溪沿线文化、商业游点。以西秦会馆、彩灯公园、龙凤山公园、中国彩灯博物馆等为核心打造自贡"中国灯城"城市会客厅。以分布在全市的多个景区景点，包括中华彩灯大世界、自流井老街、仙市古镇以及彩灯产业园区等扮靓中国灯城，丰富彩灯文化产品供给。

高水平建设中华彩灯大世界主题公园，持续打造"自贡国际恐龙灯会"和"自贡国际恐龙文化旅游节"两大节会品牌，展示中国灯城魅力，形成独具特色的夜间文化和文化消费集聚区、文化度假区。

高质量建设彩灯文化产业集群，打造创意设计、展会策划、商贸物流、电子商务、职业培训全产业链，推动彩灯文化创意产业规模化、集群化、专业化发展。建设好彩灯产品研发创意基地和全球彩灯发布平台、采购交易中心，形成独具特色、引领全国的产业优势。鼓励彩灯相关产业技术的研究推进，鼓励最新技术的产业应用，推进自贡彩灯市级地方标准升级为省级地方标准，提升自贡彩灯在业内的话语权。

充分发挥中国彩灯博物馆学术研究平台作用。发挥彩灯行业协会引导作用，促进行业规范有序发展。加强彩灯文化挖掘，打造凸显自贡特色的彩灯文创产品体系。推进"彩灯+""+彩灯""彩灯进家庭进社区"，将灯会发展为夜消费场景的供应商，推动彩灯消费品走进千家万户。

（五）加大文化对外传播力度，提升国际旅游城市的"国际范"

自贡市建设国际旅游城市，必须面向全球，讲好自贡故事，传播自贡声音，不断提升城市国际影响力，增强城市的国际话语权，建立起国际旅游城市的"国际范"。

1. 建好国家文化出口基地

把握新时期自贡发展机遇，以"再造产业自贡"为总牵引，坚持开放发展战略，充分发挥国家文化出口基地的品牌效应，抢抓中国（四川）自由贸易试验区自贡协同改革先行区、西部陆海新通道建设以及成渝地区双城经济圈、川南渝西地区一体化、内自同城化发展等战略契机，按照"搭建集聚平台、创新文化产品、加大交流贸易、促进合作共赢"总体思路，加大与长江经济带、成渝地区各地市的联动合作力度，放大国家文化出口基地的影响力、辐射力和带动力，吸引周边具有国际影响力的文化产业向自贡集聚，借基地之船通达世界，在交流互鉴中展现自贡作为。

推动彩灯文化创意产业园、恐龙文化创意产业园、土陶文化创意产业园等特色园区建设，主动承接海外、东部沿海、成渝地区文化产业转移，形成文化"创意研发总部+产业基地"协同发展模式。

深入实施文化"+彩灯"，推动与中国国际进口博览会、中国西部国际博览会、五粮液集团等平台、企业、组织开展跨界合作，形成更多新产品、新形态、新模式。

提升文化产品核心价值。抓好井盐、恐龙、彩灯、美食等特色文化资源的历史整理、价值挖掘、传承保护等工作，启动自贡文物志编辑出版，凝练文化内涵，提升产品价值。增强文化产品创新能力。增加科技供给，创新升级制造设备、生产工艺，创新推出小微型彩灯艺术产品，举办国际彩灯艺术节或产品展，评选并奖励最受国外民众青睐的艺术产品等，鼓励自贡特色文化产品参与对外交流与展出。强化自主知识产权保护，鼓励彩灯、恐龙等文化企业打造文化产品原创 IP，注册国际商标；引导企业加强对文化出口产品及其生产工艺的自主知识产权、专利权的保护，创新推出国际专属品牌和原创性文化产品。

2. 创新对外文化贸易和交流

发挥国家文化出口重点企业带动作用，以国际标准规范文化产品及其服务生产，推动对外文化贸易高质量发展。深入实施"彩灯+"和"+彩灯"战略，带动自贡特色文化产品走出去。积极融入"感知中国""文化中国"等平台，拓展对外文化合作交流。

把握"一带一路"重要机遇，在新时期对外交流和合作中找准自贡定位，在全世界的舞台上展现自贡文化和特色。依托国家和省级重大对外合作项目，将自贡推向国际舞台。把握国家和省级领导人对外交流访问契机，宣传自贡文化。加强与法国盖亚克市等友好城市、国际友好合作关系城市的文化交流。加强与国际文化组织的合作，深入参与国际文化交流，提升自贡文化国际传播能力。鼓励支持彩灯、恐龙等相关企业、行业协会等各类主体开展丰富多样的民间交流。积极办好以自贡国际恐龙灯会为代表的重要节会。依托自贡国家文化出口基地建设，借力项目合作，推动自贡文化产品走向世界。

第二节　四川自贡文化高质量发展创新成果——以大安区为例

　　自贡市有"江姐故里""千年盐都""恐龙之乡""中国灯城"四张城市名片，大安区是这四张名片的叠放之地——红岩英烈江姐的故居在大安，世界第一口超千米深井在大安，中国唯一的恐龙化石埋藏遗址博物馆在大安，享誉全球的自贡国际恐龙灯会举办地也在大安。近年来，为贯彻落实习近平总书记对四川工作的一系列讲话、指示精神和省委、省政府"加快把文化旅游业培育成为高质量发展的支柱产业，奋力打造世界重要旅游目的地"要求，在自贡市委、市政府的坚强领导下，大安区坚持市区联动，高标准建设，打造最靓文化品牌，做大做强文化 IP，着力提升产业核心竞争力，推动文化资源创新性发展和创造性转化，使得独特的"江姐故里""盐龙灯"文化资源逐步转化为文旅经济发展的新动能。

一　擦亮"江姐故里"名片

　　自贡是一座孕育红色基因、富有革命传统的英雄城市，涌现出吴玉章、卢德铭、邓萍、江竹筠等一大批革命先辈先烈，盐都儿女传承红色基因，充分凝聚起再造产业自贡、重铸盐都辉煌的磅礴力量。

　　江竹筠（江姐）是为新中国成立作出突出贡献的百位英雄模范人物之一。江姐的精神品格犹如傲雪红梅，为自贡市及大安区树立起一座巨大的精神丰碑，"江姐故里"成为自贡市靓丽的城市名片。

（一）打造江姐故里红色教育基地

　　江姐故里红色教育基地（以下简称"基地"）位于大安区大山

铺镇江姐村，于 2021 年 11 月建成投用。主要建设内容包括修缮和提升改造江姐故居，新建 1.2 万平方米的陈列展览馆和剧院，修缮江姐雕像，修建道路、景观等配套设施。大安区坚持修旧如旧，以微改造手法最大限度地还原江姐故居原有风貌，全面展现江竹筠烈士的成长轨迹和英勇品格，打造集缅怀纪念、党性教育、研学培训、史料研究于一体的红色旅游目的地。建成开放以来，已接待游客超40 万人次，成为自贡人民的精神地标。

（二）丰富江姐故里红色文化内涵

与四川大学江姐纪念馆、重庆红岩革命历史博物馆、云阳县彭咏梧纪念馆建立红色联盟，实现优势互补、资源共享。发挥江姐故里红色资源优势，将"红色教育、红色研学、生态旅游、军事训练、文艺演出"等融为一体，创新开设移动式"江姐讲堂"，提供沉浸式、场景式体验。推出"忆先贤·访英烈"爱国主义教育、"小小讲解员"培训等活动。

（三）挖掘传承红色基因

自贡市、大安区主动承担传承红色基因、赓续红色血脉的重要使命。开展江姐精神品格学习教育系列活动，召开以"江姐与共产党人的气节风骨"为主题的研讨会，围绕学习革命先烈、筑造新时代共产党人气节风骨开展研讨；由重庆出版社出版发行的新书《江姐：傲雪红梅》在自贡首发；邀请重庆红岩革命历史博物馆原馆长厉华作"红岩魂——信仰的力量"专题报告，阐释红岩精神的深刻内涵和时代价值；开展川南渝西地区书法美术作品联展，以 100 余件书法美术作品表达对革命烈士的崇敬之情；创新开展"弓弦上的中国精神——中央音乐学院走进江姐故里自贡"音乐党课活动，中央音乐学院副院长、二胡演奏家于红梅及其团队，声情并茂地演绎

《红梅随想曲》，进一步激发党员干部群众爱党爱国的热情；由自贡文旅投公司、成都大学、北京大学共同创作的，生动展现江姐作为中国共产党员的坚定信仰、优秀品质和崇高精神，新中国成立以来首个塑造舞台上青春期的江姐形象、首部演绎江姐题材的音乐剧《红梅花开》落地自贡，并在江姐故里红色教育基地演艺中心实现常态化演出；《红梅花开》姊妹篇——首个以江姐少年时期故事为脉络呈现的红色题材音乐剧《少年江姐》也于 2023 年 11 月在江姐故里红色教育基地开演，填补了舞台上江姐少年期的艺术形象空白。

以江姐故里红色教育基地为核心，充分运用丰富的红色资源，深挖吴玉章、卢德铭、邓萍故居等红色资源和"三线建设"精神遗存，完成红色家底普查，6 处不可移动文物被纳入四川省第一批革命文物名录，20 处红色遗址、红色文物被纳入自贡市首批红色资源名录。开展自贡红色资源专题研究，挖掘思想内涵和时代价值，推出《自贡三线建设口述史》《百年伟业一路走来》等系列文史资料和专辑，打造"红色芳华"主题游线，推动红色研学旅行，讲好革命故事、英雄故事。

除此之外，还组建成立红色记忆宣讲团，开展红色文化进社区、企业、学校等公益宣讲活动，将红色文化"送"进千家万户。与此同时，开发 VR 读本、红梅文创雪糕等文创产品，开设红色剧本体验、农耕体验等服务，以年轻人喜闻乐见的方式传播红色文化，让红色基因、革命薪火代代相传。

（四）推进"红旅"融合

依托江姐红色文化品牌，大安区聚焦阵地建设创新学习形式，精心打造党员干部党性红色教育基地，串联江姐故居、江姐学堂、邓萍故居、红梅园等红色景点，打造红色文化旅游路线；承办全国文化和旅游融合创新发展高端人才培训班，申办世界研学旅游大会，打造"盐龙灯+红色文化"旅游路线；以红梅雕像广场、江姐故居和江姐艺术文化中心为轴线设计了 3 条红色主题体验游线路，呈现出"一谷"（滨水红色文化场景体验谷）、"两园"（红色文化体验园和红色文化研学园）、"多区"（红岩永生展示区、展示红岩精神的百炼成钢体验区、回顾江姐一生的傲雪红梅缅怀区）的红色旅游展示业态。红色旅游成为"江姐故里"大安的特色品牌。

二　重塑"千年盐都"魅力

自贡是一座因盐而兴的城市，发端于东汉时期，鼎盛时期开凿了一万余口盐井，成为全国井盐的中心。依托"盐"这个城市之源，自贡市、大安区以盐产业发展史为脉络，以井盐文化为核心，整合资源，串联多样生活体验，打造盐系生活创新体验目的地，激活工业遗存独特的文化魅力。

（一）燊海井景区提档升级

大安区的燊海井，是世界第一口人工钻凿的超千米深井，也是世界唯一现存的手工古法制盐地，享有"中国第五大发明"和"世界石油钻井之父"的美誉，堪称全球井盐的"活化石"。自贡凭借盐卤和天然气"水火相融"的独特资源、一块铁一根竹的技艺创造，开启了现代工业城市的产业文明。大安区突出抓好世界第一口人工钻凿的超千米深井燊海井，加快推进燊海井景区提档升级，修复一批古盐厂遗址、盐商会馆，打造井盐博物馆群落，协同打造巴蜀盐运古道，投入资金 1000 万元开展景区文物保护、配套服务功能建设，并打造网上数字博物馆、互动展教等项目，充分彰显古法制盐"活化石"特色，成功创建国家 4A 级景区、四川省非物质文化遗产项目体验基地。

（二）大安盐场重获"新生"

大安盐厂，始建于 1957 年，曾是自贡最大的制盐厂，但受经济调整等因素的影响，大安盐厂破产倒闭。2017 年，大安区以大安盐厂入选第三批国家工业遗产为契机，运用"工业遗存+现代艺术+地域文化"模式，投资 6800 万元打造"老盐场 1957"项目，在工厂原址较为完整的近现代制盐工业遗存基础上实施更新改造。项目以 7 处保留下来的工业厂房、廊道为载体，规划建设展示大厅、创意工作室、酒吧、咖啡馆、婚庆大厅、画廊等具备不同功能的场所，配套绿化草坪、广场、灯饰、雕塑等，既保留和延续了老建筑原有形态、结构、痕迹，又融入现代元素、材质、功能，让沧桑、厚重的现代工业文明遗址再次焕发出蓬勃生机，千年井盐生产技术的演进和变革得以全景式呈现。现代工业遗存被改造为文化创意孵化基地，吸引自贡国家文化出口基地总部等文创项目入驻，推动文化创意产业集群发展。

（三）加强井盐文化遗址保护

距燊海井几公里的杨家冲上凤岭的吉成井盐作坊遗址，是我国现存盐井和天车最密集的地区，蕴涵着丰厚的历史文化信息，体现了以天车为代表的城市历史记忆。自贡市、大安区一直十分重视吉成井盐作坊遗址保护工作，陆续实施一系列维修保护工程项目。2009 年，吉成井盐作坊遗址成功申报"自贡世界地质公园地质遗迹保护与环境治理项目"；2013 年，吉成井盐作坊遗址获批成为第七批全国重点文物保护单位，同年成为自贡世界地质公园的盐业核心园区。吉成井盐作坊遗址先后实施了井盐矿业遗址保护与环境治理、天车群维修、土壤改良和绿化、屋面排危抢修等工程，以及保护利用设施建设、文物本体维修保护等项目。在遗址内建设以收藏、研究、展示自贡历史文化为主的综合性博物馆——自贡博物院，通过自贡历史文化陈列展、自贡盐文化书画陈列以及古法制盐现场展示等，让游客更直观地了解盐都历史，为老盐场带来新气息。借古成井盐作坊遗址被列入四川省工业遗产项目名单的契机，大安区进一步加强遗址保护管理，探索利用发展新模式，将遗址打造成为中国井盐文化遗址公园，恢复传统井盐生产过程，进行采卤、输卤、制盐的活态传承，展示自贡井盐生产发展史。通过打造这一以盐业历史、井盐科技、地方民俗文化为特征的文旅综合体项目，为自贡这座历史文化名城再添新名片。

（四）打造盐文化旅游精品资源

以盐产业发展史为脉络，以井盐文化为核心，梳理彩灯文化、美食文化、"三线"文化、民俗文化等衍生文化，在盐的品牌上发力，形成自贡特有的"井盐文化束"，推出"燊海井—三多古寨—牛佛古镇"等井盐历史文化游精品线路，打造井盐历史文化旅游发展带，全景式呈现两千年井盐生产技术的演进变革历程，推动盐业文明焕发新时代风采。燊海井等景区创新运用三维数字扫描、VR、AR 等技术，推出数字化展览、线上讲座、文化遗产知识普及、语音讲解等项目，充分彰显古法制盐魅力。

三　活化"恐龙之乡"IP

大安区的恐龙遗址可追溯到亿万年前。大安区依托独特的恐龙文化，建设恐龙之乡，重点打造恐龙博物馆、恐龙文化科技产业园，联动"时空龙骑士"IP，打造"重返侏罗纪"主题游线，串联自贡恐龙主题体验空间，用现代科技唤醒"沉睡亿万年"的恐龙，将恐龙主题的静态陈列向动态"复活"转变，让化石"活"起来，打造中国版的"侏罗纪公园",建设文旅新 IP。

(一) 中国版的"侏罗纪公园"——自贡恐龙博物馆

自贡恐龙博物馆以收藏、研究、展示侏罗纪恐龙化石与保护规模宏大的化石埋藏遗址而蜚声中外,是在举世闻名的大山铺恐龙化石群遗址上就地兴建的一座大型遗址类博物馆,是我国第一座专业恐龙博物馆,为世界三大恐龙遗址博物馆之一。馆藏化石标本几乎囊括了侏罗纪时期所有已知恐龙种类,是目前世界上收藏和展示侏罗纪恐龙化石最多的地方。主展馆展陈面积 3600 平方米,基本陈列为"神奇的侏罗纪世界",包括序厅、恐龙世界厅、恐龙遗址厅、中央大厅、恐龙时代的动植物厅与珍品厅六个陈列部分。其中,恐龙世界厅共展出 20 余具大小不等的恐龙化石骨架标本,珍品厅对外呈现部分馆藏珍贵化石。恐龙遗址厅和中央大厅保存着规模浩大、遗存丰富、极具价值的恐龙化石原始埋藏遗址,该遗址总面积约 1350 平方米,是目前世界上最为壮观的室内恐龙化石埋藏现场。

恐龙探秘馆是 2022 年底建成的新馆,该馆建在自贡恐龙博物馆园区内新发现的恐龙化石遗址之上,建筑面积 3334 平方米,基本陈列主题为"岩石上的巨兽时代",包括"恐龙崛起""史前霸主""帝国陨落""恐龙飞天"四个单元。恐龙探秘馆紧紧围绕观众的兴趣点,以恐龙起源、繁盛、衰亡为轴线,通过以点带面、化繁为简、突出核心、趣说故事的叙事方式绘就一幅蔚为壮观、奥秘无穷的恐龙世界图景,清晰地阐释恐龙的繁衍生息与兴盛衰亡。恐龙探秘馆因地制宜,因时而变,运用更具现代化的展示手段,呈现令人叹为观止的珍稀标本,结合恐龙知识打造科学、有趣的互动体验区,揭示恐龙世界鲜为人知的谜题。破壳而出的恐龙蛋建筑外观、镇馆之宝焦氏峨眉龙化石埋藏遗址、国内不可多得的巨型室内连续沉积的中侏罗统下沙溪庙组地层剖面、国内首个似哺乳类爬行动物巢穴,种种资源奇观，共同构筑起了一个充满奇思妙想、令人心驰神往的史前世界。

走进自贡恐龙博物馆，可饱览形态多样、大小不等、完整度极高的恐龙骨架标本，领略规模宏大、气势壮观的恐龙化石埋藏遗址，欣赏精美完整的恐龙头骨、皮肤（印痕）、足迹和恐龙蛋等化石珍品，体验科学与科技感十足的互动设施。而园区内随处可见的活体仿真恐龙和恐龙时代的植物，也可以让游客身临其境，获得沉浸式体验，仿佛真真切切地置身于侏罗纪公园中。

（二）让恐龙活起来

投资 31 亿元建设自贡恐龙文化科技产业园（方特恐龙王国）。项目以恐龙文化和古蜀文明为主题，以恐龙故事演绎、恐龙时代复原和恐龙世界历险为主要内容，充分挖掘不可复制的恐龙文化，打造集互动体验、科普教育、休闲度假、餐饮购物等于一体的参与性、互动性、体验性大型文化高科技主题乐园，运用 AR、VR、球幕、巨幕等主题乐园行业前沿科技，为广大游客创造了一个兼具趣味刺激与奇幻想象的恐龙探险王国。年接待能力达 300 万人次，实现了自贡多年来"让恐龙活起来"的文化旅游梦想。

（三）恐龙文创多点开花

自贡仿真恐龙、动漫产品等文创产品多点开花。亘古龙腾采用3D 技术打印仿真恐龙骨架；浩天科技研发出可识别语音的仿真恐龙，能与观众互动。动画片《时空龙骑士》四次登录央视少儿频道，还在全球多个国家和地区播出，开启自贡恐龙全球传播之旅。这部诞生于自贡大安"老盐场 1957"的动画片，由自贡市文旅投公司与功夫动漫集团联合打造，借恐龙核心元素，打造城市超级 IP，向世界讲述自贡故事。在动画片中，自贡恐龙、建筑、美食、彩灯、盐业、民俗等城市文化元素被汲取并融入动漫艺术改编，自贡恐龙博物馆、燊海井、自贡市盐业历史博物馆、自贡彩灯公园等自贡标志性景点，以及历史遗迹都得以一一呈现。

（四）倾力打造"恐龙"品牌文旅盛宴

近年来，自贡市、大安区抢抓国家"一带一路"倡议部署、成渝地区双城经济圈建设等重大机遇，认真落实《巴蜀文化旅游走廊建设规划》，积极融入全省"一核五带"文旅总体布局，建设实施了一大批重大文旅项目、举办了一系列特色文旅活动。自贡国际恐龙文化旅游节是自贡市贯彻落实四川省第十二次党代会"加快新时代文化强省建设"要求，以"看恐龙·到自贡"为主题，深入挖掘恐龙文化，倾力打造的媲美"自贡国际恐龙灯会"的又一个文旅节会品牌。

首届自贡国际恐龙文化旅游节于 2022 年 6 月 18 日开幕，持续举办到 8 月底，重点针对亲子游、家庭游、研学游等客群特点，策划推出"6 月嗨玩季""7 月清凉季""8 月亲子季"三个主题共 26 个子活动。第二届自贡国际恐龙文化旅游节从 2023 年 6 月中旬持续举办到 8 月，时间上覆盖整个暑期，空间上覆盖自贡市各区县，重点针对亲子游、家庭游、研学游等客群特点，策划推出"嗨玩侏罗纪""探秘古盐都""'贡'赴夏之约"3 大板块 10 个主题，共计103 项文旅活动。

自贡国际恐龙文化旅游节以自贡恐龙博物馆、方特恐龙王国两大"恐龙"主题景区为核心，推出丰富多彩、充满"恐龙"元素的"穿越侏罗纪·恐龙奇妙夜"、方特萌龙趣玩节、方特流光热恋节、方特史前冰纷季等主题活动，以及冰纷一夏音乐会、寻龙奇遇记、水上狂欢等夏季"恐龙"特色项目。既有恐龙主题的狂欢盛典，又有国风古韵的传统文化，更不乏都市现代的新潮流新玩法，为游客奉上一场崭新的、神秘的、热辣的文旅盛宴。

四　绘就"中国灯城"盛景

自贡彩灯文化已有近千年历史，自贡灯会是国家非物质文化遗产。依托"灯"这个城市之光，自贡市、大安区市区联动，让传统文化绽放时代光彩。

（一）打造中华彩灯大世界，讲述千年历史文化

积极建设"中国灯城"品牌，引入深圳华侨城集团投资75亿元打造集观灯游园、餐饮娱乐、文创演艺等于一体的中华彩灯大世界，将单一的门票经济拓展为综合消费，将一年一度春节期间的季节性灯会拓展为常态化开园、常年性灯会，不仅扩大了灯会的举办规模，延展了地域空间，还增加了现代光影技术和精彩纷呈的演艺。以中华彩灯大世界的常态化运营为核心，串联釜溪、旭水河沿岸景区景点、夜游场景，打造一条"光临奇妙夜"主题游线，展现城市的流光溢彩，打造全地域奇妙夜游空间，通过彩灯点亮城市的每一个角落，讲述自贡的千年历史文化。

（二）构建时代主题宣传阵地，传递中华文化自信

自贡灯会紧扣时代脉搏，突出时代主题。2019年，用130余组"高大新奇美"的彩灯语言艺术表现中国传统文化的魅力，讴歌伟大的祖国，赞美改革开放以来我国所取得的辉煌成就。用新空间、新创意、新工艺手法，通过园内大中型彩灯以及自贡主城区上千件灯饰作品，展示灿烂悠久的中华文明，歌颂新中国成立70年所取得的伟大成就，彰显自贡"半城青山半城楼、彩灯辉映碧水流"的城市品韵。2020年，以"春回大地、灯耀世界"为主题，举办灯会。2021年，将庆祝中国共产党成立100周年等时代主题融入灯组创意，

精心策划 15 个主题区、上百组彩灯，规模宏大、美轮美奂。其中，"百年辉煌"灯组以党的百年奋斗历程为主线、民生改善为潜线，选取代表性人物、事件等，以"嘉兴红船""遵义会议""开国大典""一带一路""绿水青山就是金山银山""新时代巨轮"等 43 个场景，展现党带领全国各族人民从站起来、富起来到强起来的伟大成就，创新推出"彩灯+党建"精品课程，遴选 50 名优秀青年党员作为"党史课代表"，场景式、沉浸式开展党史学习教育，获得好评。2022 年，"辉煌新时代"主题灯组用彩灯艺术化呈现了中国重要发展成果，并展望未来的发展方向，融入互动与体验，打造了一条长达 210 米的美好中国长卷。

（三）创新彩灯跨界融合，用彩灯讲好中国故事

以中华彩灯大世界为核心，自贡灯会突破传统的单一观灯模式，变"节会品牌"为"综合平台"，在"用彩灯讲故事"的基础上，融入现代科技元素，植入沉浸式演艺、特色文创展销、创意美食品鉴等活动，构建起集观灯游园、餐饮娱乐、文创演艺等于一体的"文旅+"产业生态圈，变"特色文化"为"特色产业"。

创设场景式展示平台。深入实施"彩灯+""+彩灯"战略。与中国国际进口博览局、五粮液集团等跨界合作，充分利用国内国际两个市场、两种资源，推进"彩灯进进博会""彩灯+五粮液""五粮液+彩灯"，开展"彩灯进家庭进社区"活动，开发创意彩灯商品，实质性推动以彩灯为核心的产业链发展创新，链接更多的国际国内知名展会、论坛、赛事、活动，扩大自贡彩灯影响力；力争灯会办到哪里、招商引资就开展到哪里，带动川渝名特优新产品"借灯出海"，积极融入新发展格局，释放对外开放的强劲动力。

以"文旅+"激发城市消费活力。自贡将灯会作为推动文旅产业发展的强力引擎，全力创建国家级夜间文旅消费集聚区和全省研

学旅游示范城市，推动大安区建成天府旅游名县。策划开展"魅力盐都·安逸灯城"系列文旅活动，推出特色精品旅游线路和"云上家居购物节""云上家电节"等展销活动，发放购物消费券，充分激发消费潜力。

以"走出去"促进彩灯文化出口。加速打造国家文化出口基地，加快构建"一总部多园区"发展格局，建成基地展示展览中心，推动彩灯文化创意产业园特色园区建设，将单纯的文化活动转变为集文化、经贸、旅游、城市营销于一体，具有影响力的国家级品牌节庆活动，打造自贡走向世界的城市名片。开展"自贡彩灯走出去"全球营销计划，促进彩灯文化出口，用彩灯讲好中国故事，为中华优秀文化"走出去"增光添彩。

五　代表性企业——自贡大象电子科技园（自贡大象电子科技有限公司）高质量发展成果

自贡大象电子科技园（自贡大象电子科技有限公司）位于自贡市大安区新民镇，成立于 2008 年 12 月 18 日，是四川省 2009 年重点招商培育项目。自 2011 年启动投资以来，吸引自贡市华煜商贸有限公司、自贡鑫牛农机制造有限公司、自贡春天钢化玻璃有限公司、自贡市华龙艺术有限公司、自贡市立林生态木建材有限公司、自贡市华湘建材有限公司等多家企业入驻，累计解决就业 3.8 万人次，发放就业人员工资 1.2 亿元，实现销售额 7.8 亿元，实现税收 2300 万元，向社会捐助资金 110 多万元。截至 2020 年底，园区累计投资额达到 2.15 亿元。

自贡大象电子科技有限公司是一家专业从事电子加工的公司。其经营范围涵盖电子产品科技开发，制造、销售家用电器、电工器材、电子电器元件，进出口贸易业务等。

发展以电子电器等为重点的轻工产业，是自贡推进科学发展、经济结构调整的战略选择。为促进经济发展方式转变，大安区全力发展无污染的电子电器产业。自贡大象电子科技园牢牢把握东资西进、东商西移、拉动内需和大安经济转型升级等战略机遇，融入国内国际经济双循环，提升"再造产业自贡"竞争力，依托 TCL 等国内家电生产巨头，打造家电生产基地，发展微波炉、空调等家用产品，具有良好的市场发展机遇和广阔的市场前景。

秉承着"创新引领未来"的经营理念，自贡大象电子科技有限公司致力于为客户提供高品质、高性能的电子产品和解决方案。不仅关注技术创新，更注重产品的质量和用户体验。在电子科技行业的激烈竞争中，凭借扎实的技术实力、卓越的管理团队和坚定的发展信念，不断开拓创新，不断超越自我，提升核心竞争力。

新时期，作为招商企业，自贡大象电子科技园（自贡大象电子科技有限公司）既注重振兴地方经济，也通过科技创新追求企业收益，高质量推动园区发展。未来，园区将完成所有厂房建设，总建筑面积将达到 40000 平方米以上；引进两家规模企业入驻园区，筹资修建科研综合大楼，提升园区创新能力；各项经济指标在 2023 年的基础上实现每年递增，至 2028 年，预计将实现年税收 1000 万元，安置就业 1200 人次，工资发放总额将达到 5000 万元。

（执笔人：21 世纪马克思主义研究院经济社会文化发展战略研究副主任，张群、马平；中交集团高级顾问、研究员，蒋聪慧；自贡大象电子科技园负责人，杨敏 等）

第九章　高质量发展的生力军：
新能源汽车产业

2023 年 12 月，中央经济工作会议指出，要以科技创新推动产业创新，特别是以颠覆性技术和前沿技术催生新产业、新模式、新动能，发展新质生产力。① 新能源汽车产业具有新产业、新模式、新动能等特征，发展新能源汽车产业是发展新质生产力的题中应有之义。本章重点对我国新能源汽车产业的发展现状等进行梳理分析。

第一节　我国高度重视新能源汽车产业
高质量发展

一　加快构建新发展格局，着力推动高质量发展

（一）高质量发展成为首要任务

党的二十大报告指出，"高质量发展是全面建设社会主义现代化国家的首要任务。发展是党执政兴国的第一要务。没有坚实的物质技术基础，就不可能全面建成社会主义现代化强国。必须完整、准确、全面贯彻新发展理念，坚持社会主义市场经济改革方向，坚持

---

① 《中央经济工作会议在北京举行，习近平发表重要讲话》，新华网，2023 年 12 月 12 日，http：//www.news.cn/politics/leaders/2023-12/12/c_1130022917.htm。

高水平对外开放，加快构建以国内大循环为主体、国内国际双循环相互促进的新发展格局"。[①]

（二）新能源产业在我国现代产业体系中举足轻重

党的二十大报告提出加快"建设现代化产业体系"，指出"坚持把发展经济的着力点放在实体经济上，推进新型工业化，加快建设制造强国、质量强国、航天强国、交通强国、网络强国、数字中国。实施产业基础再造工程和重大技术装备攻关工程，支持专精特新企业发展，推动制造业高端化、智能化、绿色化发展……推动战略性新兴产业融合集群发展，构建新一代信息技术、人工智能、生物技术、新能源、新材料、高端装备、绿色环保等一批新的增长引擎"。[②] 新能源和新能源汽车成为我国建设现代化产业体系的重要领域。

（三）推动新能源产业高质量发展为共建清洁美丽世界作出贡献

2024 年 2 月，中共中央政治局就新能源技术与我国的能源安全进行第十二次集体学习。习近平总书记在主持学习时强调，"能源安全事关经济社会发展全局。积极发展清洁能源，推动经济社会绿色低碳转型，已经成为国际社会应对全球气候变化的普遍共识。我们要顺势而为、乘势而上，以更大力度推动我国新能源高质量发展，为中国式现代化建设提供安全可靠的能源保障，为共建清洁美丽的世界作出更大贡献"。[③] 发展新能源产业是应对各种挑战的出路。习

---

① 习近平：《高举中国特色社会主义伟大旗帜　为全面建设社会主义现代化国家而奋斗——在中国共产党第二十次全国代表大会上的报告》，人民出版社，2022。
② 习近平：《高举中国特色社会主义伟大旗帜　为全面建设社会主义现代化国家而奋斗——在中国共产党第二十次全国代表大会上的报告》，人民出版社，2022。
③ 《习近平在中共中央政治局第十二次集体学习时强调 大力推动我国新能源高质量发展 为共建清洁美丽世界作出更大贡献》，新华网，2024 年 3 月 1 日，http：//www.news.cn/politics/leaders/20240301/c512706a455f491f8ea1a3c24135d7c6/c.html。

近平总书记指出，"党的十八大以来，我国新型能源体系加快构建，能源保障基础不断夯实，为经济社会发展提供了有力支撑。同时也要看到，我国能源发展仍面临需求压力巨大、供给制约较多、绿色低碳转型任务艰巨等一系列挑战。应对这些挑战，出路就是大力发展新能源"。①

我国风电、光伏等资源丰富，发展新能源潜力巨大。习近平总书记强调，"经过持续攻关和积累，我国多项新能源技术和装备制造水平已全球领先，建成了世界上最大的清洁电力供应体系，新能源汽车、锂电池和光伏产品还在国际市场上形成了强大的竞争力，新能源发展已经具备了良好基础，我国成为世界能源发展转型和应对气候变化的重要推动者"。②

通过发展新能源产业促进新质生产力发展。习近平总书记强调，"要瞄准世界能源科技前沿，聚焦能源关键领域和重大需求，合理选择技术路线，发挥新型举国体制优势，加强关键核心技术联合攻关，强化科研成果转化运用，把能源技术及其关联产业培育成带动我国产业升级的新增长点，促进新质生产力发展"。③

加快构建充电基础设施网络体系、支撑新能源汽车快速发展。习近平总书记指出，"要适应能源转型需要，进一步建设好新能源基础设施网络，推进电网基础设施智能化改造和智能微电网建设，提高电网对清洁能源的接纳、配置和调控能力。加快构建充电基础设

---

① 《习近平在中共中央政治局第十二次集体学习时强调 大力推动我国新能源高质量发展 为共建清洁美丽世界作出更大贡献》，新华网，2024 年 3 月 1 日，http：//www.news.cn/politics/leaders/20240301/c512706a455f491f8ea1a3c24135d7c6/c.html。

② 《习近平在中共中央政治局第十二次集体学习时强调 大力推动我国新能源高质量发展 为共建清洁美丽世界作出更大贡献》，新华网，2024 年 3 月 1 日，http：//www.news.cn/politics/leaders/20240301/c512706a455f491f8ea1a3c24135d7c6/c.html。

③ 《习近平在中共中央政治局第十二次集体学习时强调 大力推动我国新能源高质量发展 为共建清洁美丽世界作出更大贡献》，新华网，2024 年 3 月 1 日，http：//www.news.cn/politics/leaders/20240301/c512706a455f491f8ea1a3c24135d7c6/c.html。

施网络体系，支撑新能源汽车快速发展"。[①]

二 制定科学规划，推动新能源汽车产业高质量发展

（一）对新能源汽车产业发展趋势进行科学判断

党中央、国务院未雨绸缪，早在 2012 年，国务院就发布了《节能与新能源汽车产业发展规划（2012—2020 年）》。十几年以来，我国坚持纯电驱动战略取向，推动新能源汽车产业发展取得巨大成就，成为促进世界汽车产业发展转型的重要力量之一。

为推动新能源汽车产业高质量发展、加快建设汽车强国，急需制定新的发展规划。2020 年，国务院办公厅发布了《新能源汽车产业发展规划（2021—2035 年）》，对新能源汽车发展趋势进行了科学判断。

1. 新能源汽车为世界经济发展注入新动能

近年来，世界主要汽车大国纷纷加强战略谋划、强化政策支持，跨国汽车企业加大研发投入力度、完善产业布局，新能源汽车已成为全球汽车产业转型发展的主要方向和促进世界经济持续增长的重要引擎。当前，全球新一轮科技革命和产业变革蓬勃发展，汽车与能源、交通、信息通信等领域有关技术加速融合，电动化、网联化、智能化成为汽车产业的发展潮流和趋势。新能源汽车融汇新能源、新材料和互联网、大数据、人工智能等多种变革性技术，推动汽车从单纯交通工具向移动智能终端、储能单元和数字空间转变，带动能源、交通、信息通信基础设施改造升级，促进能源消费结构优化、交通体系和城市运行智能化水平提升，对建设清洁美丽世界、构建

---

① 《习近平在中共中央政治局第十二次集体学习时强调 大力推动我国新能源高质量发展 为共建清洁美丽世界作出更大贡献》，新华网，2024 年 3 月 1 日，http：//www.news.cn/politics/leaders/20240301/c512706a455f491f8ea1a3c24135d7c6/c.html。

人类命运共同体具有重要意义。①

2. 我国新能源汽车进入加速发展新阶段

汽车产品形态、交通出行模式、能源消费结构和社会运行方式正在发生深刻变革，为新能源汽车产业提供了前所未有的发展机遇。经过多年持续努力，我国新能源汽车产业技术水平显著提升、产业体系日趋完善、企业竞争力大幅增强，2015 年以来产销量、保有量连续多年居世界首位，产业进入叠加交汇、融合发展新阶段。必须抢抓战略机遇，巩固良好势头，充分发挥基础设施、信息通信等领域优势，不断提升产业核心竞争力，推动新能源汽车产业高质量可持续发展。②

3. 融合开放成为新能源汽车发展的新特征

随着汽车动力来源、生产运行方式、消费使用模式全面变革，新能源汽车产业生态正由零部件、整车研发生产及营销服务企业之间的"链式关系"，逐步演变成汽车、能源、交通、信息通信等多领域多主体参与的"网状生态"。相互赋能、协同发展成为各类市场主体发展壮大的内在需求，跨行业、跨领域融合创新和更加开放包容的国际合作成为新能源汽车产业发展的时代特征，极大地增强了产业发展动力，激发了市场活力，推动形成互融共生、合作共赢的产业发展新格局。③

（二）对新能源汽车产业高质量发展进行总体部署

1. 新能源汽车产业高质量发展的总体思路

以习近平新时代中国特色社会主义思想为指引，坚持创新、协

---

① 《国务院办公厅关于印发新能源汽车产业发展规划（2021—2035 年）的通知》，中国政府网，2020 年 10 月 20 日，https://www.gov.cn/gongbao/content/2020/content_5560291.htm。

② 《国务院办公厅关于印发新能源汽车产业发展规划（2021—2035 年）的通知》，中国政府网，2020 年 10 月 20 日，https://www.gov.cn/gongbao/content/2020/content_5560291.htm。

③ 《国务院办公厅关于印发新能源汽车产业发展规划（2021—2035 年）的通知》，中国政府网，2020 年 10 月 20 日，https://www.gov.cn/gongbao/content/2020/content_5560291.htm。

调、绿色、开放、共享的发展理念，以深化供给侧结构性改革为主线，坚持电动化、网联化、智能化发展方向，深入实施发展新能源汽车国家战略，以融合创新为重点，突破关键核心技术，提升产业基础能力，构建新型产业生态，完善基础设施体系，优化产业发展环境，推动我国新能源汽车产业高质量可持续发展，加快建设汽车强国。①

2. 新能源汽车产业高质量发展的基本原则

一是市场主导。充分发挥市场在资源配置中的决定性作用，强化企业在技术路线选择、生产服务体系建设等方面的主体地位；更好发挥政府在战略规划引导、标准法规制定、质量安全监管、市场秩序维护、绿色消费引导等方面的作用，为产业发展营造良好环境。二是创新驱动。深入实施创新驱动发展战略，建立以企业为主体、以市场为导向、产学研用协同的技术创新体系，完善激励和保护创新的制度环境，鼓励多种技术路线并行发展，支持各类主体合力攻克关键核心技术、加大商业模式创新力度，形成新型产业创新生态。三是协调推进。完善横向协同、纵向贯通的协调推进机制，促进新能源汽车与能源、交通、信息通信深度融合，统筹推进技术研发、标准制定、推广应用和基础设施建设，把超大规模市场优势转化为产业优势。四是开放发展。践行开放融通、互利共赢的合作观，扩大高水平对外开放，以开放促改革、促发展、促创新；坚持"引进来"与"走出去"相结合，加强国际合作，积极参与国际竞争，培育新能源汽车产业新优势，深度融入全球产业链和价值链体系。②

① 《国务院办公厅关于印发新能源汽车产业发展规划（2021—2035 年）的通知》，中国政府网，2020 年 10 月 20 日，https：//www.gov.cn/gongbao/content/2020/content_5560291.htm。
② 《国务院办公厅关于印发新能源汽车产业发展规划（2021—2035 年）的通知》，中国政府网，2020 年 10 月 20 日，https：//www.gov.cn/gongbao/content/2020/content_5560291.htm。

3. 新能源汽车产业高质量发展愿景

到 2025 年，我国新能源汽车市场竞争力明显增强，动力电池、驱动电机、车用操作系统等关键技术取得重大突破，安全水平全面提升。纯电动乘用车新车平均电耗降至 12.0 千瓦时/百公里，新能源汽车新车销售量达到汽车新车销售总量的 20% 左右，高度自动驾驶汽车实现限定区域和特定场景商业化应用，充换电服务便利性显著提高。力争经过 15 年的持续努力，我国新能源汽车核心技术达到国际先进水平，质量品牌具备较强国际竞争力。纯电动汽车成为新销售车辆的主流，公共领域用车全面电动化，燃料电池汽车实现商业化应用，高度自动驾驶汽车实现规模化应用，充换电服务网络便捷高效，氢燃料供给体系建设稳步推进，有效促进节能减排水平和社会运行效率的提升。[①]

规划还围绕新能源汽车产业发展对提高技术创新能力、构建新型产业生态、加快推动产业融合发展、完善基础设施体系、深化开放合作和保障措施等进行了分析、规划和部署。下文将重点介绍规划对新能源汽车产业深化开放合作的相关要求。

（三）深化新能源汽车产业开放合作

1. 扩大开放和交流合作

加强与国际通行经贸规则的对接，全面实行准入前国民待遇加负面清单管理制度，对新能源市场主体一视同仁，建设市场化、法治化、国际化营商环境。发挥多双边合作机制、高层对话机制作用，支持国内外企业、科研院所、行业机构开展研发设计、贸易投资、基础设施、技术标准、人才培训等领域的交流合作。积极参与国际

[①] 《国务院办公厅关于印发新能源汽车产业发展规划（2021—2035 年）的通知》，中国政府网，2020 年 10 月 20 日，https://www.gov.cn/gongbao/content/2020/content_5560291.htm。

规则和标准制定，促进形成开放、透明、包容的新能源汽车国际化市场环境，打造国际合作新平台，增添共同发展新动力。[①]

2. 加快融入全球价值链

引导企业制定国际化发展战略，不断提高国际竞争能力，加大国际市场开拓力度，推动产业合作由生产制造环节向技术研发、市场营销等全链条延伸。鼓励企业充分利用境内外资金，建立国际化消费信贷体系。支持企业建立国际营销服务网络，在重点市场共建海外仓储和售后服务中心等服务平台。健全法律咨询、检测认证、人才培训等服务保障体系，引导企业规范海外经营行为，提升合规管理水平。[②]

第二节 我国新能源汽车产业高质量发展综述

一 新能源汽车成为中国汽车产业的重要增长极

中国汽车工业协会统计数据显示，继 2021 年突破 200 万辆、2022 年超过 300 万辆之后，2023 年中国汽车总出口量再上新台阶，达到 491 万辆，首次跃居全球第一。中国汽车出口量跃居全球第一，新能源汽车成为重要增长极。得益于政策与市场"双轮驱动"，我国新能源汽车起步早、发展快，不仅搭建了创新能力强、技术迭代快、有成本竞争优势的完整产业链供应链体系，而且电动化与智能网联化技术创新和商业模式创新也走在全球前列。2023 年我国新能源汽车产销量连续 9 年居全球第一，新能源汽车出口 120.3 万辆，同比

---

① 《国务院办公厅关于印发新能源汽车产业发展规划（2021—2035 年）的通知》，中国政府网，2020 年 10 月 20 日，https://www.gov.cn/gongbao/content/2020/content_5560291.htm。
② 《国务院办公厅关于印发新能源汽车产业发展规划（2021—2035 年）的通知》，中国政府网，2020 年 10 月 20 日，https://www.gov.cn/gongbao/content/2020/content_5560291.htm。

增长 77.6%。[①]

根据新华社的报道，在谈及中国电动车企换道领先时，日本名古屋大学客座教授野边继男说，首先在顶层设计上，中国在约 20 年前就树立了成为汽车强国的目标，并且没有选择在内燃机领域赶超欧美日等先进国家或地区，而是早早就着眼于发展电动汽车。其次，中国引入外资车企到本国生产，并优化汽车领域外资政策，例如邀请特斯拉落户上海，学习智慧电动汽车的概念和模式。再次，宁德时代等中国本土企业很早就布局动力电池等零部件制造，形成了电动汽车产业集群。最后，中国巨大规模的市场也为电动汽车行业发展带来显著优势。[②]

二　新能源汽车产业为全球绿色转型贡献了力量

对于如何看待"中国有望成为全球最大汽车出口国"，外交部发言人汪文斌于 2023 年 8 月 17 日主持例行记者会时进行了详细的分析。有记者提问，据报道，穆迪分析称，得益于电动汽车需求激增及中国电动汽车生产成本优势，中国有望于 2023 年底前成为全球最大的汽车出口国。发言人对此有何评论？汪文斌表示，中国新能源汽车驶向全球，是中国经济向绿而行的亮丽风景线。近年来，中国持续推动经济社会发展转型升级，书写高质量发展新的"绿色答卷"。

汪文斌介绍，2023 年上半年，中国可再生能源新增装机 1.09 亿千瓦，占新增装机总量的 77%，可再生能源装机达到 13.22 亿千瓦，历史性地超过了煤电。2023 年 7 月，新能源汽车、太阳能电池产量

---

① 《尺素金声丨出口量跃居全球第一，中国汽车未来如何持续走稳走好?》，人民日报客户端，2024 年 2 月 2 日，http://finance.people.com.cn/n1/2024/0202/c1004-40172151.html。

② 《专访：中国电动车进入日本市场将促进日本汽车产业发展——访日本名古屋大学客座教授野边继男》，新华网，2023 年 2 月 15 日，http://www.news.cn/asia/2023-02/15/c_1129366128.htm。

同比分别增长 24.9% 和 65.1%，充电桩产量同比增长 26.6%。中国着力构建现代化产业体系，加快用新技术、新业态改造提升传统产业。全国燃煤锅炉和窑炉从近 50 万台下降到目前的不足 10 万台，减少使用燃煤 4 亿多吨，规模以上工业单位增加值能耗 10 年累计下降幅度超过 36%。

"中国经济绿色发展为全球绿色转型贡献了力量。"汪文斌说，《中国绿色贸易发展报告（2022）》显示，2021 年，中国绿色贸易额达到 11610.9 亿美元，成为全球第一大绿色贸易经济体。新能源汽车产销量连续多年居全球第一，中国风电、光伏发电等清洁能源设备生产规模居世界第一，多晶硅、硅片、电池和组件产量占全球产量的 70% 以上。过去 10 年，我国风电装备制造产量占全球市场的 2/3 以上，产品出口到全球 49 个国家和地区。2023 年上半年，全球新增风电装机的四成多出自中国。我们还同合作伙伴一道发起"一带一路"绿色发展国际联盟，实施绿色低碳转型合作，为共建"一带一路"国家绿色发展提供深度交流合作平台。汪文斌强调，促进绿色发展是全人类的共同事业。中方将继续坚持创新、协调、绿色、开放、共享的新发展理念，加快构建人与自然和谐共生的现代化，推动实现更高质量、更有效率、更加公平、更可持续、更为安全的发展，为推动全球可持续发展、共建清洁美丽的世界注入更多绿色能量。[①]

三　新能源汽车产业高质量发展的基础分析

中国汽车工业在实现高质量发展的道路上蹄疾步稳，中国新能源汽车产销规模连续多年稳居全球第一。中国新能源汽车产业快速

---

① 《2023 年 8 月 17 日外交部发言人汪文斌主持例行记者会》，外交部网站，2023 年 8 月 17 日，https://www.mfa.gov.cn/web/fyrbt_673021/jzhsl_673025/202308/t20230817_11128183.shtml。

发展的"诀窍"是什么？

（一）政策大力支持

"产业快速发展，政策引领发挥了巨大作用。"中国汽车工业协会常务副会长付炳锋说。拥有奇瑞、蔚来、江淮等整车企业的安徽省是中国新能源汽车产业起步较早的省份之一。多年来，当地相关政策接续出台推动产业发展。2023 年上半年，安徽新能源汽车产量同比增长 87.8%。据统计，近年来，各部门先后推出 70 余项支持措施，各地结合自身实际出台配套政策。从实施产业技术创新工程到组建国家动力电池创新中心等国家制造业创新中心，一系列举措让产业发展方向更明确、步伐更坚定。[①]

（二）市场优势向产业优势转化

随着中国积极推动新能源汽车普及和应用，加速充电基础设施建设，市场活力和消费潜力不断释放。近年来，从新能源汽车激励政策到大力推动新能源汽车下乡，来自消费端的支持充分调动了产业转型的积极性，市场快速拓展带动产业链创新。宁德时代首席科学家吴凯说，从材料体系到电池结构，高速增长的市场，推动了动力电池行业走向前沿。[②]

（三）坚持自主创新

创新驱动换道超车，经过多年培育，中国在新能源汽车领域拥有较为完备的产业体系和技术优势。"再难不能省研发。"奇瑞董事

[①] 《中国新能源汽车如何"一路疾驰"——中国高质量发展亮点透视之二》，新华网，2023 年 8 月 19 日，http：//www.news.cn/2023-08/19/c_1129811775.htm。

[②] 《中国新能源汽车如何"一路疾驰"——中国高质量发展亮点透视之二》，新华网，2023 年 8 月 19 日，http：//www.news.cn/2023-08/19/c_1129811775.htm。

长尹同跃认为，技术创新是核心竞争力，奇瑞每年将销售收入的约7%用于研发投入。近年来，中国车企积极布局纯电、混动和氢燃料等多元技术路线，推动行业加速变革。[①]

（四）产业链持续完善

从电池、电机、电控等核心部件到整车制造和销售，中国打造了较为完善的新能源汽车产业链体系。在长三角，产业集群协同发展，一家新能源整车厂可在 4 小时车程内解决所需配套零部件供应问题：上海提供芯片、软件；上海以西约 200 公里的江苏常州，提供动力电池；上海以南 200 多公里的浙江宁波，提供车身一体化压铸机。"过去竞争靠的是专项技术。而今更要靠'链'。"零跑汽车高级副总裁徐军说，依托集成创新巩固和扩大产业链优势，对推动产业高质量发展至关重要。[②]

四 对中国新能源汽车是否存在产能过剩问题的分析

2024 年 5 月上旬，国家主席习近平在访问法国时指出，"中国新能源产业在开放竞争中练就了真本事，代表的是先进产能，不仅丰富了全球供给，缓解了全球通胀压力，也为全球应对气候变化和绿色转型作出巨大贡献。不论是从比较优势还是全球市场需求角度看，都不存在所谓'中国产能过剩问题'。中欧合作的本质是优势互补、互利共赢，双方在绿色和数字转型中有着广泛共同利益和巨大合作空间，双方应该通过对话协商妥善处理经贸摩擦，照顾双方合

---

① 《中国新能源汽车如何"一路疾驰"——中国高质量发展亮点透视之二》，新华网，2023 年 8 月 19 日，http：//www.news.cn/2023-08/19/c_1129811775.htm。
② 《中国新能源汽车如何"一路疾驰"——中国高质量发展亮点透视之二》，新华网，2023 年 8 月 19 日，http：//www.news.cn/2023-08/19/c_1129811775.htm。

理关切"。①

（一）国际能源署肯定中国在电动汽车领域对世界作出的贡献

国际能源署（IEA）肯定了中国的贡献。IEA 发布的《2023 年全球电动汽车展望》报告主打的就是中国数据。报告指出全球 2022 年末有 2600 万辆新能源汽车，其中一半在中国。2023 年末中国新能源汽车保有量快速升至 2041 万辆，但存量占比仍然只有 6.07%。要替代燃油车，中国与全球需要的新能源汽车产能会难以想象地高，不存在产能过剩。

IEA 报告指出，中国电动汽车销量超过全球一半的原因是，其价格优势明显。2022 年中国小型电动汽车价格低于 1 万美元，只占欧洲与美国的不到三分之一。而中国中大型电动汽车续航更高，价格相对欧美还有明显优势。2024 年中国电动汽车价格又有明显下降，而性能又大幅提升。

（二）中国电动汽车企业依靠技术创新获得快速发展

2024 年 4 月 7 日，商务部部长王文涛在法国巴黎主持召开在欧中资电动汽车企业圆桌会。欧盟中国商会和吉利、上汽、比亚迪、宁德时代等十余家企业代表参加会议。与会代表介绍了在欧投资经营、应对欧盟电动汽车反补贴调查有关情况，围绕中国企业优化全球布局、深化中欧电动汽车产业务实合作等进行交流。

王文涛部长阐明两个观点，一是中国电动汽车企业依靠持续技术创新、完善的产业链供应链体系和充分的市场竞争快速发展，不是依靠补贴取得竞争优势，美欧等关于"产能过剩"的指责毫无依

---

① 《习近平同法国总统马克龙、欧盟委员会主席冯德莱恩举行中法欧领导人三方会晤》，新华网，2024 年 5 月 6 日，http://www.news.cn/politics/leaders/20240506/72626bf2712d4656a7ae4a8af61b0fcb/c.html。

据。中国电动汽车产业的发展为全球应对气候变化和绿色低碳转型作出了重要贡献。中国政府将积极支持企业维护自身合法权益。二是面对外部挑战和不确定性，企业要练好内功，坚持创新驱动，加强风险管理，重视绿色发展，与当地企业深化合作、共谋发展，坚定做全球绿色低碳转型的参与者和贡献者。

与会代表表示，感谢商务部一直以来对企业发展和出海的大力支持，将持续推进科技创新，坚持开放合作，践行公平竞争，积极应对贸易摩擦，通过与欧洲伙伴的务实合作实现互利共赢。[①]

（三）中国新能源汽车产能利用率较高

中国汽车近年来出海持续走强，但也开始遭遇欧美的高关税壁垒，甚至被指责是产能过剩、低价倾销。2024 年 6 月，中国贸促会汽车分会会长王侠表示，"中国新能源汽车的产能利用率目前为 76% 左右，与美国不相上下，中国乘用车出口占总销量的比例只有 15.9%，远低于德、日、韩等国。中国品牌电动车在海外的售价也明显高于国内，而有些国际品牌电动车在中国的售价则要远低于欧洲市场"。

王侠同时表示，"从 2022 年合资车企股比放开以来，中国迎来了更加开放包容的国际合作新时代，中外车企展开了新一轮从技术到市场、从资本到渠道等全方位的双向合作。中国新能源汽车代表的是先进产能，不仅丰富了全球供给，也为全球应对气候变化和绿色转型作出巨大贡献。全球化是经济领域专业分工、资源互惠的客观需求，不是以某些人、某些国家的意志为转移的。汽车产业的技

---

① 《王文涛部长主持召开在欧中资电动汽车企业圆桌会》，商务部新闻办公室，2024 年 4 月 8 日，http://www.mofcom.gov.cn/article/xwfb/xwbldhd/202404/20240403488874.shtml。

术变革更加需要全球化"。[①]

（四）中国新能源产业发展符合经济规律和市场原则

外交部发言人汪文斌在 2024 年 4 月 24 日举行的例行记者会上再次驳斥西方国家对中国"产能过剩"的指责，称中国新能源产业快速发展符合经济规律和市场原则，而不是补贴的结果。

会上，汪文斌指出，一些西方国家频频指责中国"产能过剩"，这种炒作毫无道理，中方坚决反对。

拿中国的新能源产业来说，第一，中国新能源产业产能是推动绿色发展急需的先进产能，而不是过剩产能。根据国际能源署测算，要实现碳中和目标，全球新能源汽车销售量到 2030 年需要达到约 4500 万辆，是 2022 年的 4.5 倍，光伏装机量也需要大幅增长。当今世界面临的关键问题不是新能源产能过剩，而是严重短缺。中国的绿色技术、绿色产品，特别是新能源产业的发展，因应了各国缓解能源危机、应对气候变化的需要，将为全球绿色低碳转型作出重要贡献。

第二，中国新能源产业快速发展符合经济规律和市场原则，而不是补贴的结果。中国新能源产品之所以具有较强竞争力，主要是因为相关产业布局较早，通过长期研发投入形成了领先技术优势，同时依托国内强大的产业配套能力、超大规模市场、丰富的人力资源等，形成了综合性竞争优势。正如李强总理指出的，中国的新能源产业优势是靠真本事获得的，是通过充分的市场竞争塑造的，而不是靠政府补贴形成的。

第三，给中国新能源产业扣上"产能过剩"的帽子，是保护主

[①]《中国贸促会汽车行业分会：中国新能源汽车产能利用率为 76%》，央视网新闻频道，2024 年 6 月 7 日，https://news.cctv.com/2024/06/06/ARTIjrOC6PqlHWNLboZZaHe2240606.shtml。

义的表现。彭博社分析显示，在电动汽车领域，中国绝大多数排名靠前的汽车出口商产能利用率处于国际公认的正常水平。中国电动汽车出口量占总产量的比例远低于德国、日本、韩国等主要汽车生产国，出口的价格也符合市场规律，根本不存在倾销问题。所谓中国"产能过剩"论只是在为保护主义提供借口。限制中国电动汽车等新能源产品出口，只会造成"多输"的局面。世界并不需要中国减少产出，而是需要更多资金和产品来加快能源转型和消除贫困。

中国坚持对外开放的基本国策，愿与各方一道，坚持公平竞争，实现互利共赢。希望有关国家秉持开放心态，切实遵守市场经济原则和国际经贸规则，为中国企业提供公平、透明、开放、非歧视的营商环境。[①]

（五）美国炒作"中国产能过剩"的本质用意

2023 年，部分美国政客和媒体抛出了一个攻击中国的观点，即所谓的"中国过剩产能冲击世界市场"。中国产能，过剩了吗？美国指责中国所谓"产能过剩"，是何用意？

美国一方面指责中国新能源产业靠政府扶持导致了所谓"产能过剩"，另一方面不断推出产业政策扶持本国新能源产业的发展。2023 年 4 月，美国政府发布的《通胀削减法案》细则规定，只有最终在北美组装的电动汽车才能以税额扣除的方式获得最高 7500 美元的补贴。有关专家指出，美国炒作所谓中国"产能过剩"，是在经贸领域继续围堵中国，妄图阻碍中国相关产业正常发展，本质上是另一种所谓"去中国化"的伎俩。美国指责中国所谓"产能过剩"，这背后有一个美国自身的问题——美国电动汽车发展放缓。原因有

---

① 《2024 年 4 月 24 日外交部发言人汪文斌主持例行记者会》，外交部网站，2024 年 4 月 24 日，https://www.mfa.gov.cn/web/fyrbt_673021/202404/t20240424_11288545.shtml。

多个方面。其一是美国充电设施建设迟缓；其二是美国电动汽车的价格较高；其三是政治因素影响，2024 年是美国大选年，而汽车行业对选情颇有影响；其四是美国实施"关门政策"，试图把中国供应链排除在外，一定程度上影响着美国电动汽车产业发展。[①]

第三节　代表性企业高质量发展实践——以北京宏瑞汽车科技股份有限公司为例

一　探索新能源汽车产业高质量发展新模式

北京宏瑞汽车科技股份有限公司（下文简称"宏瑞汽车"），是一家科技型新能源汽车公司。宏瑞汽车用了 14 年的时间，探索出了 4R（Reduce/Reuse/Refabricate/Resell）高质量造车新模式，创（关键技术自主研发）造（关键件自主制造）一种"人人养得起、资源环境可支持"的新型新能源汽车。宏瑞汽车让电动汽车发展成为"家电"（像家电一样好用、省钱、易普及），从而改变了汽车产业高资源消耗、高碳排放、高消费门槛的"三高富贵病"。从一定意义上讲，宏瑞汽车开创了汽车行业高质量发展的一种新模式，为实现"绿水青山、共同富裕"贡献了自己的力量。

二　创造了全新的电动化技术路线

经过多年的科技创新实践，宏瑞汽车创造了全新的电动化技术路线（家电化技术路线），实现了全产业链自主可控。宏瑞汽车研发成功了整车新技术平台、七合一集成式电驱动总成、四合一集成式

---

① 《美国为何频繁炒作"中国产能过剩论"》，央广网，2024 年 4 月 14 日，https://news.cnr.cn/native/gd/20240414/t20240414_526664554.shtml。

电驱动桥、电控、线控底盘、轻量化车身等核心技术。获得 160 多项国家专利、8 项发明专利、6 项软件著作权，在审专利 200 多项。宏瑞汽车在河南许昌组建了核心部件和整车试生产基地。通过与东风日产的合作，宏瑞汽车研发的 A00 级新能源汽车"小虎"于 2022 年实现了量产，并实现了对日本、泰国的批量出口。新研发的两款主力新车型 R6/R8（A0 级和 A 级电动汽车）按照 30 万辆/年的量纲，正在做量产准备，计划 2025 年 5 月量产。未来，宏瑞汽车计划投产 A00 级到 A 级四个系列的新能源车型，计划 3 年内达到年产销 30 万辆、5 年内达到年产销 100 万辆的规模，成为千亿级的新能源汽车科技企业。

宏瑞汽车制定了新能源汽车高质量发展规划，计划以盘活现有的新能源乘用车整车存量资源的方式，实现新能源汽车项目尽快落地，并将自身研发的新车型导入现有的整车企业生产，将自身研发的八大核心零部件在当地建厂生产。

（执笔人：21 世纪马克思主义研究院经济社会文化发展战略研究中心副主任，张立伟、马平；北京宏瑞汽车科技股份有限公司，薛国胜 等。）

下 篇

第十章　高质量发展与中国式现代化理论研究概述

党的二十大报告明确指出高质量发展是全面建设社会主义现代化国家的首要任务，并就以中国式现代化全面推进中华民族伟大复兴做了全面部署。高质量发展和中国式现代化是近年来学术界的研究热点，形成了不少有价值的研究成果。本章重点对理论界关于中国式现代化和高质量发展研究成果、二者的相互联系以及实现高质量发展的实践路径等进行梳理和阐释。

第一节　关于中国式现代化的研究

现代化是一个世界历史进程，是人类进入工业文明社会的表征。现代化概念已经深入人心，但关于如何定义现代化却众说纷纭。20世纪90年代，现代化研究领域的代表人物罗荣渠认为，广义而言，现代化作为一个世界性的历史过程，是指人类社会从工业革命以来所经历的一场急剧变革，这一变革以工业化为推动力，推动了全球性的从传统的农业社会向现代工业社会的大转变，使工业主义渗透至经济、政治、文化、思想各个领域，引起深刻的相应变化；狭义而言，现代化不是一个自然的社会演变过程，而是落后国家采取高效率的途径（其中包括可利用的传统因素），有计划地进行经济技术改造和适应现代世界环境的发展过程。[①] 林毅夫等基于马克思历史唯物主义的新结构经济学理论范式，主张不以发达国家作为参照系，而是从一个国家自身的经济基础（禀赋结构与生产结构，即产业与技术）以及与之相适应的上层建筑（金融、教育、政治、文化等）的结构转型来界定这个国家自身的现代化，并以相对于前现代社会的性质来识别现代社会的性质，即从人类发展史来看，现代化的本质是走出前现代社会的马尔萨斯陷阱。[②] 何为中国式现代化？党的二十大报告中明确指出，中国式现代化是中国共产党领导的社会主义现代化，既有各国现代化的共同特征，更有基于自己国情的中国特色。党的二十大报告进一步系统阐释了中国式现代化的中国特色、本质要求、战略安排以及到 2035 年我国发展的总体目标和未来五年的主要目标，明确提出必须牢牢把握的重大原则。这不仅为未来进一步推进和拓展中国式现代化提供了行动指南，同时也初步构建了中国式现代化理论体系。学术界关于中国式现代化的研究热点有：中国式现代化的理论基础、历史依据、历史进程、基本经验、科学内涵、基本特征及时代价值等。

一　中国式现代化的理论基础及历史依据

从思想渊源看，国内学术界普遍认为中国式现代化是马克思主义中国化时代化的产物，是科学社会主义的最新理论成果，马克思主义是中国式现代化的理论基础。学术界主要从马克思主义现代化理论、马克思主义世界历史理论、马克思主义社会发展理论等视角来展开论述。例如，俞思念等认为现代化理论在马克思主义思想体系中占有重要的地位。科学社会主义的产生与发展实际上是世界现

---

① 罗荣渠：《现代化新论：世界与中国的现代化进程》，商务印书馆，2001，第 17 页。
② 林毅夫、付才辉：《中国式现代化：蓝图、内涵与首要任务——新结构经济学视角的阐释》，《经济评论》2022 年第 6 期。

代化进程在思想理论上的创新，它的未来实践与发展也必须建立在自觉地适应和推进现代化运动的基础上。因此，科学社会主义必然是马克思主义现代化理论的核心。[①] 吴宏政认为，如果把"中国式现代化"作为马克思主义世界历史理论的重大范畴来理解会看到，马克思的世界历史理论先行赋予了中国式现代化"社会主义—共产主义"的本质规定。[②] 戴木才认为必须立足于马克思主义唯物史观尤其是马克思主义关于东方社会的论述来开展中国式现代化的重大理论和实践创新研究。[③] 再如，就马克思主义现代化理论的内涵本身而言，张士海等认为一是基于生产和资本逻辑，阐释全球化和世界历史；二是立足于唯物史观，审视东方国家发展道路；三是着眼于人类解放，对西方现代化道路展开批判。[④] 杜玉华等认为马克思主义关于现代化的基本立场和观点主要包括四个方面，一是社会结构的整体性重构；二是创造人类社会新文明；三是道路具有多样性和可选择性；四是旨在实现"人的全面而自由的发展"。[⑤]

从历史依据看，中国式现代化的形成取决于独特的世界历史条件、文化背景和现实基础，有着独特的出场背景、生成逻辑和存在根据。例如，从世界历史的角度看，孙正聿认为探索中国式现代化道路，不仅要诉诸近代以来的"历史向世界历史转变"的具有普遍性的历史进程，更要诉诸这个历史进程中的"东方从属于西方"的

① 俞思念、李彦辉：《马克思主义现代化理论在中国的发展》，《马克思主义研究》2006 年第 4 期。
② 吴宏政：《"中国式现代化"世界历史意义的先行进驻》，《湖北社会科学》2023 年第 1 期。
③ 戴木才：《中国式现代化研究的历史背景、主要观点、研究局限与前沿展望》，《贵州省党校学报》2022 年第 6 期。
④ 张士海、姚功武：《中国式现代化新道路的生成逻辑》，《当代世界社会主义问题》2023 年第 2 期。
⑤ 杜玉华、王晓真：《中国式现代化道路的理论基础、历史进程及实践转向》，《吉首大学学报》（社会科学版）2022 年第 3 期。

世界格局和近代以来的中国的历史境遇。① 从中国的历史背景看，马敏认为中国的近代化与工业化、资本主义化是不同步的，在近代化过程中并没有同时实现国家的工业化和资本主义化，反而陷入了半殖民地半封建社会的畸形社会形态，由此形成中国近代化和现代化道路的特殊性。② 从现实基础看，陶文昭认为中国独特国情包括历史国情、自然国情、发展国情等，是中国式现代化的客观基础。③ 从主体条件看，纪亚光认为以马克思主义为指导的中国共产党的成立，为中国现代化运动由被动照搬转向主动超越提供了伟大实践的主体④。从文化传承看，沈湘平认为现代化与传统并非简单的二元对立，中国式现代化道路有其传统文化的根基。⑤

二　中国式现代化的历史进程与基本经验

中国式现代化是中国共产党领导中国人民历经千辛万苦开创的，中国共产党的百年奋斗历程也是中国式现代化逐步形成的过程。目前，国内学术界针对中国式现代化历史进程的研究主要涉及三个方面：第一，从大历史观的视野出发，将中国式现代化放在近代以来中国现代化的总体历程中考察。例如，杨学功认为，可以把中国现代化的历史进程划分为两个大的阶段：一是从洋务运动到民国时期在学习和采借西方经验过程中开启中国现代化的阶段；二是中华人民共和国成立后开始独立探索中国式现代化的新阶段。五四运动是中国近现代历史的转折点，它标志着发端于洋务运动的近代意义上

① 孙正聿：《从大历史观看中国式现代化》，《哲学研究》2022 年第 1 期。
② 马敏：《现代化的"中国道路"——中国现代化历史进程的若干思考》，《中国社会科学》2016 年第 9 期。
③ 陶文昭：《中国式现代化的伟大创造》，《中国高校社会科学》2022 年第 5 期。
④ 纪亚光：《马克思主义是中国式现代化道路创新发展的动力之源》，《社会主义论坛》2022 年第 4 期。
⑤ 沈湘平：《中国式现代化道路的传统文化根基》，《中国社会科学》2022 年第 8 期。

的现代化的结束和现代意义上的现代化的开始，所以也是中国现代化的转折点。① 第二，把中国共产党领导中国式现代化的历史进程划分为几个阶段进行研究。例如，马敏认为 1949~1978 年为中国式现代化奠基时期；1978~2012 年是中国式现代化快速发展时期；2012 年至今是中国式现代化走向成熟的时期。② 第三，关于中国式现代化的起点，学术界有一些不同的观点。例如，侯为民认为中国式现代化是与中国共产党的百年奋斗史同时起步的。③ 辛鸣认为中国式现代化道路开启于 20 世纪 50 年代中叶。④ 戴木才认为"中国式现代化"这一概念的提出，意味着中国特色社会主义现代化发展的历史自觉和理论自觉，而这种历史自觉和理论自觉只能是从 1978 年的改革开放开始的。⑤

中国共产党领导中国人民在探索、开创、推进和拓展中国式现代化的历史进程中，在理论与实践的互动中，在披荆斩棘的探索中，逐步总结出一些规律性的认识，形成了一些基本经验。例如，张占斌认为中国式现代化最重要的历史经验和启示就是依靠中国共产党这个最高政治领导力量的坚强领导和开拓创新，依靠中国共产党在中国式现代化道路中发挥全面领导和关键作用。⑥ 陈金龙认为中国式现代化体现了坚持社会主义方向、坚持以人民为中心、独立自主选择现代化道路、协调推进现代化等社会主义建设规律。⑦ 燕继荣认为，中国式现代化道路在现代国家建设与治理、人民生活水平改善

---

① 杨学功：《从"现代化在中国"到"中国式现代化"——重思全球化背景下的中国现代化道路》，《中国文化研究》2021 年第 3 期。
② 马敏：《深刻理解中国式现代化的历史逻辑》，《中国社会科学报》2023 年 2 月 14 日。
③ 侯为民：《百年视野下中国式现代化的溯源与思考》，《上海经济研究》2022 年第 2 期。
④ 辛鸣：《论 21 世纪马克思主义》，《中国社会科学》2022 年第 12 期。
⑤ 戴木才：《中国式现代化研究的历史背景、主要观点、研究局限与前沿展望》，《贵州省党校学报》2022 年第 6 期。
⑥ 张占斌：《中国共产党领导中国式现代化的经验启示》，《人民论坛·学术前沿》2021 年第 22 期。
⑦ 陈金龙：《中国式现代化的规律叙事》，《中国高校社会科学》2022 年第 3 期。

与提升、国际社会共同进步推进方面取得重大成就，形成了使命型政党领导、发展型政府组织、包容性制度保障、创新型政策推动等四条重要经验。① 总之，学术界关于中国式现代化基本经验的论述非常丰富，基于不同的学科背景和论证视角提出了不少独到的见解，但坚持中国共产党的全面领导、坚持社会主义方向、坚持以人民为中心的发展思想、坚持独立自主的现代化道路、顺应时代发展潮流等是普遍的共识。

三 中国式现代化的科学内涵与基本特征

关于中国式现代化的内涵问题，习近平总书记在学习贯彻党的二十大精神研讨班上明确指出，五个方面的中国特色，深刻揭示了中国式现代化的科学内涵，既是理论概括，也是实践要求。② 学术界在这方面也提出了不少有价值的学术观点。例如，龚云认为，在实现路径上，中国式现代化是中国共产党领导下的社会主义现代化；在价值选择上，中国式现代化是以人民为中心的现代化；在东西方关系上，中国式现代化摆脱了对西方的依附，探索出了一条独立自主的现代化路径；在人与自然关系上，中国式现代化是人与自然和谐共生的现代化。③ 还有不少研究通过聚焦中国式现代化的本质问题来阐释中国式现代化的本质内涵。例如，吴晓明认为中国式现代化道路具有双重的本质规定，它是现代化与马克思主义中国化相统一的历史性进程。④ 江宇等认为中国式现代化是"现代化逻辑和社会主

---

① 燕继荣：《中国共产党领导的中国现代化：探索、成就与经验》，《人民论坛·学术前沿》2021 年第 11 期。
② 《习近平在学习贯彻党的二十大精神研讨班开班式上发表重要讲话》，https://www.gov.cn/xinwen/2023-02/07/content_5740520.htm? eqid=f1a81de50000d25a00000004645a4651。
③ 龚云：《大历史观视域下中国式现代化道路的内涵及世界历史意义》，《人民论坛·学术前沿》2022 年第 18 期。
④ 吴晓明：《世界历史与中国道路的百年探索》，《中国社会科学》2021 年第 6 期。

义逻辑的统一，其本质是社会主义现代化"①。当然，也有不少研究认为中国式现代化的内涵是不断丰富发展的，如赵可金认为"中国式现代化"在实践中不断拓展内涵，在党的二十大报告中形成了成熟的理论体系，开辟了中国式现代化理论创新的新境界。②

党的二十大报告明确指出，中国式现代化既有各国现代化的共同特征，更有基于自己国情的中国特色。党的二十大报告全面阐述了中国式现代化五个方面的中国特色。这实际上为学术界研究中国式现代化的基本特征指明了方向，即既要关注现代化现象的普遍规律在中国的表征，又要注重从比较的视野出发研究中国式现代化的独有特征。在这个问题上，有大量的研究围绕党的二十大精神进行了深入阐释，也有研究从学理层面做了分析和总结。例如，仰海峰认为相比西方发达国家的现代化，中国式现代化具有自身的特点，主要表现：一是坚持党的领导，二是发挥政府的合理作用，三是总体性的现代化，四是坚持人民至上。③ 辛向阳认为，中国式现代化是人类现代化中宏伟的篇章，具有一系列鲜明特质，是"原创性的现代化"，是"民主的现代化"，也是"世界性的现代化"。④ 王怀超认为，符合中国基本国情的中国式现代化道路的基本特征主要表现在七个方面：中国共产党是领导中国式现代化的核心力量；以经济建设为中心，集中精力发展生产力是中国式现代化的首要任务；提高全体人民的生活水平是中国式现代化的目的；改革开放是中国式现代化的根本动力；实现人自由而全面的发展是中国式现代化的最终目标；实现人与自然和谐共生是中国式现代化的价值追求；走和平

① 江宇、彭姝：《中国共产党、中国特色社会主义与中国式现代化》，《毛泽东邓小平理论研究》2022 年第 10 期。
② 赵可金：《中国式现代化的历史逻辑与理论逻辑》，《人民论坛·学术前沿》2022 年第 24 期。
③ 仰海峰：《中国式现代化的特点》，《马克思主义理论教学与研究》2022 年第 1 期。
④ 辛向阳：《中国式现代化的三大特质》，《思想理论教育导刊》2022 年第 3 期。

发展的现代化道路。[1]

四　中国式现代化的时代价值

历史已经表明，中国共产党带领中国人民经过长期不懈的努力，成功开创了中国式现代化道路，取得了举世瞩目的伟大成就，不仅推动中华民族伟大复兴进入不可逆转的历史进程，同时也创造了人类文明新形态，为世界和人类贡献了中国智慧和中国方案。中国式现代化是世界现代化进程的一部分，对世界现代化作出了独特贡献，无疑具有时代价值和极其深远的历史意义。

有不少研究从比较的视野出发，运用哲学思维，聚焦历史必然性、现代性、超越性等，进行了深层思考，揭示了中国式现代化的超越性及其内含的独特价值。例如，唐爱军认为，中国式现代化是一条不同于以往现代化模式的新现代性道路。其一，中国道路超越了资本现代性逻辑，呈现"社会主义制度逻辑"；其二，中国道路超越了传统社会主义逻辑，吸纳了"市场经济逻辑"；其三，中国道路超越了西方"串联式发展逻辑"，表现为以新型工业化为特征的"并联式发展逻辑"。[2] 孙代尧等认为中国式现代化突破了"脱钩"与"依附"的二元困境，超越了既有发展理论和现代化模式。[3] 韩庆祥等认为随着社会主义现代化强国的全面建成，中国式现代化所创造的人类文明新形态将逐步引领人类推进现代化的历史发展进程；在人类历史长河中，基于人口规模巨大这个特殊性与中国式现代化的相对优势，世界现代化历史进程和版图将出现革命性转向；基于对西方现代化的批判超越，扎根于 21 世纪中国的马克思主义将逐步

---

[1]　王怀超：《中国式现代化道路与世界现代化进程》，《当代世界与社会主义》2023 年第 2 期。

[2]　唐爱军：《论中国道路的新现代性逻辑》，《教学与研究》2021 年第 8 期。

[3]　孙代尧、孙超：《现代化的中国经验与发展前景》，《科学社会主义》2020 年第 4 期。

主导人类实现现代化的历史进程，这是历史的必然、世界的选择。①

中国式现代化展现出独特的时代价值，因此也对中国、对世界、对人类具有伟大的历史意义。这方面的研究相对比较多，总体来看，主要论述了中国式现代化对中华民族、对社会主义、对世界现代化、对发展中国家、对国际关系、对人类文明等所作出的贡献及中国式现代化的重大意义。例如，吴晓明认为，从当代意义来说，"中国式现代化—马克思主义中国化"的当代形态是中国特色社会主义。它在新的历史方位上展现出三重意义：对中华民族、对世界社会主义、对人类整体的发展所具有的重大意义，而这样的意义正应当被理解为"世界历史意义"。② 王怀超认为，中国式现代化道路是一条不同于西方的现代化新路。这条新路为世界现代化进程作出了独特贡献，主要表现：走向现代化的道路没有固定模式，从本国国情出发，走自己的道路，也可以实现现代化；现代化建设要以经济建设为中心，集中精力发展生产力；坚持共同富裕原则，让现代化成果惠及全体人民；要尊重自然，保护环境，实现人与自然和谐共生；走和平发展的现代化道路，维护世界和平，促进共同发展。③

第二节　关于高质量发展与中国式现代化的研究

2014 年 7 月，习近平出席金砖国家领导人第六次会晤并发表重要讲话，首次提到"高质量发展"的概念。在谈及可持续发展和包

① 韩庆祥、张健：《中国式现代化的深层逻辑——兼论创造人类文明新形态的历史必然性》，《当代世界与社会主义》2023 年第 1 期。
② 吴晓明：《世界历史与中国式现代化》，《学习与探索》2022 年第 9 期。
③ 王怀超：《中国式现代化道路与世界现代化进程》，《当代世界与社会主义》2023 年第 2 期。

容性增长议题时，习近平强调，我们要调整经济结构，实现更高质量发展，建立更紧密的经济伙伴关系，推动构建开放型世界经济，建设全球发展伙伴关系。[1] 2017 年 3 月，习近平主持召开中央全面深化改革领导小组第三十三次会议，在谈及科技奖励制度时强调，要引导省部级科学技术奖高质量发展，鼓励社会力量科学技术奖健康发展，构建中国特色科技奖励体系。[2] 2017 年 10 月，党的十九大召开，习近平总书记强调实现"两个一百年"奋斗目标、实现中华民族伟大复兴的中国梦，不断提高人民生活水平，必须坚定不移把发展作为党执政兴国的第一要务，坚持解放和发展社会生产力，坚持社会主义市场经济改革方向，推动经济持续健康发展，并明确提出我国经济已由高速增长阶段转向高质量发展阶段，正处在转变发展方式、优化经济结构、转换增长动力的攻关期，建设现代化经济体系是跨越关口的迫切要求和我国发展的战略目标。[3] 2022 年 10 月，党的二十大召开，习近平总书记系统阐述了有关中国式现代化一系列基本问题，详细阐述了高质量发展的主要内容和关键环节。[4] 党的二十大报告是中华民族伟大复兴的行动纲领，林毅夫等认为其主旨可以概括为：以马克思主义中国化时代化的理论创新指导以中国式现代化推进中华民族伟大复兴的中心任务和以高质量发展全面建设社会主义现代化国家的首要任务。[5]

---

[1] 《习近平出席金砖国家领导人第六次会晤并发表重要讲话》，中国政府网，2014 年 7 月 16 日，https://www.gov.cn/xinwen/2014-07/16/content_2718093.htm。

[2] 《习近平主持召开中央全面深化改革领导小组第三十三次会议》，中国政府网，2017 年 3 月 24 日，https://www.gov.cn/xinwen/2017-03/24/content_5180471.htm。

[3] 《习近平：决胜全面建成小康社会 夺取新时代中国特色社会主义伟大胜利——在中国共产党第十九次全国代表大会上的报告》，中国政府网，2017 年 10 月 27 日，https://www.gov.cn/zhuanti/2017-10/27/content_5234876.htm。

[4] 《习近平：高举中国特色社会主义伟大旗帜 为全面建设社会主义现代化国家而团结奋斗——在中国共产党第二十次全国代表大会上的报告》，中国政府网，2022 年 10 月 16 日，https://www.gov.cn/xinwen/2022-10/25/content_5721685.htm。

[5] 林毅夫、付才辉：《中国式现代化：蓝图、内涵与首要任务——新结构经济学视角的阐释》，《经济评论》2022 年第 6 期。

一　高质量发展的内涵

党的二十大报告不仅明确将实现高质量发展列为中国式现代化的本质要求之一，而且在报告的第四部分明确提出高质量发展是全面建设社会主义现代化国家的首要任务，并专门就"加快构建新发展格局，着力推动高质量发展"作出部署。那么何为高质量发展？从党的二十大报告的第四部分来看，高质量发展是具有明确指向的，强调"发展是党执政兴国的第一要务。没有坚实的物质技术基础，就不可能全面建成社会主义现代化强国"；强调"要坚持以推动高质量发展为主题……推动经济实现质的有效提升和量的合理增长"。[1]因此，林毅夫等认为，高质量发展概括来讲就是在新发展阶段完整、准确、全面贯彻新发展理念，坚持社会主义市场经济改革方向，坚持高水平对外开放，加快构建以国内大循环为主体、国内国际双循环相互促进的新发展格局。[2]

但是，对于高质量发展又不能理解得太过狭窄。2021年3月，习近平总书记在参加十三届全国人大四次会议青海省代表团审议时强调，高质量发展是"十四五"乃至更长时期我国经济社会发展的主题，关系我国社会主义现代化建设全局。高质量发展不只是一个经济要求，而是对经济社会发展方方面面的总要求；不是只对经济发达地区的要求，而是所有地区发展都必须贯彻的要求；不是一时一事的要求，而是必须长期坚持的要求。各地区要结合实际情况，因地制宜、扬长补短，走出适合本地区实际的高质量发展之路。要始终把最广大人民根本利益放在心上，坚定不移增进民生福祉，把高质量发展同满足人民美好生活需要紧密结合起来，推动坚持生态

---

[1]　《党的二十大报告辅导读本》，人民出版社，2022，第25~26页。
[2]　林毅夫、付才辉：《中国式现代化：蓝图、内涵与首要任务——新结构经济学视角的阐释》，《经济评论》2022年第6期。

优先、推动高质量发展、创造高品质生活有机结合、相得益彰。[①] 高培勇认为高质量发展就是能够更好地满足人民日益增长的美好生活需要的发展。[②] 赵剑波等认为高质量发展的内涵体现在多个维度，不是简单指经济总量和物质财富数量层面的增长，而是包括经济、政治、文化、社会、生态等方面的全面提升，需要着重解决经济社会环境发展中突出的不平衡、不充分问题。[③] 杨伟民认为高质量发展就是体现新发展理念的发展，是创新成为第一动力、协调成为内生特点、绿色成为普遍形态、开放成为必由之路、共享成为根本目的的发展。[④] 张连起认为高质量发展不等同于经济高质量发展，而是要注重经济、社会、环境等各个方面均衡发展。[⑤]

因此，高质量发展本身也有广义和狭义之分，狭义的高质量发展主要指经济领域，广义的高质量发展包括经济、政治、文化、社会、生态"五位一体"的各个方面。在实践中，无论是狭义还是广义都要辩证地去理解，既要突出经济基础的决定性作用，又不能忽略上层建筑的助推作用。

二 高质量发展是中国式现代化进入新发展阶段的现实需要

高质量发展是由中国式现代化的历史逻辑决定的。认清楚所处的时代背景和历史方位，科学把握所处的发展阶段，是我们党明确阶段性中心任务和制定正确的路线、方针、政策的现实依据。改革

---

① 《习近平在参加青海代表团审议时强调坚定不移走高质量发展之路 坚定不移增进民生福祉》，《人民日报》2021 年 3 月 8 日。
② 高培勇：《理解、把握和推动经济高质量发展》，《经济学动态》2019 年第 8 期。
③ 赵剑波、史丹、邓洲：《高质量发展的内涵研究》，《经济与管理研究》2019 年第 11 期。
④ 杨伟民：《贯彻中央经济工作会议精神 推动高质量发展》，《宏观经济管理》2018 年第 2 期。
⑤ 张连起：《张连起讲中国式现代化（六） 以高质量发展全面推进中国式现代化》，《新理财（政府理财）》2023 年第 10 期。

开放以来，我们深刻总结社会主义建设的历史经验和教训，深刻把握和平与发展的时代主题，创造性地提出社会主义初级阶段理论，深刻认识社会主要矛盾，科学制定了党在社会主义初级阶段的基本路线，推动改革开放和社会主义现代化建设取得重大进展。党的十八大以来，外部环境和国内形势都发生了深刻变化。从外部环境看，百年未有之大变局加速演变，世界进入动荡变革期，中国经济社会发展当前面临新挑战。从国内形势看，我国社会主要矛盾发生了转变，但仍处于社会主义初级阶段。习近平指出："解决我国社会的主要矛盾，必须推动高质量发展。我们要重视量的发展，但更要重视解决质的问题，在质的大幅提升中实现量的有效增长。"[1] 全面建成小康社会后，我国完成了第一个百年奋斗目标，经济社会进入新发展阶段，中华民族伟大复兴进入关键时期，这对党和国家工作提出了许多新要求。

刘守英认为目前所有国家的现代化进程都可以分为两个阶段，第一个阶段是摆脱陷阱，从农业社会进入工业社会，进入现代增长阶段。中国共产党的第一个百年奋斗目标实现，实际上就意味着第一个阶段结束。中国共产党的第二个百年奋斗目标的提出就意味着现代化建设的第二个阶段的开启，就是要建成现代化的强国。而历史表明，后发国家和地区模仿先发国家和地区，通过资本主义制度成功实现现代化的很少，数得上的就是东亚几个经济体，包括日本、韩国及中国台湾。苏联探索用社会主义制度来"跨越卡夫丁峡谷"，但最终归于失败。建设现代化强国本身就很难。[2] 中国在进入新发展阶段后，面临着诸多内外挑战，发展仍然是解决前进道路上困难的唯一选择，依然是党执政兴国的第一要务，没有坚实的物质技术基

---

① 《习近平谈治国理政》第三卷，外文出版社，2020，第 238 页。
② 刘守英：《解读中国式现代化》，载于林毅夫等著《读懂中国式现代化：科学内涵与发展路径》，中信出版社，2023，第 40~41 页。

础就不可能全面建成社会主义现代化强国。但是，我国社会主要矛盾的变化和经济发展约束条件的变化，使得传统的发展方式难以为继，必须实现经济发展方式的转变。武力认为由以要素投入牺牲环境为代价的以外延型扩张为主的高增长转变为以优化结构、保护环境、提高效益为主的高质量发展，是中国经济发展的一个历史性转折。[①] 林毅夫认为保持经济增速、实现高质量发展，是实现中华民族伟大复兴、驾驭百年未有之大变局的关键。[②] 因此，高质量发展是由中国式现代化进入新发展阶段的现实需要决定的。

三　高质量发展是中国式现代化的本质要求

高质量发展是由中国式现代化的理论逻辑决定的。从改革开放初期邓小平提出"中国式的现代化"到党的二十大习近平系统阐述了中国式现代化一系列基本问题，初步构建了中国式现代化理论体系，中国式现代化从理论到实践都经历了一个不断发展的历史进程。中国式现代化理论的初步构建，标志着我们党在完成第一个百年奋斗目标、在中国式现代化走过前半程后，已经能够从伟大的历史性实践中比较系统地总结、提升、抽象出对中国式现代化的规律性认识。

中国式现代化的性质是社会主义现代化，这样的现代化内在地要求高质量发展。例如，王立胜等认为现代化进程是社会生产满足人类需要的方式发生系统性变迁的过程，西方式现代化的实质是资本主义性质的现代化。社会主义生产目的就是以高质量发展满足人民需要，这就要求我们把社会主义生产目的与实现这些目的的手段统一起来，实现目标与路径的统一、价值理性与工具理性的统一、

---

① 武力：《高质量发展是实现中国式现代化的关键》，《马克思主义与现实》2022 年第 6 期。
② 林毅夫：《保持经济增速、实现高质量发展是应对挑战、驾驭大局的关键》，《人民政协报》2022 年 6 月 7 日。

合目的性与合规律性的统一。[①]

改革之初，邓小平提出"中国式的现代化"，原因之一是当时存在急躁冒进的情绪，邓小平曾指出"中国式的现代化，就是把标准放低一点"[②]。但整体上，"中国式的现代化"强调中国国情、社会主义性质、现代化的全面性等方面。例如，刘守英认为当时中国式的现代化主要包括三个方面的内涵，一是必须走社会主义现代化，二是全面的现代化，三是"小康"。同时，刘守英认为随着改革开放取得显著进展，人民物质生活水平大幅提高，我国现代化内涵更加全面而且目标更高。[③] 而随着现代化建设的深入，社会经济发展中面临的不平衡、不协调问题逐渐凸显，中国式现代化演进成为要求全面协调与科学发展的现代化。胡锦涛提出坚持以人为本，树立全面、协调、可持续的发展观，其一是提出"五个统筹"，其二是全面建设小康社会。[④] 党的十八大以来，以习近平同志为核心的党中央领导中国特色社会主义进入新时代，社会主义现代化被赋予新的内涵和更丰富的内容，一是"四化同步"，二是创造人类文明新形态，三是全面建成小康社会，四是实施乡村振兴战略。[⑤]

随着中国式现代化内涵的不断丰富和发展，我们党对发展的认识也不断深化，高质量发展成为中国式现代化的内在要求。从党的二十大报告可以看出，在对中国式现代化的规律性认识中，极为重要的一条就是高质量发展。在中国式现代化九个方面的本质要求中，前两个方面是对中国式现代化性质和本质根据的要求，后七个方面

[①] 王立胜、段博森：《论实现高质量发展是中国式现代化的本质要求》，《江海学刊》2023年第4期。

[②] 《邓小平文选》第二卷，人民出版社，1994。

[③] 刘守英：《中国式现代化的独特路径》，载于蔡昉等著《中国式现代化：发展战略与路径》，中信出版社，2022，第71页。

[④] 《科学发展观重要论述摘编》，中央文献出版社、党建读物出版社，2008。

[⑤] 刘守英：《中国式现代化的独特路径》，载于蔡昉等著《中国式现代化：发展战略与路径》，中信出版社，2022，第72~74页。

是相对具体的本质要求，实现高质量发展在最前面。郭克莎认为从中国式现代化的五个重要特征看，每个特征都包含着对高质量发展的内在要求。高质量发展是推进"人口规模巨大的现代化"的必要条件，是推进"全体人民共同富裕的现代化"的根本动力，是推进"物质文明和精神文明相协调的现代化"的重要基础，是推进"人与自然和谐共生的现代化"的应有之义，是推进"走和平发展道路的现代化"的客观要求。①

四　高质量发展是全面建设社会主义现代化国家的首要任务

高质量发展是由中国式现代化的实践逻辑决定的。党的二十大报告明确指出，高质量发展是全面建设社会主义现代化国家的首要任务。这说明，全面建设社会主义现代化国家需要完成一系列艰巨繁重的任务，而首要的任务是高质量发展，抓住了高质量发展就"牵住了牛鼻子"。党的十九大、二十大对全面建设社会主义现代化国家作出了战略安排，涉及改革发展稳定、内政外交国防、经济政治文化等方面，任务艰巨而复杂。唯有实现高质量发展，才能顺利完成各项任务，实现从站起来、富起来到强起来的历史性跨越。

同时，实现高质量发展，也是由在全面建设社会主义现代化国家的新征程上，要如期实现现代化目标所面临的一系列艰巨任务决定的。韩保江认为要全面建设社会主义现代化国家，必须跨越"中等收入陷阱""修昔底德陷阱"。这不仅需要中国经济在质的有效提升的基础上，保持合理的增长张力，实现中高速发展，而且需要下大力气增强我们的自主创新能力，破解"卡脖子"问题，确保产业链供应链安全可控。因此，构建新发展格局，推动高质量发展，是

① 郭克莎：《高质量发展：推进中国式现代化的内在要求》，《中国社会科学报》2023年2月14日。

我们实现人均国内生产总值达到中等发达国家水平、夯实中国式现代化技术物质基础，从而成功跨越"两大陷阱"的根本抉择。[1]

蔡昉等认为从现在到 2035 年基本实现现代化的时期，中国将经历从中等偏上收入国家到高收入国家的跨越，即从发展中国家到发达国家的跨越。这个重要的窗口期可以分成两个区段，相应地，中国发展面临的挑战也可以从两个方面来认识。第一，稳定跨越中等收入阶段，避免很多国家遭遇过的中等收入陷阱困扰。应该说完成这个任务已经没有悬念。第二，巩固和提升自身作为高收入国家的地位，并着力在关键发展指标上缩小乃至消除与发达国家平均水平的差距。完好地应对这两个关键挑战，不是轻轻松松的任务，它们决定了中国的长期发展绩效，也决定了基本实现现代化的成色。[2] 因此，正如习近平总书记在第十四届全国人民代表大会第一次会议上强调的，在强国建设、民族复兴的新征程，我们要坚定不移推动高质量发展。[3]

第三节　高质量发展的基础条件与实践路径

党的二十大不仅提出了高质量发展是全面建设社会主义现代化国家的首要任务，同时也高度概括了高质量发展的科学内涵、主要内容和五个方面的举措。如前所述，从狭义上看，高质量发展概括起来讲，就是在新发展阶段完整、准确、全面贯彻新发展理念，坚持社会主义市场经济改革方向，坚持高水平对外开放，加快构建以国内大循环为主体、国内国际双循环相互促进的新发展格局。这实

---

[1] 韩保江：《加快构建新发展格局，着力推动高质量发展》，《科学社会主义》2022 年第 6 期。

[2] 蔡昉等：《中国式现代化：发展战略与路径》，中信出版社，2022，第 3 页。

[3] 《习近平：在第十四届全国人民代表大会第一次会议上的讲话》，中国政府网，2023 年 3 月 13 日，https://www.gov.cn/xinwen/2023-03/13/content_5746530.htm。

际上是高质量发展的核心内容。就高质量发展的重点内容来看，结合党的二十大报告，林毅夫认为主要有五个方面：第一，公有制和非公有制经济共同发展，有效市场与有为政府有机结合，是构建高水平市场经济体制的关键。第二，持续发展社会生产力是社会主义现代化强国建设的根本。第三，农村现代化是全面建设社会主义现代化国家最艰巨繁重的任务。第四，协调发展是同步实现社会主义现代化的保障。第五，对外开放依然是社会主义现代化建设的不竭动力。[①] 高质量发展的内涵和重点既已明确，那么当前我国推动高质量发展具备怎样的基础和条件、存在哪些问题和挑战、具体的实践路径是什么也是学术界研究的热点。

一　高质量发展的基础和条件

高质量发展是一种理性设计，在具体实践中需要具备相应的基础条件。进入新发展阶段，我国经济社会发展已经具备高质量发展的条件。李鹏认为我国全面建成小康社会后的大国整体优势日益显现，这有利于构建以国内大循环为主体、国内国际双循环相互促进的新发展格局。近几年，面对错综复杂的国际形势、艰巨繁重的国内改革发展稳定任务，中国特色社会主义"五位一体"总布局取得重大进展。全部农村贫困人口实现脱贫，高等教育进入普及化发展阶段，建成世界上规模最大的社会保障体系；经济实力、科技实力、综合国力跃上新的大台阶，国内生产总值突破 100 万亿元，人均GDP 突破 1.1 万美元，中华民族伟大复兴向前迈出了新的一大步，我国作为超大规模经济体的大国优势更加坚实稳固。[②]

---

① 林毅夫：《保持经济增速 实现高质量发展是应对挑战 驾驭大局的关键》，《人民政协报》2022 年 6 月 7 日。

② 李鹏：《中国式现代化：基于马克思主义政党与经济理论的研究》，国家行政管理出版社，2021，第 323~324 页。

中国正处在新发展阶段，这个新发展阶段究竟"新"在何处？余淼杰认为，最重要的一个特征就是经济的高质量发展，主要体现在六个方面：第一，中国产品的附加值在不断增加，特别是制造业产品的附加值不断提升。第二，中国出口产品的质量不断提升，从产品单价、市场占有率、企业生产率或产品供给的角度来看均有所提升。第三，企业的全要素生产率不断提升，从 2001 年到 2015 年增长了近 50%。第四，中国具有独特的、明显的全产业链优势。据统计我国有 41 个工业大类，666 个工业小类，每个行业的门类都比较齐全。第五，中国产业已呈现非常鲜明的产业聚集特征。第六，从三大产业看，我国第二产业比较发达，这正是我国作为一个制造业强国的立国之本。[①]

二　高质量发展面临的问题和挑战

党的二十大报告明确指出，全面建设社会主义现代化国家是一项伟大而艰巨的事业，前途光明，任重而道远。我国面临国际国内诸多挑战，进入战略机遇和风险挑战并存、不确定难预料因素增多的时期，各种"黑天鹅""灰犀牛"事件随时可能发生。我们必须增强忧患意识，坚持底线思维，做到居安思危、未雨绸缪，准备经受风高浪急甚至惊涛骇浪的重大考验。

从总体上看，我国与美国等发达国家相比，还存在较大差距。如李鹏认为，资源、人口、技术和制度等决定一国发展潜力、竞争力和综合国力的深层次变量是一个长期因果积累的过程，美国的超级大国地位仍然总体稳固；欧盟综合实力虽相对减弱，但其仍是世界体系中一个至关重要的力量；俄罗斯、印度和巴西等区域性大国

---

① 余淼杰：《中国经济的新发展阶段与新发展理念》，载于林毅夫等著《读懂中国式现代化：科学内涵与发展路径》，中信出版社，2023，第 64~66 页。

也在积极寻求本国的发展机遇，在纷繁复杂的国际环境中寻求最大化的国家利益；中国作为最大发展中国家的地位没有改变，仍然需要付出艰苦努力才能持续增强竞争优势和发展能力。[①] 国际上的动荡变革与国内经济调整叠加，加剧了问题的复杂性。例如，刘伟等认为面向第二个百年奋斗目标，高质量发展将面临三大挑战：世界百年未有之大变局下外部环境的严峻挑战；"三重压力"下经济增速趋势性放缓的挑战；技术进步难度加大与资源配置扭曲对提升增长质量的挑战。[②] 从具体层面看，也存在不少问题和痛点。例如，从实体经济方面看，黄奇帆认为与发达国家相比，中国制造业发展存在两个突出的问题。一方面，中国制造业增加值占 GDP 的比重自 2011 年以来出现了较大幅度的回落。据世界银行数据，这一比重在 2006 年达到 32.5% 的峰值，自 2011 年开始降低，2020 年降到 26.3%。全球主要工业国家如美国、德国、日本、法国、意大利、英国、韩国等，制造业比重出现明显下降趋势，都是在迈入发达国家、高收入国家行列之后发生的。与这些国家相比，我国制造业比重从达峰到下滑，幅度明显更大，速度明显更快。另一方面，与国际先进水平相比，我国制造业在品种和质量上还存在多方面不足。主要体现在四个方面：一是高端高质产品不足；二是同质化竞争严重，细分市场开发不足；三是关键技术被"卡脖子"；四是缺乏引领国际的高端品牌。[③] 从现代化进程中存在的短板看，蔡昉等认为到 2035 年基本实现现代化，无疑是一个远景目标、战略意图和顶层设计，在到达彼岸的过程中需要填平诸多发展水平上的缺口，补齐现代化的短板。

① 李鹏：《中国式现代化：基于马克思主义政党与经济理论的研究》，国家行政管理出版社，2021，第 326 页。

② 刘伟、陈彦斌：《以高质量发展实现中国式现代化目标》，《中国高校社会科学》2022 年第 6 期。

③ 黄奇帆：《中国式现代化的产业体系和市场体系》，载于林毅夫等著《读懂中国式现代化：科学内涵与发展路径》，中信出版社，2023，第 117~118 页。

首先，要形成创造性破坏机制，显著缩小与参照国家在劳动生产率上的差距。其次，推动资源重新配置，加快改善城乡二元经济结构。最后，加强社会共济、社会保护和社会福利，加快中国式福利国家建设。① 从统一大市场建设方面看，李稻葵认为中国统一大市场的潜力尚未充分发挥，表现在四个方面：一是地方保护主义和市场分割现象仍然存在；二是限制劳动力自由流动的制度性障碍仍然存在；三是约束性的发展指标自由流动受限，导致了资源错配和效率损失；四是建立全国统一大市场是保证以互联网平台为代表的数字经济形成国际竞争力的关键。②

三　高质量发展的实践路径

党的二十大报告就推动高质量发展，实现经济质的提升和量的合理增长，提出了五个方面的举措。一是构建高水平社会主义市场经济体系，二是建设现代化产业体系，三是全面推进乡村振兴，四是促进区域协调发展，五是推进高水平对外开放。学术界就如何实现高质量发展形成了不少研究成果，既有宏观层面的也有具体举措层面的。

林毅夫从新结构经济学视角出发认为，党的十九大已经明确提出高质量发展，但过往各界对高质量发展的认识存在两个误区：其一是把高质量发展与经济合理增速对立起来，其二是把高质量发展狭隘化，没有置于现代化进程之中。作为全面建设社会主义现代化国家的首要任务，高质量发展包含了新发展阶段、新发展理念、新发展格局的内涵，并要求推动经济实现质的有效提升和量的合理增长。为了如期实现目标，保持经济合理增速意义重大。同时，要发

---

① 蔡昉等：《中国式现代化：发展战略与路径》，中信出版社，2022，第 2 页。
② 李稻葵：《建设全国统一大市场是国策级战略》，载于蔡昉等著《中国式现代化》，中信出版社，2022，第 227~229 页。

挥优势，强化高质量发展的关键环节，优先解决高质量发展的薄弱环节。随着我国发展阶段的提升、比较优势的变化、产业结构的升级，教育、科技、人才将是全面建设社会主义现代化国家的基础性、战略性支撑。乡村振兴、民生就业、区域协调发展是高质量发展的三个薄弱环节，也是全面现代化的潜力所在。[1] 黄奇帆认为制造业的高质量发展是我国构建现代化产业体系的关键一环。现代化产业体系除了要"稳定"制造业增加值在 GDP 中的比重，还要积极"进取"。有更高质量的产业体系才能在新一轮科技革命和产业变革中占据主动，才能发挥中国作为最大规模单一市场、内外循环相互促进的优势作用。未来可以在五个方面实现新进展、新突破：一是要以产业链招商打造产业链集群；二是进一步扩大开放，加快补链、扩链、强链；三是要培育并形成一批既能推动产业链上中下游水平分工，又能实现垂直整合的制造业龙头企业；四是要培育中国自己的生态主导型的"链主"企业；五是谋划和布局一批符合未来产业改革方向的整机产品。同时，还要全面深化改革，构建高水平社会主义市场经济体制，核心是处理好政府与市场的关系、国有与民营的关系两类问题，进而放大中国作为超大规模单一市场的优势与红利。[2]

如何推进构建经济双循环新发展格局是高质量发展的关键。余淼杰认为，从国内大循环方面看，可以从以下三个方面推进：一是建设"公平、公正、公开"的市场环境，推进要素市场化配置；二是以开放新格局推进贸易自由化，以新营商环境推进投资便利化；三是以积极财政政策、稳健货币政策提升居民消费。从推进中国经

---

① 林毅夫：《保持经济增速 实现高质量发展是应对挑战 驾驭大局的关键》，《人民政协报》2022 年 6 月 7 日。

② 黄奇帆：《中国式现代化的产业体系和市场体系》，载于林毅夫等著《读懂中国式现代化：科学内涵与发展路径》，中信出版社，2023 年，第 119~123 页。

济外循环看，可以从以下六个方面展开：一是继续做好出口，拓展多元化的出口目的地，特别是东南亚国家；二是扩大进口规模；三是发展数字贸易；四是中国企业不仅要"走出去"，还要"走进去"，扭转其他国家对中国的偏见，争取获得好的口碑；五是推动共建"一带一路"国家差异化发展；六是加强地区经贸合作。[①]

在建设全国统一的大市场方面，贾康认为要从五个方面把握建设统一大市场指导思路的精神实质：一是要形成对所有合法产权一视同仁地予以保护的制度；二是要形成所有生产要素都能实现无壁垒流动或充分的低门槛准入的统一大市场；三是要推进高水平全面开放，形成与全球化国际市场对接的国内统一大市场；四是要形成城乡一体化高质量发展的统一大市场；五是要统一规范地形成有序竞争并且机制归一的市场环境。[②] 李稻葵认为，根据政府与市场经济学理论，在建立全国统一大市场过程中，需要明确以下四点：一是必须尊重企业和企业家的主体地位；二是必须充分调动地方政府的积极性；三是必须由专业的部门在全国层面建立统一的规范标准；四是必须充分发挥市场机制。[③]

此外，还有不少研究聚焦人口趋势、共同富裕、城乡发展、金融改革、生态文明、政府治理、企业创新等更加微观、具体的领域，提出了不少有价值的建议，为未来行动和决策提供了有益参考。

（执笔人：中共中央党校一级教授、国家开放大学特聘教授，王怀超；国家开放大学马克思主义学院讲师，赵志强）

---

① 余淼杰：《中国经济的新发展阶段与新发展理念》，载于林毅夫等著《读懂中国式现代化：科学内涵与发展路径》，中信出版社，2023，第73~78页。
② 贾康：《把握建设统一大市场指导思路的精神实质》，载于蔡昉等著《中国式现代化：发展战略与路径》，中信出版社，2022，第239~243页。
③ 李稻葵：《建设全国统一大市场是国策级战略》，载于蔡昉等著《中国式现代化：发展战略与路径》，中信出版社，2022，第229~231页。

第十一章　构建生成式人工智能新引擎，助推高质量发展

本章结合深度学习大模型 ChatGPT 爆红现象，分析生成式人工智能（AIGC）的技术本质，及其可能对人们生活、产业形态、社会安全等方面产生的影响，探讨我国应如何把握全球科技竞争新赛道、构建生成式人工智能新引擎、加强人工智能监管和治理，并提出我国应以开放、积极的姿态参与全球新一轮人工智能竞争，推进科技跨越式发展，加快实现新型工业化，助推高质量发展。

第一节　生成式人工智能成为全球科技竞争新赛道

与传统 AI 相比，生成式人工智能的核心优势在于自动化水平和效率较高、个性化和定制化特征更明显、创造性和创新能力强等，在提升行业生产效率和促进产品创新方面具有很强的赋能作用。目前生成式人工智能催生了三个赛道：万亿级芯片公司、千亿级开发大模型、百亿级搭建在大模型上的垂直应用。

一　AIGC 技术演进

AIGC 是相对于传统媒体的专业生产内容（PGC）、用户生产内

容（UGC）而提出的，是一种新兴的创作方式，基于训练数据和生成算法模型，利用人工智能技术和自然语言处理技术来生成内容。目前，AIGC 生成能力主要覆盖文本、图像、音频、视频四类内容模态。ChatGPT 是 AIGC 领域中的关键性应用模型之一，主要生成文本内容模态，在其他三种模态（图像、音频、视频）应用方面依然存在不足。

AIGC 技术演进经过了三个阶段。20 世纪 50~90 年代，由于科技水平低，AIGC 仅限于小范围实验，生成的内容真实感不强，仅通过学习专家编写的规则生成内容，泛化能力极其有限，就像一个"提线木偶"。20 世纪 90 年代至 21 世纪 10 年代，AIGC 从实验性向实用性逐渐转变，深度学习算法、图形处理单元（GPU）、张量处理器（TPU）和训练数据规模等取得了较大突破，AIGC 开始自动学习人类记录的少量数据，掌握了一定的泛化能力，但由于算法水平的限制，生成效果的有待提升，类似"鹦鹉学舌"。21 世纪 10 年代至今，AIGC 进入快速发展阶段，生成式深度学习算法出现，训练数据规模飞速扩大，生成内容效果逐渐接近人类的生成内容效果。2017年微软发布人工智能少女"小冰"，2018 年英伟达发布 StyleGAN 模型，2021 年 OpenAI 推出 DALL-E，2022 年 11 月 OpenAI 发布 ChatG-PT，至此 AIGC 时代全面开启，生成内容百花齐放，催生了写作助手、AI 绘画、对话机器人、数字人、办公室软件助理等应用，并通过人机交互模式形成了新的记录、学习和再创作范式。

AIGC 具有两大特性，一是核心技术或算法具有智能特性，二是产出物具有创造性。通过深度学习和模型训练，AIGC 可以从大量的数据中获取经验和知识，并将其应用到问题解决和决策制定中。另外，它的创造力不再仅局限于自动化或重复性的工作范围，它还能够创造出全新的想法和解决方案。未来随着大模型的不断改良和进化，AIGC 的智能水平将会越来越接近人类，具备更强的主动学习和创新能力，为各个行业带来更多的创新机会。

二 AIGC 产业生态

目前，AIGC 产业生态体系已初步形成，主要由基础层、开发层和应用层三层架构组成。基础层是以预训练模型为基础搭建的基础设施层，主要包括 AI 芯片、各类传感器、通信设备及云计算等。开发层指垂直化、场景化、个性化的模型和应用工具层，在预训练模型基础上快速抽取生成场景化、定制化、个性化的小模型，实现在不同行业、垂直领域、功能场景的工业流水线式部署，侧重于各种大模型的开发和迭代。应用层主要面向企业或 C 端个人用户提供文字、图片、音视频等内容生成服务，生成内容可以是最终消费品，也可以是生产最终内容的辅助工具。

从产业链来看，基础层的算力是不容忽视的资源引擎。浪潮信息与 IDC 联合发布的《2020 全球计算力指数评估报告》显示，"计算力指数平均每提高 1 个点，数字经济和 GDP 将分别增长 3.3‰和 1.8‰"。因此，数据中心作为承载算力的基础设施，其建设正成为全球各国规划实施的重要方向。同时，随着大模型应用场景的进一步扩大，以及智能产品种类的持续升级，AI 芯片算力也会面临更高的要求，需求也将会大大增加。据 Frost&Sullivan 预计，2022～2026年，全球 AI 芯片市场规模将以 26.3%的复合增速增长。[①] 作为 AIGC 产业的基础层，算力生产也是 AIGC 生产的关键环节。对此，算力生产商纷纷发力，如 AMD、英特尔等追赶型企业针对 AIGC 的新动作频频。

另外，开发层的工具开发也成为 AIGC 产业的热点。据艾瑞咨询

---

① 苏禾财经：《AI+芯片+算力第一龙头，已实锤重组，主力暴增 86 亿，有望涨超 200%》，2023 年 6 月 8 日，https://baijiahao.baidu.com/s? id = 1768124959214227467&wfr = spider&for = pc。

报告，大模型的工具层构成可分为 AI 代理—Agent 角色与 AI 微调—大模型服务两类，AI 代理—Agent 角色是能够感知环境及需求、进行决策和执行的智能体。

在应用层，未来全行业将借助大模型衍生出大量 AI 生产工具，实现内容生产效率的飞跃，进一步降低数字生态的人机交互门槛。在生活领域，AIGC 将进一步下放内容创作权，激发 UGC 创作热情，加速内容裂变。在生产领域，大模型能从研发流程、产品能力和交互方式上全方位带动企业服务软件的提升。

艾瑞咨询报告指出，中国 AIGC 产业规模 2023 年可能约为 143 亿元，随着中国产业生态日益完善，重点领域、关键场景的技术价值逐渐兑现，2028 年中国 AIGC 产业规模预计将达到 7202 亿元，2030 年有望突破万亿元，达到 11441 亿元。[①]

三　AIGC 关键领域

（一）GPU 领域

GPU 是 Graphics Processing Unit 的缩写，中文翻译为图形处理器，又称显示核心、视觉处理器、显示芯片，是一种专门在个人电脑、工作站、游戏站和一些移动设备上做图像和图形相关运算的微处理器，可以通过超强算力来创建文本、图像、视频等内容，在浮点运算、并行计算等部分计算方面，GPU 可以提供数十倍乃至上百倍的 CPU 的性能，在 AIGC 产品大规模应用中扮演着至关重要的角色，是 AI 领域的"最底层硬件"和关键计算资源之一。伴随算力成为大模型的刚需，GPU 逐渐跻身生成式人工智能的关键领域。

[①] 同花顺财经：《艾瑞咨询｜2023 年中国 AIGC 产业全景报告》，2023 年 8 月 28 日，https：//baijiahao. baidu. com/s？id＝1775434152525768888&wfr＝spider&for＝pc。

GPU 技术具有较为完整的生态。高运算性能硬件、驱动支撑、API 接口、通用计算引擎/算法库、较为成熟的开发环境等，都为应用 GPU 的深度学习开发者提供了易用的工具环境，开发者可以迅速获取到深度学习加速算力，缩短深度学习大模型从研发到训练加速的整体开发周期。以英伟达的 V100 为例，V100 是英伟达专门开发的高性能计算和人工智能加速器，可实现高速 GPU 到 GPU 通信，从而加快大规模模型的训练速度，被广泛应用于各种大规模 AI 训练和推理场景，包括自然语言处理、计算机视觉和语音识别等。

GPU 的主要应用场景为数据中心、智能汽车、游戏等。数据中心领域新一轮 AI 对算力的需求远超以往，大模型训练所需参数量动辄达到数千亿级，算力消耗巨大，对算力硬件有极高要求。随着商业数据和大数据处理对算力要求的不断提高，GPU 的通用计算能力正在越来越广泛地被应用于数据中心和超算中心的建设。智能汽车领域，自动驾驶和智慧座舱需大量使用 GPU。游戏领域也是 GPU 应用的传统领域。从英伟达 2023 年 11 月公布的 2023 财年第三财季财报来看，上述三大核心领域，数据中心营收为 38.3 亿美元，同比增长 31%；智能汽车领域营收为 2.51 亿美元，同比增长 86%；游戏领域营收为 15.7 亿美元，同比下降 51%。[1]

当前全球 GPU 市场由英伟达、AMD 主导，英伟达占据大约 79% 的市场份额，AMD 占据大约 21% 的市场份额。[2] 英伟达在 AI 芯片领域占据主导地位，该公司推出的 A100/H100 GPU 极度适合 AI 训练和运行机器学习软件，也是 OpenAI 旗下火爆全球的 ChatGPT 的最关键底层硬件。

---

[1] 赛博汽车：《赚翻了的英伟达，还是很需要吴新宙》，2023 年 11 月 23 日，https：//baijiahao. baidu. com/s？id＝1783347021 626345925&wfr＝spider&for＝pc。

[2] 《Nvidia H100 GPU 供需现状：保守估计，还差 43 万张！》，腾讯网，2023 年 8 月 4 日，ht-tps：//new. qq. com/rain/a/20230804A08EDI00. html。

（二）大模型领域

当前全球大模型领域呈现中美两强格局。数据显示，中美两国大模型的数量占全球大模型数量的近 90%。[①] 据中国科学技术信息研究所、科技部新一代人工智能发展研究中心联合相关研究机构编写的《中国人工智能大模型地图研究报告》数据，截至 2023 年 5 月 28 日，我国已发布规模在 10 亿级参数以上的基础大模型至少 79 个，排名全球第二，美国 100 个，全球累计发布大模型 202 个。据赛迪研究院数据，截至 2023 年 7 月，中国累计已有 130 个大模型问世，11 家大模型完成《生成式人工智能服务管理暂行办法》备案，2023 年 8 月 31 日起陆续向全社会公众开放服务供全社会使用。从市场规模看，据钛媒体智库数据，2023 年全球大模型市场规模达 210 亿美元，到 2028 年，将达到 1095 亿美元。另据 IDC 数据，2023 年中国大模型市场规模是 147 亿元人民币，并在 2028 年将达到 1179 亿元人民币。

尽管从数量来看，中美两国差距不大，但从基础研究和技术创新角度看，中国与美国之间仍存在不小差距。第一，在基础大模型理论研究方面，我国企业仍处于跟随和模仿阶段。长期以来，以微软、谷歌、Meta 等为代表的一批科技巨头，专注于人工智能基础理论研究，使得美国在基础大模型领域一直保持领先优势。第二，国内大模型还没形成像 OpenAI、谷歌等那样的具有世界影响力的科技公司。当前，中国近 80% 的大模型公司用工数量在 100 人以下，属于成长型的小微企业，商业模式还处于不断验证当中。第三，美国各行各业整体信息化水平较高，积累了丰富可靠的结构化数据，为

---

① 《〈2023AI 大模型应用中美比较研究〉报告发布：大模型成中美科技竞争新阵地》，IT168 网站，2023 年 9 月 11 日，https://m.it168.com/article_6820891.html。

大模型落地打下了坚实的基础，尤其在医疗等领域大模型应用十分成熟。而我国大部分行业信息化程度低，基础数据匮乏，数据可靠性不强。另外，算力制约也是悬在我国科技企业头上、不好解除的"达摩克利斯之剑"。第四，由于人才、资本和技术的制约，我国一级资本市场对大模型项目的投资不如美国火热，国内创业企业更倾向于利用龙头企业的开源模型来做自己的应用落地场景。而在美国以英伟达、OpenAI、微软、谷歌、xAI 等为代表的科技巨头不仅有资本巨头角逐，而且其自身也在加大大模型研发投入力度。

（三）垂直应用领域

垂直应用领域是大模型的应用主战场。大模型作为底层技术，可用来搭建产业垂直模型，并被应用在各个领域。当前垂直模型正加快覆盖金融、医疗、商业、办公协同等行业和领域，形成新的商业模式和价值链，推动产业转型升级和创新。

2023 年 7 月，华为发布盘古大模型 3.0，该模型明确定位为"为行业而生"。盘古大模型 3.0 是一个系统，包括自然语言、多模态、视觉、预测大模型和科学计算五个基础大模型，针对政务、金融、制造、矿山等行业设计的专用大模型和台风预测、药物制造等场景大模型。华为依靠自身的鲲鹏、昇腾系统打造 AI 算力底座，通过针对技术、传输以及使用场景的优化，使盘古大模型 3.0 训练效率比业界主流 GPU 平均提升 1.1 倍。

2023 年 7 月，谷歌发布首个全科医疗大模型——Med-PaLM M。该模型是由谷歌 Research 和 DeepMind 共同打造的多模态生成模型，懂临床语言、影像，也懂基因组学，领先世界"AI+医疗"赛道。国内医疗大模型也在不断探索中，例如腾讯医疗大模型、文心生物计算大模型、盘古药物分子大模型、医疗大模型工厂等。这些大模型已经深入智慧就医、智慧诊疗、医疗问答及医疗知识图谱、医疗报告、个性化康复计划生成等各个方面，并正在商业化落地过程中。另据报道，2023 年 7 月，上海交通大学与上海人工智能实验室联合发布了首个胸部 X-ray 的基础模型 KAD（Knowledge-enhanced Auto Diagnosis Model）。该模型基于大规模医学影像与放射报告数据进行预训练，通过文本编码器对高质量医疗知识图谱进行隐空间嵌入，利用视觉—语言模型联合训练实现了知识增强的表征学习，在不需要任何额外标注情况下，可直接应用于通过胸片诊断相关疾病。[①]

在生物医药领域，据《21 世纪经济报道》消息，AI 公司赛灵力推出了一款 AI 大模型"达尔文"。"达尔文"大模型具有强大的进化能力，既可以用来辅助生物学基础科研工作，还能应用在基因组学、蛋白质组学、代谢组学等领域，从而帮助生物学家更好地理解生物分子之间的相互作用机制、进化规律和环境适应性，为生物学的研究提供了新视角。[②]

在汽车领域，百度智能云为长安汽车提供了人工智能基础设施平台和数字人平台，双方正在合作开发一款基于文心大模型的生成式人工智能产品，以提升用户体验。同时，百度与吉利汽车也在一起打造汽车行业大模型，构建工厂数字化"大脑"，降低管理运维成本，提高资源利用效率。

在大工业领域，电力与自动化领域知名企业 ABB 已在联合微软将 Azure OpenAI[③] 服务整合到 ABB Ability Genix 工业分析和 AI 套件中。ABB 通过 Azure OpenAI 服务，包括 CPT-4 等大型语言模型，将

---

① 机器之心：《上交大 & 上海 AI Lab 研发胸部 X-ray 疾病诊断基础模型入选 Nature 子刊》，2023 年 7 月 5 日，https：//baijiahao. baidu. com/s？id ＝ 1770569947419111215&wfr ＝ spider&for ＝ pc。

② 智东西：《Chat GPT 暂停集成 Bing 搜索》，2023 年 7 月 6 日，https：//baijiahao. baidu. com/s？id＝1770630822487914990&wfr＝spider&for＝pc。

③ Azure OpenAI 是一个提供 AI 相关服务的云计算平台，它包含了多种人工智能模型，可以应用于图像、语音、自然语言等多个领域。

AIGC 整合到 Genix 平台及应用中，实现代码、图像和文本生成等诸多功能。

未来，AIGC 将极大地激活数据要素潜能，更广泛地拓展数实融合空间，推动实体经济中更多领域加速数字化进程，完成数字化转型升级，预测垂直应用领域大模型赛道市场规模将达百亿元级别。

四 人工智能未来发展趋势

（一）多模态技术推动人工智能向通用人工智能（AGI）发展

通用人工智能是指具有像人类一样的思考能力，可以适应广泛领域并解决多种问题的机器智能，是人工智能的重要研究目标之一。狭义人工智能是指当下已取得显著进展但仅限于特定领域的人工智能，如语音识别、机器视觉等。当前，我们正处于狭义人工智能相对成熟，通用人工智能曙光乍现的阶段。目前，文本、语音、图片、视频等单模态模型已经相对成熟，多模态模型将面对更加复杂多样的交互场景，将在智能家居、智慧城市、医疗诊断、自动驾驶等方面打开全新的应用空间。未来，真正的 AGI 可以自然地处理多种类型的信息，它具有高效的多模态信息处理机制，不仅能够处理单一数据类型的任务，而且可以在不同数据类型间建立联系和进行融合，为解决复杂问题提供支持。

（二）轻量化助力 AI 服务降本增效

为完成日益复杂的 AI 任务，神经网络模型体量暴增，对服务器的储存和算力要求也日益提高，由此造成 AIGC 高成本、高能耗、高污染，于是，轻量化人工智能（Tiny AI）被人们寄予厚望。轻量化人工智能以一系列轻量化技术为驱动，提高算法、平台和芯片的效率，在更紧密的物理空间上实现低功耗的人工智能训练和应用部署，不依赖与云端的交互就能实现智能化操作，使用户可以更加经济、可靠、安全地使用 AI 服务。目前，不少大模型已推出小型化和场景化版本。例如，2023 年 5 月谷歌发布的 PaLM-2 大模型，其中最轻量版本"壁虎"可在移动端运行，运行速度快且支持离线操作。其他多个大模型也配备了其对应的小参数版本。

（三）MaaS（模型即服务）成为 AI 服务新形态

大模型促进 AI 工业化，并且正在重构现有的商业模式。未来的数字化商业将分为大模型基础设施型企业、垂直行业领域的小模型应用企业，以及更加贴合个人用户的模型应用和服务。自然语言大模型的开发和应用将形成一个包括服务提供商、开发工具、专门的硬件设备、教育培训等在内的生态系统。OpenAI 和谷歌已经成为服务提供商，正在推出类似苹果 App 商店的应用平台。企业和商界将通过服务提供商提供的 API（应用程序编程接口）调用或者客户端直接安装的方式，将大语言模型的人工智能集成至其商业操作之中，MaaS（模型即服务）正成为大模型能力落地输出的新形态。国内企业腾讯云也在尝试从产业客户需求场景出发，基于大模型高性能计算集群和大模型能力，依托腾讯云 TI 平台打造模型精选商店，为客户提供一站式服务和行业大模型解决方案，助力客户构建专属大模型及智能应用。截至 2023 年，腾讯云已联合行业头部企业，为 10 大行业输出了超过 50 个解决方案。这一生态的建立和发展，将更广泛地赋能行业应用，加快社会各领域数字化转型、智能化发展，带来全社会的生产效率提升。

（四）AI 治理紧迫性凸显

AI 带来应用的便利性，同时也可能引发数据隐私、算法偏见以及 AI 伦理等方面的一系列问题，例如版权问题。在人工智能时代，传统的版权制度无法对人的创造性思想和 AI 模型创造的思想作出有效区分，如此 AI 的使用价值将会受到极大影响。同时，AIGC 也带来了更加复杂难控的风险，包括对人类未来生存的潜在风险。因此，AI 时代，人们需要建立合理审慎的 AI 伦理和治理框架，塑造负责任的 AI 生态，为 AIGC 的健康发展和安全可控构筑起防护栏。从技术角度来看，可以通过可解释 AI 等技术手段增强 AI 的可信度。从规范角度来看，各国政府已开始采取行动，如制定和执行各种 AI 相关政策和法规。

第二节　抓住 AI 发展新机遇，构建生成式人工智能新引擎

根据彭博行业研究报告，生成式人工智能行业可能会在十年内以高达 42% 的复合速度高速增长。[①] 生成式人工智能行业所带来的市场规模的极速扩张主要包括两个方面，一是对训练人工智能系统所需的基础设施的强劲需求，二是对使用人工智能模型的后续设备、广告投放、软件应用以及其他服务类型的强劲需求。因此积极布局智能化新赛道，抓住生成式人工智能"新红利"，是我国推进新型工业化、实现经济高质量发展的"必选题"。

一　加强行业标准制定和创新载体建设

（一）行业标准制定

2020 年，国家标准化管理委员会、中央网信办、国家发展改革

---

① 智通财经：《AI 时代到来！生成式 AI 市场无比广阔，有望十年间翻 32 倍》，2023 年 6 月 2 日，https：//baijiahao.baidu.com/s？id＝176755921521941229/&wfr＝spider&for＝pc。

委、科技部、工业和信息化部五部门联合发布《国家新一代人工智能标准体系建设指南》，从基础共性、支撑技术与产品、基础软硬件平台、关键通用技术、关键领域技术、产品与服务、行业应用、安全/伦理等八个部分对人工智能标准进行规定，明确了到 2021 年开展 20 项以上重点标准的预研工作，提出到 2023 年初步建立人工智能标准体系，重点研制急需标准，并率先在制造、交通、金融、安防等重点行业和领域推进实行。2023 年 7 月，在 2023 世界人工智能大会上，国家标准化管理委员会指导的国家人工智能标准化总体组宣布了中国首个大模型标准化专题组的组长人选，由上海人工智能实验室与百度、华为、阿里巴巴等企业共同担任。[①]

据不完全统计，截至 2023 年，我国已制定人工智能相关标准 28 个，其中国家标准 10 个、地方标准 7 个、行业标准 11 个，另有 8 个国家标准正在起草或征求意见中。[②] 尤其从 2021 年开始，标准密集立项和出台（2002~2021 年共 2 个），凸显了全社会对我国人工智能领域国际化、标准化、规范化发展的高度重视和参与积极性。总体来看，标准参与主体涉及行业主管部门、科研院所、龙头厂商、社会培训机构等，内容涵盖人工智能关键产业链细分领域、垂直应用领域、产业人才领域等，为我国人工智能高质量发展奠定了基础。

（二）创新载体建设

创新载体是实现关键共性技术突破，弥补技术创新与产业发展断层，促进更多实验室技术向实际产品转移转化的创新平台。科研机构、高校、产业园区、孵化器、技术创新中心等都是创新载体。

---

① 第一财经：《大模型标准化组成立，百度、阿里、华为"入队"｜AI之声》，2023 年 7 月 7 日，https：//baijiahao.baidu.com/s? id＝1770769478099507384&wfr＝spider&for＝pc。

② 《首发！人工智能相关国家标准大合集》，政府采购信息网，2023 年 7 月 14 日，https：// it.caigou2003.com/web/news/20230714/732291421708484608.html。

以美国为例，2023 年 10 月，美国总统拜登通过美国商务部（DOC）经济发展管理局（EDA）宣布在全美范围内指定 31 个涵盖量子计算、人工智能、高端芯片等领域的区域技术中心，目的是为美国打造关键技术生态系统，推动美国制造业发展，创造更多高薪就业机会，并增强美国的全球竞争力。

2017 年以来我国已建成一系列人工智能开放创新平台，涉及基础计算架构、智能医疗、智能供应链和智能城市治理等多个领域，在北京、上海等地建设新一代人工智能创新发展试验区，依托高校和科技企业成立人工智能实验室等。这些实验室在人工智能领域有着深厚的研究积淀和突出的研究成果，涵盖了广泛的人工智能研究和应用领域，包括计算机视觉、自然语言处理、机器学习、智能控制等技术方向，以及智能客服、智能交通、智能家居等应用领域，为推动我国人工智能技术发展作出了重要贡献。

2023 年随着 AIGC 兴起，各类 AIGC 创新载体不断涌现，产学研用相关单位共建创新生态系统的积极性高涨。代表性创新载体有：群核科技空间设计 AIGC 实验室，探索家居家装、商业空间、地产建筑等全空间领域的 AIGC 场景应用。杭州高新区（滨江）AIGC 产业创新中心，主要推进人工智能核心技术攻关和深度融合应用。清华大学人工智能研究院基础模型研究中心，旨在面向世界科技前沿，推动相关领域有组织科研和学科发展，用好清华大学综合学科优势，推动人工智能基础模型创新与应用。上海 AI 城市元宇宙协同创新中心智创 TOP 创新实验室，聚焦搭建公共服务平台，建设行业智库，推动产学研用全面合作，助力构筑上海 AI+元宇宙产业发展的高地。上海诺基亚贝尔 OpenX Lab 创新中心算力网络实验室，为创新企业提供更多深入研究和应用算力网络技术的机会，探索算力和相关技术的共同发展，为企业创新提供重要的基础设施。

总之，此轮创新载体建设将在很大程度上加速 AI 共性技术攻关，促进 AI 通用领域和垂直应用领域的科技成果转化，提升我国 AI 全球核心竞争力。

二　加大人才自主培养力度

2023 年 5 月，美国咨询公司麦肯锡发布报告，预测 2030 年中国的 AI 人才需求将扩大到 600 万人，人才缺口将达到 400 万人。[①] 根据猎聘大数据研究院《2023 届高校毕业生就业数据报告》数据，2023 届应届生就业新赛道有 18 个，其中与 ChatGPT 相关的有 3 个：AI 大模型、AIGC、对话机器人。位居第一的是 AI 大模型，应届生职位同比增长超 170%，招聘平均年薪近 28 万元。[②] 另有报道指出，ChatGPT 将催生新职业，例如提示工程师已成硅谷网红职业，不写代码但可以拿百万元年薪。[③]

（一）企业人才需求情况

根据行业专家访谈及相关研究报告，初步判断，截至 2023 年 6 月，我国 AIGC 企业数量在 670 家左右，占人工智能核心企业数量的 15% 左右，且大部分为初创企业或成长型企业。根据德勤《中国成长型 AI 企业研究报告》中不同规模的成长型 AI 企业的比例和人员规模，加权平均得出成长型 AI 企业平均人员规模为 70 人左右，非成长型 AIGC 企业人员规模为 150 人左右。综合测算得出，国内 AIGC 企业人才总量大约在 50000 人的量级上。[④]

---

① 《中国掀生成式人工智能热 人才缺口到 2030 年达 400 万》，2023 年 10 月 6 日，http：//www.18sz.com/news/show.php？itemid＝17033。

② 《猎聘 2023 应届生新赛道就业机会分析：AI 大模型职位增长 170%》，2023 年 5 月 30 日，https：//baijiahao.baidu.com/s？id＝1767313454801789232&wfr＝spider&for＝pc。

③ 《ChatGPT 热潮下"提示工程师"成热门职业，年薪高达 34 万美元！》，搜狐网，2023 年 3 月 29 日，https：//www.sohu.com/a/660722331_130887。

④ 工业和信息化部人才交流中心：《人工智能领域人才需求预测报告》。

从行业分布看，目前国内 AIGC 人才主要聚集在 IT 互联网、芯片设计与研发、金融等行业。学历分布方面，AIGC 人才学历普遍较高，算法类人才教育程度尤其较高，硕博学历占据主流，数据类人才的教育背景则以本硕为主。工作经验方面，国内 AIGC 企业对拥有 3~5 年和 5~10 年工作经验的中高级 AI 工程师或科学家最为青睐。区域分布方面，AIGC 人才集中于北京、上海、深圳，三地人才总量合计占全国人才储量的 50% 以上。北京作为传统互联网巨头聚集地之一，以及 AIGC 行业主要监管机构所在地，相关人才储量领跑全国。热门岗位以技术类为主，这与当前产业处于加速研发的发展阶段相符，具体包括算法工程师、自然语言处理、视觉处理及机器学习等岗位。

未来随着 AIGC 行业基础设施日益完善和垂直行业应用不断增加，AIGC 市场规模在中短期内会以较快速度增长，相应人才需求也将急剧增加。

（二）院校人才供给情况

近年来，随着 AI 的发展，我国人工智能学科专业建设和产业人才培训体系加快推进。2018 年 4 月教育部发布的《高等学校人工智能创新行动计划》，2019 年 3 月教育部印发的《教育部关于公布2018 年度普通高等学校本科专业备案和审批结果的通知》，2022 年10 月工信部印发的《关于加强和改进工业和信息化领域人才队伍建设的实施意见》等，都表明教育界和产业界在积极行动，多层次的人工智能人才自主培养体系正在逐步形成。

从专业建设情况来看，据教育部网站公开数据，2023 年全国职业专科院校开设的与人工智能相关程度较高的专业包括计算机应用技术、大数据技术、人工智能技术应用、智能控制技术、智能产品开发与应用等。全国本科院校人工智能相关本科专业开设最多的为计算机科学与技术、数据科学与大数据技术、电子信息工程等。截至 2023 年 4 月，全国约有 1531 所职业院校成功备案"人工智能技术应用（服务）"专业（包括重复备案部分），498 所本科高校成功申报"人工智能"专业。2023 年我国人工智能相关专业毕业生总体规模为 110 多万人，依照行业流入比约 5% 计算，2023 年人工智能相关专业人才供给数量大约为 6 万人。[①]

（三）在职人员能力提升情况

对于在职人员能力建设，无论是企业还是社会机构都在努力探索有效模式。当前成熟的 AIGC 人才从市场上很难找到，必须企业自己培养，一些公司已经开始从内部启动"一把手"工程，组织算法工程团队进行学习，培养所有员工使用人工智能，实现 AI 应用技能的落地。有的公司甚至要求行政人员也思考如何利用人工智能改进自己的工作，并将员工使用人工智能的程度与涨薪直接挂钩。百度 CTO 王海峰表示，百度将与产学研各界密切合作，深化产教融合，为社会培养 500 万大模型人才，让人工智能结出更多产业果实。[②]

三　夯实产业发展新赛道

生成式大模型使人工智能的应用性能发生了质的改变，随着 AI 产业化、产业 AI 化加速，AIGC 在赋能我国新型工业化建设方面将催生新的价值链和产业赛道。

（一）GPU 芯片

AIGC 的发展直接导致了 GPU 需求量激增。2023 年 11 月，英伟

[①] 工业和信息化部人才交流中心：《人工智能领域人才需求预测报告》。

[②] 《百度 CTO 王海峰解读文心大模型 4.0 百度将再培养 500 万大模型人才》，中国经济网，2023 年 10 月 18 日，http://www.ce.cn/cysc/tech/gd2012/202310/18/t20231018_38754763.shtml。

达发布 2023 财年第三财季财报（截至自然年 2023 年 10 月 29 日），期内实现收入 181.2 亿美元，同比上涨 206%，远高于市场预期的 162 亿美元，创新高；净利润 92.4 亿美元，高于市场预期的 72 亿美元，而上年同期利润仅 6.8 亿美元。其中，包括 AI 芯片业在内的数据中心营收也远超市场预期。从资本市场来看，2023 年英伟达表现也非常亮眼，股价已经上涨了两倍多，是华尔街表现最好的股票之一，并将其市值提升至 1.2 万亿美元以上。GPU 利润惊人，以英伟达 H100 为例，据 GPU Utils 2023 年 8 月的报告，从大模型训练、推理性能以及推理性价比考虑，H100 是当下最受欢迎的 GPU，结合主流厂商拥有显卡的数量以及对显卡的需求量，保守估计，H100 的供给缺口达到 43 万张，H100 的利润率接近 1000%。英伟达总裁黄仁勋表示，继大模型初创公司、消费互联网公司和全球云服务提供商之后，各个国家和地区级的云解决方案提供商和软件公司也都加入了 AI 使用和建设领域。从产业规模来看，据 Verified Market Research 数据，2021 年全球 GPU 市场规模达到 334.7 亿美元，预计到 2030 年将达到 4773.7 亿美元，复合年均增长率高达 30% 以上。[1]

当前，英伟达占据全球数据中心 AI 加速市场 82% 的份额，而且以 95% 的市场占有率垄断了全球 AI 训练领域市场。我国使用的 GPU 几乎全部来自英伟达、AMD 两家公司，国产化率不到 1%。据报道，国内云厂商主要采用的是英伟达的中低性能产品，拥有超过 1 万枚 GPU 的企业不超过 5 家，而拥有 1 万枚英伟达 A100 芯片的企业最多只有一家。[2]

GPU 技术壁垒高，我国自主研发之路道阻且长。东吴证券认为，

---

[1] 《GPU 芯片龙头英伟达市值逼近万亿 AI 加速发展，下游应用细分赛道可关注》，2023 年 6 月 6 日，https://baijiahao.baidu.com/s?id=1767951171014167534&wfr=spider&for=pc。

[2] 《ChatGPT 算力消耗惊人，能烧得起的中国公司寥寥无几》，2023 年 3 月 5 日，https://baijiahao.baidu.com/s?id=1759541285933728811&wfr=spider&for=pc。

由于缺少像 ARM 一样的第三方 IP 授权厂商，GPU 设计商必须完全自主研发，从零做起，可以说是要走一条"孤独的奋斗之路"。但即便如此，我国本土 GPU 公司也已开始涌现，行业发展进程持续推进。代表性企业有寒武纪、景嘉微、华为、百度、平头哥、海光信息等。从营收规模来看，景嘉微 2022 年上半年营业收入 5.44 亿元，2021 年营业收入 10.93 亿元，海光信息 2022 年上半年营业收入为 25.3 亿元，与国外公司差距较大。不过随着我国国产化替代步伐加速，垂直应用场景扩大，未来这些企业有很广阔的成长空间。据 Verified Market Research 预测，2027 年中国 GPU 市场规模将会增长至 345.57 亿美元。[①]

（二）具身人工智能

具身人工智能是可以和物理世界进行感知交互，并具有自主决策和行动能力的人工智能系统，被认为是人工智能的终极形态。当前具身人工智能的最佳形态是人形机器人，产业链上游主要为核心零部件生产，包括谐波减速器、无框力矩电机、空心杯电机、行星滚柱丝杠、编码器、传感器、轴承等；中游为人形机器人的设计、制造和测试；下游应用领域包括工业制造、灾害救援、危险作业、智慧物流、安防巡逻、服务娱乐等。随着人工智能、5G、新能源、新材料等与机器人技术深度融合，人形机器人正成为行业发展的新热点。

2023 年 5 月，在 ITF World 2023 半导体大会上，黄仁勋表示，人工智能的下一个浪潮将是具身人工智能（Embodied AI）。斯坦福大学教授李飞飞已将具身人工智能列为计算机视觉未来的关键发展

---

① 《受 AI 产业爆发影响，预计 2027 年通用 GPU 市场规模将超过 345.57 亿美元》，腾讯云，2023 年 4 月 9 日，https://cloud.tencent.com/developer/news/1048339。

方向，并称之为人工智能研究的"北极星"。英伟达开发了多模态具身智能系统 NvidiaVIMA，它能在视觉文本提示的指导下执行复杂任务、获取概念、理解边界，甚至模拟物理学。2023 年 7 月，谷歌旗下 DeepMind 公司推出了第一个控制机器人的"视觉—语言—动作"模型——Robotics Transformer 2（RT-2），这个模型让机器人不仅能解读人类的复杂指令，还能看懂眼前的物体，并按照指令采取动作。2023 年 10 月，DeepMind 公司又与 33 家学术实验室合作，开发出了能力更强的 RT-X 模型，该模型未来有可能用于生产更有用的辅助机器人。此外，在特斯拉 2023 年度股东大会上，马斯克展示了人形机器人 Optimus 的全新型号，他表示，人形机器人将是特斯拉今后主要的长期价值来源。

国内，人形机器人产业也在加速布局。政策层面，2023 年 10 月，工业和信息化部印发《人形机器人创新发展指导意见》，提出当前人形机器人已成为科技竞争的新高地、未来产业的新赛道、经济发展的新引擎，因此要培育形成新质生产力，高水平赋能新型工业化，支撑现代化产业体系建设。行业层面，2023 年 11 月 14 日，通用机器人产业研究院、临港机器人产业基地在上海智能机器人产业大会临港峰会上揭牌，未来将全力构建智能机器人应用标杆示范区。此外也有不少企业涉足人形机器人的研发，例如科大讯飞、宇树科技、埃斯顿、小米等。国际投资银行高盛预测，到 2035 年，人形机器人市场规模有望达到 1540 亿美元。[1]

（三）智算中心

智算中心以数据为主要资源，通过算力驱动 AI 模型对数据进行

---

[1] 《预测 2035 年人形机器人市场规模分析 人形机器人产业未来发展分析》，中研网，2023 年 12 月 6 日，https://www.chinairn.com/news/20231206/11564150.shtml。

深度加工，源源不断产生各种智慧计算服务，提供从底层芯片算力释放到顶层应用使能的人工智能全栈能力，是智慧时代主要的算力生产中心。随着算力成为核心生产力，大力发展集约高效、绿色节能、超强算力、多元适配、可持续的智算中心已成为支撑传统产业智能化升级的一个关键。

智算中心产业链是涵盖硬件基础设施和软件基础设施的完整系统，产业链上游为 IT 和基础设施供应商，产业链中游包括智算服务供应商、云服务供应商、互联网数据中心服务商，产业链下游服务于互联网、金融、电信、交通等行业用户的人工智能应用需求，实现对自动驾驶、机器人、元宇宙、智慧医疗、文娱创作、智慧科研等相关产业的带动。

2022 年，国务院发布《"十四五"数字经济发展规划》，从国家层面统筹布局，发布多项政策推动智算中心建设，重点提出要推进云网协同和算网融合发展。2023 年，中共中央、国务院印发《数字中国建设整体布局规划》，提出要系统优化算力基础设施布局，促进东西部算力高效互补和协同联动，引导通用数据中心、超算中心、智能计算中心、边缘数据中心等合理梯次布局。

根据国家信息中心与浪潮信息联合发布的《智能计算中心创新发展指南》，目前全国有超过 30 个城市正在建设或提出建设智算中心。2023 年 11 月 4 日，湖南首个新型智能算力基础设施——长沙 5A 级智算中心揭牌上线。2023 年 11 月 16 日，华章北京一号智算中心启用，总规划 2 栋数据中心大楼、6000 个机架，支持 4~20KW 可定制，能够满足金融、互联网、政务、人工智能、大模型等领域的高标准服务需求，实现云网协同，为客户提供智能算力基础设施服务。据测算，在智算中心实现 80% 应用水平的情况下，城市或地区对智算中心的投资，可带动人工智能核心产业增长约 2.9 倍至 3.4 倍。[①]

（四）通用人工智能

当前，以 GPT—4 为代表的自然语言大模型被认为是通往通用人工智能的重要潜在路径。

为了整合创新资源、加强要素配置、营造创新生态、重视风险防范、推动通用人工智能领域实现创新引领发展，北京市政府率先行动，于 2023 年 5 月发布《北京市促进通用人工智能创新发展的若干措施》。北京市启动了通用人工智能产业创新伙伴计划，计划到 2025 年，基本形成要素齐全、技术领先、生态完备、可有力支撑数字经济高质量发展的通用人工智能产业发展格局，上下游产业链布局持续优化，优质算力、高质量数据供给支撑能力大幅提升，大模型创新应用引领全国等，建成具有国际影响力的通用人工智能产业发展高地。2023 年 5 月，北京市人民政府印发《北京市加快建设具有全球影响力的人工智能创新策源地实施方案（2023–2025 年）》，提出到 2025 年，人工智能技术创新与产业发展进入新阶段，基础理论研究取得突破，原始创新成果影响力不断提升；关键核心技术基本实现自主可控，其中部分技术与应用研究达到世界先进水平；人工智能产业规模持续提升，形成具有国际竞争力和技术主导权的产业集群；人工智能高水平应用深度赋能实体经济，促进经济高质量发展；人工智能创新要素高效配置，创新生态更加活跃开放，基本建成具有全球影响力的人工智能创新策源地。

北京市各区也推出了本区的行动方案。2023 年 11 月，石景山印发《石景山区通用人工智能大模型产业集聚区工作方案》，通过建中心、搭平台、落场景、聚企业、强算力等多措并举，打造通用人工

---

① 《智能计算中心创新发展指南》，http：//scdrc.sic.gov.cn/SmarterCity/445/449/0113/10715.pdf。

智能大模型产业发展热土。2023 年 12 月，门头沟区发布《门头沟区人工智能大模型产业创新发展三年行动计划（2024－2026 年）》，围绕建设大模型全生态链，全面优化产业创新创业生态，大力推进产业集群发展，为"京西智谷"蓄能。

（五）脑机接口

随着人机交互方式的不断迭代升级，脑机接口有望成为下一代人机交互方式。

脑机接口（Brain Computer Interface，BCI）是在大脑与外部环境之间建立一种不依赖于外周神经系统的交流与控制通道，从而实现大脑与外部设备的直接交互，未来应用场景十分广泛。例如，在医疗领域，2023 年 8 月，《自然》杂志发表了两篇研究论文，表明两名因严重瘫痪而无法说话的患者通过采用侵入式脑机接口，能以前所未有的准确性和语速与他人进行交流。此外，脑机接口技术还可以用于增强人的认知能力，例如通过在大脑中植入电极，人们可以更好地理解大脑的工作原理，提高认知和学习能力。

当前脑机接口技术已经成为全球竞争的关键技术战场，美国、欧盟、日本、韩国、澳大利亚等都在加速布局脑机接口，抢占全球脑科学竞争战略高地。全球知名脑机接口公司包括 Blackrock Neurotech、BrainGate、Neuralink 等，它们正在利用不同的方法开发自己的系统，竞相将脑机接口技术推向市场。Blackrock Neuralink 由马斯克于 2016 年创立，2023 年 5 月，该公司宣布已获得美国食品药品监督管理局（FDA）的批准，将启动首个人体临床研究。

脑机接口技术在我国也受到高度重视，在政策支持下脑机接口技术研发和应用都取得了较好的进展，尤其在非植入式脑机接口采集与传感技术方面具有领先优势。截至 2023 年 11 月，我国在该领域的专利申请量占全球总量的 35%，美国占 30%，日本占 10%。天津建立了脑机交互与人机共融海河实验室，拥有无创脑机交互关键核心技术，布局了脑机交互专利池，实现了脑机交互全技术链条覆盖。武汉衷华脑机融合科技发展有限公司的"植入式脑机接口系统"已通过 11 位顶尖专家的认定，其"植入式脑机接口系统"达到国际领先水平。[①]

第三节　世界主要国家人工智能治理实践

ChatGPT 的横空出世引发了人们对知识幻觉、数据安全、个人隐私、道德伦理等诸多问题的讨论和担忧，探索合理、有效的治理措施，防范人工智能风险，已成为全球各国面临的重大课题。

一　美国做法：行业自律，共建人工智能实践框架

2018 年，谷歌 CEO 桑达尔·皮查伊（Sundar Pichai）发表谷歌发展 AI 的七项原则，包括对社会有益；避免制造或者加强不公平的偏见；提前测试安全性；对人负责；纳入隐私设计原则；等等。桑达尔·皮查伊（Sundar Pichai）明确阐述了谷歌不会追求的 AI 应用，包括可能造成危害的技术、武器等。[②]

2023 年 7 月 21 日，美国总统拜登与亚马逊、Anthropic、谷歌、Inflection、Meta、微软和 OpenAI 等美国人工智能领域七家公司的负责人会面，七大 AI 公司自愿向白宫作出承诺，例如加强独立第三方专家评估；分享有关管控人工智能风险的信息；采用新的水印系统

---

① 《脑机接口研究 中美竞争新赛道》，《环球时报》2023 年 11 月 2 日，第 6 版。
② 第一财经：《谷歌给 AI 定了七条规则，包括不开发武器 AI、纳入隐私设计原则等》，2018 年 6 月 8 日，https：//baijiahao. baidu. com/s？id＝1602683260995719435&wfr＝spider&for＝pc。

等。[①] 这可能是美国政府为应对人工智能的安全风险所采取的举措，也可能是美国政府为对人工智能技术进行监管作出的重大尝试。

2023 年 10 月 30 日，拜登签署首份关于 AI 的行政命令，涵盖国家安全、消费者隐私、公民权利、商业竞争等多个主题，超越了 7月七大 AI 公司作出的自愿承诺。[②] 美国政府可能正在通过创建一个负责任的实践框架来推动美国人工智能安全可信发展。

二　欧盟做法：国家立法，应对人工智能实施风险

欧盟是目前制定人工智能相关规则的先行者之一。2021 年 4 月，欧盟发布《人工智能法案》提案，旨在促进创新，强化欧盟在新一代人工智能技术浪潮中的国际影响力与战略主动权。提案对人工智能系统的定义、禁止人工智能应用的领域、人工智能系统的高风险分类、与执法机关有关的范围和规定、支持创新的措施等方面进行了阐述。欧盟希望通过该法案为人工智能在整个单一市场的发展制定一个统一、横向的法律框架，以便于既推动人工智能的投资和创新，又促进保障公民基本权利和安全的现行法律得到有效执行和加强。

2023 年 6 月 14 日，《人工智能法案》授权草案在欧洲议会高票通过，正式进入最终谈判阶段。和 2021 年的提案相比，授权草案将通用 AI 也纳入其中，更进一步对"基础模型"增加控制。若成员国投票顺利，草案预计 2024 年生效。

欧盟《人工智能法案》将成为全世界第一部通过议会程序、专门针对人工智能特别是 AIGC 的综合性立法。相关规定将确保在欧洲

---

① 36 氪：《7 家 AI 巨头，在白宫做出"自愿"承诺 | 最前线》，2023 年 7 月 24 日，https：//baijiahao. baidu. com/s? id = 1772315069070888059&wfr = spider&for = pc%E3%80%82。

② 《重磅！拜登首次签发关于 AI 行政令！明确表示欢迎科技领域人才移民美国！》，搜狐网，2023 年 11 月 3 日，https：//www. sohu. com/a/733839991_121124316。

开发和使用的人工智能完全符合欧盟的权利和价值观，包括人类监督、安全、隐私、透明度、非歧视以及社会和环境福祉，有可能会被作为人工智能监管的全球标准之一。

三 英国做法：多边协作，统筹建立国际人工智能监管体系

2023 年 3 月，英国发布首份人工智能白皮书，提出人工智能监管的五项原则：安全与稳健、透明且可解释、公平、问责与管理、竞争与补救。

2023 年 5 月，英国首相苏纳克会晤美国 DeepMind、OpenAI 等机构负责人，商讨人工智能监管框架。

2023 年 7 月，英国知名高校联盟罗素集团发布了一系列关于道德地使用生成式人工智能的指导原则，以解决学术界日益普遍的生成式人工智能使用问题。该指导原则获得了牛津大学、伦敦政治经济学院、剑桥大学和伦敦帝国理工学院等 24 所英国高校的支持。

2023 年 10 月，由加拿大、法国、德国、意大利、日本、英国和美国组成的七国集团（G7）和欧盟，就开发先进人工智能系统的公司行为准则达成一致意见，将在全球范围内促进形成安全、可靠和值得信赖的人工智能，并将为开发最先进的人工智能系统（包括最先进的基础模型和生成式人工智能）的行动提供自愿指导，这成为 G7 和欧盟管理人工智能技术的里程碑事件。

四 中国做法："阶梯"监管，创新与治理协同发展

我国也在探索独具特色的人工智能治理方案。2023 年发布的《国务院 2023 年度立法工作计划》明确将人工智能法纳入计划，以更好地推动技术发展与风险规制双重目标的实现。

2023 年 7 月，国家网信办联合国家发展改革委、教育部、科技

部等部门公布了《生成式人工智能服务管理暂行办法》，提出坚持发展和安全并重，促进创新和依法治理相结合，采取有效措施鼓励生成式人工智能创新发展，对生成式人工智能服务实行包容审慎和分类分级监管。

2023年9月，科技部、教育部、工业和信息化部等10部门联合发布《科技伦理审查办法（试行）》，内容覆盖各领域科技伦理审查的综合性、通用性规定，对科技伦理审查的基本程序、标准、条件等提出统一要求，为各地方和相关行业主管部门、创新主体等组织开展科技伦理审查提供了制度依据，标志着我国在探索优化科技伦理审查制度上迈出重要一步。

2023年10月，中国发布《全球人工智能治理倡议》，强调安全可控、隐私保护、公平和非歧视，提升人工智能的可解释性、可预测性，保证人类能够对机器行为予以信任，保证相关数据真实性和准确性，提出协同共治，成立国际人工智能治理机构，建立人工智能治理合作框架，促进各方互商互信，实现人工智能发展与安全的平衡。

总体而言，人工智能的许多风险需要通过全球合作来解决。2023年11月1日至2日，全球首届人工智能安全峰会在英国布莱切利庄园召开，包括中国、美国、英国在内的28个国家及欧盟共同签署了《布莱切利宣言》，与会国家和地区同意协力打造具有国际包容性的前沿人工智能安全科学研究网络，以加深对"尚未被完全了解的人工智能风险和能力的理解。

第四节　我国在新一轮人工智能竞争中面临的
挑战及人才方面的应对措施

生成式人工智能的发展是新机遇也是新挑战。尽管近些年我国

AI 发展迅速，但其存在的短板也不容忽视，例如重大原创科技成果缺乏、关键核心技术尚未实现完全自主可控、AI 与实体经济融合度不高等。积极应对挑战，解决人才自主培养难题是当下我们应作出的努力。

一 面临的挑战

（一）核心技术差距

当前我国大数据、混合增强智能等方面的基础理论和核心技术亟待突破，新型细胞治疗、基因编辑等生物前沿技术急需突破和转化应用，算法、高性能 GPU、自然语言处理、人机交互等领域与美国差距较大。同时，在美国技术封锁背景之下，中美合作强度持续下降，这也将深度影响未来我国人工智能技术的突破性创新。

（二）大模型开源趋势

2023 年，Meta 推出商用开源大模型 Llama 2。专业机构测评数据显示，Llama 2 在推理、编码、精通性和知识测试等许多外部基准测试中，都优于其他开源语言模型。Meta 首席科学家、图灵奖获得者 Yann LeCun 认为，Meta 此举将满足大多数公司的更低成本和个性化需求，可能会改变大模型行业的竞争格局。

（三）美国相关政策影响

2022 年 8 月美国总统拜登签署《2022 年芯片与科学法案》，向在美国生产芯片的企业提供超过 500 亿美元的资金支持和税收优惠，旨在重振美国的半导体制造业。2023 年 10 月，美国商务部更新先进计算芯片和半导体制造设备出口管制规则，发布 AI 芯片和半导体出口禁令，还将两家中国 GPU 企业摩尔线程、壁仞科技及其子公司列入了实体清单。这会对未来中国科技创新带来一定挑战，可能影响中国在人工智能领域的技术进展和应用推广。

（四）AI 产业化、产业 AI 化情况不佳

AI 高质量发展离不开与实体经济的深度融合。当前我国大部分企业的数字化改造尚未完成，人工智能应用场景不成熟，智能化渗透率低，人工智能基础设施建设仍待加强，人工智能算力成本较高、高质量数据不足等问题较为突出。"高端"的人工智能技术与"中低端"的产业之间存在脱节，产业科技创新资源错配，在与实体经济融合应用推广过程中资质、标准等行业准入壁垒影响人工智能赋能各行各业。

二　人才方面的应对措施

AI 产业竞争的背后主要是人才方面的竞争。未来，做好 AI 人才培养和储备，积极应对 AIGC 对社会和个人所带来的影响和挑战，十分必要。

（一）建立机制，加强 AI 顶尖人才储备

本轮全球 AI 人才竞争，主要聚焦大数据、大模型、大算法三大领域的核心研发人才，尤其是 AI 科学家和掌握原创算法的工程型人才，他们不仅是我国 AI 发展突飞猛进的基础，也是 AIGC 或其后时代最容易被"卡脖子"的智力资源。一是开展专项人才行动，利用国家重大项目、大科学基金、国家重点实验室等载体或平台，面向全球招募人才。二是加大对 AI 顶尖人才的投入力度，鼓励龙头企业、社会投资机构、开源基金等共同参与，打通顶尖人才创业公司

融资、上市绿色通道。三是拓宽顶尖人才国际学术交流、技术合作渠道，搭建顶尖人才国内外双向交流、合作开放平台。四是绘制 AI 顶尖人才图谱，建立 AI 顶尖人才档案，畅通人才流动机制。五是净化科研环境，保护科学家知识产权，尊重顶尖人才。

（二）产教协同，完善 AI 专业体系建设

一是加快推进人工智能专业建设，鼓励有条件的高校在计算机科学与技术等成熟学科中设置人工智能方向，稳步增加专业招生数量，合理确定层次结构。二是鼓励交叉学科建设，重点与基础科学、信息科学、医学等学科交叉融合，形成人工智能专业新结构，鼓励不同学科背景的学生继续深造，加快跨学科、多领域的复合型人才、基础研究和前沿工程技术人才培养。三是加快面向产业的专业群建设，以产业链与岗位群映射构建面向产业需求的专业群，以人工智能知识图谱指导评价各个专业的重叠度，合理设置专业的教学内容。

（三）积极应对，加强个人 AI 应用能力提升

面对 AI 巨浪，无论是企业还是个人，只有善用 AI 才能快速抢占先机。领英"亚太地区企业员工 AI 技能"调研显示，亚太区企业员工进行 AI 相关技能学习的时间在 2023 年增长了 65%，同时有 39%的人担心无法及时跟上 AI 知识和工具的发展速度。[①] 从个人角度来看，要快速适应 AI 产业新变化，调整择业计划、职业规划，学习了解新技术、新产业、新模式，加强个人能力素质提升。从社会角度来看，政府应加强引导，出台相关配套支持政策，鼓励企业搭

---

① 《报告：2030 年全球 65%的职业技能将改变》，中国新闻网，2023 年 10 月 7 日，https：//www.chinanews.com.cn/cj/2023/10-07/10090112.shtml。

建人才能力提升平台、拓展人才能力提升渠道，为从业人员适应职业、岗位新变化提供助力。

（执笔人：21世纪马克思主义研究院经济社会文化发展战略研究中心特约研究员、工信部人才交流中心研究人员，李廷茹）

第十二章 加快建设数字化转型促进中心，推动消费品行业高质量发展

党的二十大报告强调："坚持把发展经济的着力点放在实体经济上，推进新型工业化，加快建设制造强国、质量强国、航天强国、交通强国、网络强国、数字中国……加快发展数字经济，促进数字经济和实体经济深度融合，打造具有国际竞争力的数字产业集群。"本章重点对如何加快建设数字化转型促进中心，推动消费品行业高质量发展进行分析。

第一节 消费品行业数字化转型的重要意义

当前，新一代信息技术引领的新一轮产业变革蓬勃发展，数字化转型成为大势所趋，数字生产力彰显强大的增长动力，消费升级已成为我国新时代经济结构调整、提质增效的关键驱动力。消费品工业企业要充分把握住数字经济的变革效应，以消费升级为导向，以数字化为抓手，以场景应用为切入点，聚焦关键环节，强化数字理念引领和数字化技术应用，统筹推进数据驱动、资源汇聚、平台搭建和产业融合，推动消费品工业全产业链条转型升级。

一　数字化转型工作受到高度重视

党中央高度重视数字化发展，围绕数字经济、网络强国、数字中国建设等作出了一系列重大部署，推动数字中国建设取得重要进展和显著成效。《数字中国发展报告（2022 年）》显示，2022 年我国数字经济规模达 50.2 万亿元，总量稳居世界第二，同比增长 10.3%，占国内生产总值比重提升至 41.5%，数字经济成为稳增长促转型的重要引擎。[①]

习近平总书记多次就数字化发展发表重要讲话、作出重要指示批示，在数字经济和数字技术等方面提出了一系列新要求，为引领中国经济从高速增长阶段向高质量发展阶段转变指明了前进方向。2023 年 1 月，习近平总书记在主持二十届中共中央政治局第二次集体学习时发表重要讲话，指出："要继续把发展经济的着力点放在实体经济上，扎实推进新型工业化，加快建设制造强国、质量强国、网络强国、数字中国，打造具有国际竞争力的数字产业集群"。[②]

党中央、国务院及相关部门提出了数字化转型的相关政策措施。2021 年，《中华人民共和国国民经济和社会发展第十四个五年规划和 2035 年远景目标纲要》提出，充分发挥海量数据和丰富应用场景优势、促进数字技术与实体经济深度融合，赋能传统产业转型升级，催生新产业新业态新模式，壮大经济发展新引擎。2022 年 1 月，国务院印发的《"十四五"数字经济发展规划》指出，全面深化重点产业数字化转型。立足不同产业特点和差异化需求，推动传统产业

[①] 《数字中国发展报告（2022 年）》，https://www.cac.gov.cn/rootimages/uploadimg/168640 2331296991/1686402331296991.pdf? eqid=97108e280004e0d2000000026486781a。

[②] 《习近平主持中共中央政治局第二次集体学习并发表重要讲话》，中国政府网，2023 年 2 月 1 日，https://www.gov.cn/xinwen/2023-02/01/content_5739555.htm。

全方位、全链条数字化转型，提高全要素生产率。2022 年 6 月，工业和信息化部等五部门联合发布《关于推动轻工业高质量发展的指导意见》，指出要深入实施数字化转型。引导企业综合应用新一代数字技术，逐步实现研发、设计、制造、营销、服务全链条数字化、网络化、智能化。2022 年 6 月 30 日，工业和信息化部等五部门联合印发《数字化助力消费品工业"三品"行动方案（2022－2025年）》，明确提出要以消费升级为导向，以数字化为抓手，以场景应用为切入点，聚焦消费品工业研发设计、生产制造、经营管理、公共服务等关键环节，强化数字理念引领和数字化技术应用。推动消费品工业"三品"战略迈上新台阶，更好满足人民对美好生活的向往。2023 年 2 月，中共中央、国务院印发《数字中国建设整体布局规划》，指出数字中国建设按照"2522"的整体框架进行布局，按照夯实基础、赋能全局、强化能力、优化环境的战略路径，全面提升数字中国建设的整体性、系统性、协同性，促进数字经济和实体经济深度融合，以数字化驱动生产生活和治理方式变革，为以中国式现代化全面推进中华民族伟大复兴注入强大动力。2023 年 7 月，中共中央、国务院发布《关于促进民营经济发展壮大的意见》，强调指出加快推动数字化转型和技术改造。鼓励民营企业开展数字化共性技术研发，参与数据中心、工业互联网等新型基础设施投资建设和应用创新。支持中小企业数字化转型，推动低成本、模块化智能制造设备和系统的推广应用。2023 年 7 月，工业和信息化部等三部门联合印发《轻工业稳增长工作方案（2023-2024 年）》，强调推动重点轻工行业数字化改造、建设一批智能制造示范工厂和优秀场景，培育若干 5G 工厂。

二　数字化转型对推动消费品行业高质量发展具有重要现实意义

（一）消费品工业在国民经济中举足轻重

消费品工业是我国传统优势产业和重要民生产业，涵盖"衣食居用行、育教医康养、文娱旅美尚"等方面，在吸纳就业、出口创汇、促进经济发展和提供民生物资等方面发挥着重要作用。消费品工业量大面广，涉及国民经济25个大类90多个中类。自2016年实施增品种、提品质、创品牌的消费品工业"三品"战略以来，消费品工业核心竞争力和创新能力持续增强，产品供给能力和对需求的适配性稳步提升，消费品工业利润、出口交货值占全部工业的比重均接近30%，轻工、纺织出口额占全球的30%以上，高附加值产品占比稳步提升，全产业链稳定性及整体竞争力持续增强，扩大内需战略的供给基础不断夯实。

党的十八大以来，我国消费品工业规模和综合实力显著增强。国家统计局数据显示，2022年全年社会消费品零售总额439733亿元，与2021年基本持平。2023年前三季度我国消费对GDP增长的贡献率为83.2%，消费作为经济发展稳定器和压舱石的地位日益显现。2022年末，轻工业规模以上企业数量12.3万家，全年实现营业收入24万亿元，比上年增长5.4%。轻工业形成290个轻工特色区域和产业集群，分布在24个省份，它们的产值占轻工业规模以上企业工业总产值的40%，成为区域经济支柱；纺织行业规模以上企业数量达到了20108家，较2021年增长1379家，规模以上企业总产值28026.4亿元，较2021年增长602.8亿元。全国形成了山东滨州、江苏苏州、浙江杭州等纺织产业集群。2023年5月，工业和信息化部发布的《消费品工业"三品"发展态势白皮书》显示，我国消费品工业规模以上企业已增至 18 万家，占全国工业企业数量的 38%；规模以上企业从业人数约 2600 万人。消费品工业增加值、营业收入、利润以及出口交货值占全国工业的比重约为三成。

（二） 加快消费品工业企业数字化转型意义重大

加快消费品工业企业数字化转型，对推动消费品工业高质量发展具有重要现实意义。一是有利于更好满足和创造消费需求。通过数字化驱动创新资源积聚、设计能力提升、扩大产品供给等方式，不断顺应消费升级趋势，切实推动提升高端化、智能化、绿色化产品供给能力，激发企业增加中高端消费品供给的内生动力。二是有利于进一步聚力赋能提质增效。充分发挥消费品工业海量数据和丰富应用场景优势，聚焦研发设计、生产管控、设备运维、远程服务、供应链管理等关键环节，培育形成一批数字化应用典型场景，促进实现全生命周期质量管控和产销用协同发展。三是有利于加快形成品牌竞争优势。利用数字化技术为品牌建设提供良好生态环境，致力于培育打造一批管理先进、品质优良、品牌卓著的一流企业，深度挖掘民族品牌文化价值，巩固增强中国品牌国际竞争力，促进品牌消费。

第二节　科学构建消费品行业数字化
转型促进中心建设目标

近年来，我国工业互联网发展已经取得较大进展，在工业互联网网络、平台、安全、标识解析等领域，创新成果不断涌现，产业规模持续壮大，融合应用已经覆盖 45 个国民经济大类，形成了需求侧与供给侧融合推进的良好局面。各地围绕工业互联网展示体验、技术验证、公共服务等方面，建设了一批展示中心、促进中心、公共服务平台等载体，对于促进我国工业互联网发展起到了积极作用。

一　消费品行业数字化转型促进中心的组织与运营

（一）快速启动消费品行业数字化转型促进中心建设

2021 年初，北京鑫创数字科技股份有限公司和中国轻工业信息中心、中国纺织信息中心、中国轻工业企业管理协会、机械工业仪器仪表综合技术经济研究所、北京理工大学、国佳云为（江苏）信息科技有限公司、乐胶网信息技术（苏州）有限公司、平湖相伴宝产业互联网有限公司等作为联合建设运营主体，启动消费品行业数字化转型促进中心（工业互联网）（下文简称"促进中心"）建设。促进中心以工业互联网数字化转型应用为核心理念，以技术开放创新、产业培育孵化、资源集聚共享、应用落地推广、产业生态支撑、运营公共服务为目标，建有数字三品质量智能追溯公共服务平台、工业互联网数字化转型公共服务平台、工业互联网数字化转型在线问诊平台等一批平台，为产业集群和行业企业开展试点示范和提供公共服务。

（二）设立专门的运营管理机构

为了保障促进中心高质量运行，在工业和信息化部相关司局指导下，专门的运营管理机构成立，主要负责促进中心的全面工作。促进中心设有领导小组、专家指导委员会，组织下设秘书处，以及战略规划工作组、技术研究工作组、公共服务工作组、业务发展工作组、品牌市场工作组 5 个工作组，形成了健全的建设运营团队和人才队伍。促进中心有健全的管理制度、规范的服务流程、合理的收费标准和完善的服务保障措施，并在各级政府指导下，为中小微企业提供公益性服务或低收费服务。

2023 年 3 月，工业和信息化部公布 2022 年工业互联网试点示范项目，消费品行业数字化转型促进中心（工业互联网）项目被遴选为综合类工业互联网数字化转型促进中心试点示范项目。

二 消费品行业数字化转型促进中心（工业互联网）的建设目标

科学制定消费品行业数字化转型促进中心（工业互联网）的建设目标：汇集各联合建设运营主体单位的技术优势、资源优势、创新与服务能力，支持接入国家工业互联网数字化转型促进中心网络并实现资源协同。充分发挥促进中心的平台载体作用，推进数字化助力消费品工业深入实施"增品种""提品质""创品牌"战略。在政策支撑研判、标准制定、技术研究孵化、产业公共服务、人才生态培育、产业资金支持等多个方面，以消费升级为导向，以数字化为抓手，以工业互联网场景应用为切入点，聚焦消费品工业研发设计、生产制造、经营管理、公共服务等关键环节，强化数字理念引领和工业互联网技术应用，统筹基础设施赋能、数据资源驱动、供需资源汇聚、行业平台搭建，释放工业互联网技术对消费品工业发展的放大、叠加和倍增作用，有效地支撑消费品工业"三品"战略迈上新台阶，助力消费品行业企业数字化转型升级和提质增效，更好地满足人民消费需求和对美好生活的向往。

三 消费品行业数字化转型促进中心（工业互联网）主要建设内容

（一）构建开放创新环境，开展技术创新服务

构建开放创新环境，联合建设数字三品工业互联网创新发展实验室。促进中心整合学术界、研究界、产业界技术研发资源，搭建

数字三品工业互联网创新发展实验室，围绕业务与技术融合应用场景，形成对接实际生产数据、模型、参数、接口的仿真模拟工具、管理软件和数字试验环境。

面向消费品行业开展技术创新服务。促进中心依托数字三品工业互联网创新发展实验室，面向世界科技前沿和行业重点需求，以智能工厂、智能制造、数字车间、安全生产、数字化转型等内容为主，开展消费品工业领域专用网络、工业互联网平台、数字化供应链体系架构、成熟度模型、设计工具与设计软件开发、智慧设计与仿真优化等技术攻关工作。形成专利、标准、指南等多种形式的研究成果，引领行业科研技术发展，为行业提供技术浇灌公共服务等。

开展消费品行业工业互联网技术标准研制。制定消费品行业工业互联网标识解析编码规范。重点以消费品行业工业互联网标识解析体系为基础，通过总结梳理消费品行业生产管理逻辑，分析消费品行业产业供给端、消费端、服务端全产业链业务逻辑，制定标识解析编码规范。标准研制以行业业务需求为出发点，以促进中心为载体，为后续行业标识解析编码应用发挥规范、指导作用。

（二）系统推进消费品领域数字化转型产业孵化培育

构建工业互联网产品与解决方案的中试平台与孵化环境，为消费品产业主体提供方案设计、软硬件开发、工业设计、中小批量试制等服务，提高产品原型开发效率，加快市场化进程。构建形成标识+消费品工业领域工厂解决方案。深度结合工业互联网标识解析技术与消费品领域业务逻辑，以数字化手段赋能、赋值、赋智消费品，重塑消费品工厂解决新方案。

开展消费品工业领域创新应用、产品研制及重点技术产品检测评估，应用工业物联网数字化赋能消费品工业领域智能产品的创新研发。开展重点技术产品检测评估，构建工业互联网数字化检测评估体系，开展工业互联网产品与解决方案的测试服务，结合检测评估结果为供给侧企业提供产品升级迭代指导。

（三）汇聚行业资源，赋能消费品行业转型升级

汇聚消费品领域重点行业和重点产品应用创新资源。构建消费品行业工业互联网知识中心，遴选消费品领域重点产品，建设模型库和算法库，促进行业知识经验沉淀、转化与复用，汇聚数据科学模型、重点领域数据库、行业测试数据集等资源，推进数据科学与行业机理融合发展。构建行业转型工具库，打造和汇聚面向消费品产品研发、智能制造、绿色工厂等重点环节的模块化转型工具、新兴应用服务与综合实施套件等。

汇聚消费品行业工业互联网数字化转型供给资源。依托促进中心和产业集群平台构建各重点行业或产品领域的供应商资源池，汇聚工业互联网标识解析技术、质量安全追溯技术等成熟解决方案的供给侧企业，梳理供应商资源，形成供应商推荐名录。依托行业评价和客户评价等形成供应商与产品方案的分级综合评价机制，梳理形成动态持续迭代的产品与解决方案名录。

汇聚消费品数字化转型基础设施资源。整合汇聚工业和信息化部现有工业互联网标识节点等工业互联网网络基础设施资源，开展可视化、运行管理服务等。汇聚标识解析基础设施资源，具备连接国家顶级节点、各行业和综合二级节点、企业应用节点等的能力。汇聚工业互联网平台、安全等基础设施资源，支持可视化与配置优化等能力。为公共服务平台提供统一技术标准、统一接口服务的基础通用的工业物联网数字化转型基础设施。

（四）加强应用推广，构建以公益为核心的运营推广模式

充分利用工业互联网数字化转型公共服务平台，提升转型服务

能力。一是构建完善现有消费品行业的工业互联网数字化转型公共服务平台。二是构建绩效评估体系与转型能力工具箱，依托重点消费品行业领域和区域产业集群分别设计数字化转型绩效基准。三是开展企业转型诊断咨询服务。面向各类主体提供转型规划设计、政策法规咨询、案例方案展示等专业服务。四是研制工业互联网行业融合应用标准与可复制可推广的实施方案。

提供消费品行业数字化转型供需对接服务。一是充分调研消费品行业企业数字化转型需求，构建工业互联网应用需求图谱。构建数字化转型技术产品匹配度分析体系和智能匹配系统，提供企业需求智能对接等服务，形成智能信用体系和敏捷市场供给体系。二是建立工业互联网行业融合典型应用案例库，以模块化的场景对应用案例实施条件、方案、成效等进行画像，实现与产品选型服务的有效协同。

提供中小企业资源协同和开放共享服务。构建以公益性为核心的运营推广模式。探索中小企业尝鲜机制，引导促进中心以先免费试用再购买的模式助力中小企业应用工业互联网。建设面向中小企业的资源共享和能力协作系统，推动工业企业产能、设备等资源平台化汇聚与分布式调度，实现设备共享、产能对接与生产协同。

（五）加大人才培养力度，推进生态协同合作

形成针对消费品工业领域的高质量数字化人才培养体系。汇聚实训机构、高等院校、培训机构和用人企业，优化配置培训资源，建设高水平互动环境和培训载体，开展在线教育、竞赛集训、学徒培训、业务研修、岗前培训等多类型培训服务，构建低成本、大规模、高质量、高频率、可持续的培训组织实施体系。

推进生态协同合作。加强工业互联网产融对接，为企业提供转型融资、供应链金融等服务。开展会议赛事、高峰论坛等生态活动，

加强与行业协会、产业联盟、区域组织的合作。打造工业互联网融通生态，推动头部企业资源能力开放，强化跨领域平台互通协同与行业生态塑造。结合园区、集群产业实际开展针对性、打包式服务，提高园区与集群的管理与产业协作水平，实现基于促进中心的消费品行业工业互联网转型。

（六）开展前瞻性研究，引领消费品行业发展

承担消费品工业领域重大及重要课题研究。联合产业界、学术界，通过申请承担由工业和信息化部、国家发展改革委、科技部、商务部、国务院国资委、国家市场监管总局、国家药监局、国家知识产权局，以及北京市科委等消费品工业数字化转型相关方向的课题研究，引领行业在政策布局、新技术、产业发展方面的前瞻性研究。课题成果将推进消费品工业企业数字化转型，推动产业布局落地，并在相关行业赋能项目开展。

联合编制消费品工业领域工业互联网发展报告。以消费品工业领域工业互联网发展建设需求为出发点，从网络、平台、安全、应用等维度开展分析研究，构建覆盖消费品行业供给端、消费端、服务端的全产业链，研究行业先进案例，总结梳理成功经验，形成对消费品工业领域工业互联网发展建设具有引领意义的指导性文件。

四 确定消费品行业数字化转型促进中心（工业互联网）服务对象

促进中心以技术开放创新、产业培育孵化、资源集聚共享、应用落地推广、产业生态支撑、运营公共服务为基础，打造面向政府、行业企业和产业链的立体化赋能体系，推动消费品行业数字化转型。促进中心公共服务主要面向以下几类主体。

（一）服务于供给侧各类数字化企业的技术创新

基于促进中心的数字三品工业互联网创新发展实验室和消费品行业工业互联网标识解析编码平台，创新优化数字化技术和解决方案。

（二）服务于消费品行业企业的数字化转型

依托促进中心构建的数字三品质量智能追溯公共服务平台、工业互联网数字化转型公共服务平台，以龙头企业为示范引领，赋能并带动广大中小微企业成功实现数字化转型，促进消费品产业集群发展，提升产品质量和品牌影响力。

（三）服务于消费品重点产业集群和专业市场数字化升级

面向消费品领域重点行业产业集群和专业市场，建设供应链协同服务平台，汇聚供应链各方海量信息数据，依托平台实现上下游供需智能匹配、产品全生命周期可视跟踪、全链条质量协同管控、集采集销等服务，提升供应链协同效率和质量。

（四）服务国家及地方政府部门政策制定和重大决策

通过接受委托开展重大课题研究、研制政策规划、发布白皮书等形式，为政府提供消费品行业数字化顶层设计、发展规划、产业布局策略以及相关政策支持措施；帮助政府遴选典型成果和优秀经验模式进行全行业复制推广。

第三节　消费品行业数字化转型促进中心（工业互联网）服务实效与经验

促进中心是支撑行业内数据互联互通的重要载体，是连接消费品工业与工业互联网网络、平台、安全体系的重要桥梁。促进中心在推动消费品行业工业互联网转型、产业集群改造、企业智改数转、人才培训及数字化营销服务等方面发挥了重要作用，获得了较好的社会效益和经济效益。

一 消费品行业数字化转型促进中心（工业互联网）服务实效

促进中心依托产品质量智能追溯公共服务平台、长三角区域一体化工业互联网公共服务平台、相伴宝产业互联网综合服务平台、乐胶工业互联网数字化转型服务平台等，培育了 200 多个产品和解决方案、120 多家技术服务商，沉淀了 500 多个数字化模型，服务工业企业超过 8000 家，其中中小企业占比超过 90%，汇聚了 300 多家供应商，开展培训实训超过 10000 人次。

一是在推动消费品行业工业互联网转型层面，促进中心依托长三角区域一体化工业互联网公共服务平台及区域复制经验，在常州、河北白沟、苏州常熟等地落地数字化转型服务实体，推动消费品行业工业互联网转型工作开展。平台汇集常州、河北白沟、苏州常熟等地的 5000 多家工业企业数据，为企业提供平台服务；协助政府引入 118 家工业互联网生态企业，其中 5 家工业互联网生态企业成功中标 4 个工业和信息化部创新工程项目，实现区域零突破。

二是在推动产业集群改造层面，面向汽配塑料模具产业集群，打造"运营服务商+汽修联盟+配件供应链+增值服务"平台。平台上线后已形成 8000 多万元的开票销售，完成 80 家零配件塑料模具生产商的 2000 多件产品信息的上线和入库，服务上下游客户超 500 家，认证服务市场初具规模，奠定业务发展的良好基础。面向箱包产业集群，打造中国箱包产业数字化转型赋能中心，形成白沟箱包企业服务网络和端口，提供产、供、销、存、研、金等产品和服务，合同金额超 1000 万元。促进中心指导建设的相伴宝产业互联网综合服务平台，为全球箱包产业链的各类企业提供设计打样、订单共享、原料集采、产能共享、检测验货、物流货运、跨境仓库、供应链金融、品牌共享、培训交流等服务。目前，年营业收入过亿元，其中服务收入占比在 30% 以上。平台已经集聚了浙江平湖、河北白沟、江西新干、湖南邵东等地的八大产业集群的各类资源，有 2000 多家原辅料供应商、近万家成品制造商、1000 多家生产加工企业、1 万余家国内外采购商，注册会员有 5 万多家，服务包括新秀集团在内的 4000 多家企业，年交易额超过 5 亿元，已经成为浙江平湖、湖南邵东等地的产业集群的数字化转型服务商。

三是在推动企业智改数转层面，促进中心 2021 年承接苏州、常州、常熟等各类企业数字化转型问诊，为 218 家企业完成专业诊断，总合同金额超 680 万元；2021 年结合问诊工作共签约智能化改造型客户 52 家，平台服务型客户 51 家，共计签约企业智改数转项目 103 家，总合同额超千万元；为近 100 家企业提供政策申报服务，协助 14 家企业申报市级示范智能车间，13 家企业申报省级示范智能车间。2022 年承接常熟、苏州、泰州、常州等地超 500 家企业的数字化转型问诊。

四是在人才培训及数字化营销服务层面，促进中心开展智能制造、工业互联网、机器人等多类线下专题培训，分阶段分层级组织开展课程学习、参观交流、资源对接等活动，由浅入深帮助企业员工掌握智能工厂相关理论知识和实操技能，培训超 10000 人次，总量超 3 万课时；为 300 家企业提供数字化营销服务，培训数字化营销人才 3000 人。

二 消费品行业数字化转型促进中心（工业互联网）的经验做法

一是完成了国家部委委托的多项工作。促进中心参与起草了《国务院办公厅关于开展消费品工业"三品"专项行动营造良好市场环境的若干意见》等多项政策文件；协助开展了消费品工业经济运行分析、政务信息报送；承担了行业进出口分析、个性化定制、产融合作、"三品"实施评估、重要产品质量追溯、重点产品监管研究等方面的 50 多项部委委托的课题研究任务；根据工业和信息化部的委托，组织了全国造纸、白酒、家电、皮革、家具等行业的智能制造现场交流会，以及轻工业百强、信息化、个性化定制、知识产权、标准研讨和宣贯等多个年度全国性会议和轻工业适老创新产品大赛等。

二是建设了多个全国性公共服务平台。促进中心承建了工业和信息化部工业互联网标识节点，为轻工行业中小企业提供了公共服务平台，承担了轻工业防伪追溯中心的主要工作。促进中心分别会同中国盐业协会、中国酒业协会等单位实施了全国食盐、白酒、肉制品、家具、化肥等行业追溯平台建设。2021 年，促进中心被国家知识产权局确定为"国家知识产权信息公共服务网点"。

三是开展了大量产业集群服务工作。促进中心建设的中国轻工业产业集群公共服务平台，为全国 31 个省份、30 多个行业以及 200 多家集群建立了特色展示平台；完成部分区域的产业集群命名，如促进了中国海盐之乡、中国烧鸡之乡、中国醋都、中国食品绿色产业城、中国小家电创新基地、世界级白酒产业集群等产业集群的命名和复评工作；牵头编制了多个轻工产业集群发展规划；支撑了工业和信息化部国家新型工业化产业示范基地的评价工作。

四是促进中心扮演着中心枢纽的角色，是连接消费品工业与工业互联网网络、平台、安全体系的重要桥梁，支撑消费品工业领域工业互联网建设发展，推动消费品行业战略深入实施。全面开展了标准研制、课题研究、技术融合、检测认证、应用落地等工作，持续提升消费品工业领域数字技术融合应用能力，培育形成新一批新品、名品、精品，品种引领力、品质竞争力和品牌影响力不断提升，形成创新能力显著增强、供给水平明显提高、生态发展持续优化的良好局面。显著推动了消费企业数字化转型，并为行业提供了一批数字化技术服务人才。

五是促进中心成为支撑行业内数据互联互通的关键载体。通过推进消费品行业标识统一，实现对物料、产品、设备等实物对象，以及工艺、流程、数据等虚拟对象的集中管理，形成规范的数据流转通道，使得行业内数字化转型建设相关重复投入减少20%，消费品行业的数据治理水平提升30%，消费品行业龙头企业运营成本降低10%，行业的管理效率提升10%，并为消费品行业的数字化、网络化和智能化提供良好的条件。通过统一标识解析体系，使得消费品行业生产经营活动智能化水平提升30%，实现业务与数据的解耦，降低未来消费品行业数字化、智能化迭代与对接复杂度，为后续的行业内数据分享和实物追溯等应用提供基础支撑能力，有效降低系统数据对接成本，提升数据分配和使用效率。

第四节　消费品行业数字化转型促进中心（工业互联网）工作展望

促进中心将继续加强完善消费品行业工业互联网标识解析网络基础设施，优化提升消费品行业工业互联网公共服务平台，推动消费品行业向数字化、网络化、智能化方向升级。促进中心将成为引领我国消费品行业未来发展的引擎，并将积极开展以国家战略方向为基准的中国制造国际合作。

一 加强技术创新，提升功能服务

促进中心将会同消费品产业集群（"三品"示范城市）、龙头企业、数字化转型服务企业，进一步建设完善数字化转型促进展示中心、数字化转型能力检测认证中心、工业互联网数字化转型促进技术实验室、消费品行业工业互联网公共服务平台、数字三品质量智能追溯公共服务平台、产业大数据智能服务中心、产业实训基地等，申请一批发明、专利、软著等知识产权，赋能消费品工业生产经营企业"增品种""提品质""创品牌"战略的落地实施，打造消费品行业工业互联网发展建设的优质品牌。针对消费品行业全产业链条辐射优质资源，输出高品质应用、产品，提供高质量解决方案和高效率综合服务等，加快建设打造促进中心品牌形象，形成破除行业内既定壁垒的重要载体，助力消费品行业工业互联网良性生态建立，赋能企业数字化转型。推动企业打造知名品牌、培育新锐精品、塑造区域品牌新优势。

一是继续优化提升产业互联网平台，扩大服务范围。对现有平台进行优化升级，提供不少于 10 个新功能服务，分子行业分别总结出 10 个优秀应用案例形成 SaaS 服务模块；通过运营为箱包产业内 30% 的企业提供数字化服务，为 8 大产业基地提供数字化转型服务。

二是建设大数据中心，形成产业"大脑"。规范数据结构和 API 接口，注重数据高速有效采集和数据标签、标准化治理，建设箱包产业二级标识体系，建设箱包产业"大脑"。

三是积累和总结平台建设经验，向多行业拓展。在消费品行业工业互联网网络、标识、平台、安全、工业软件、工业自动化、工业数字化装备、工业大数据与工业智能、数字孪生、边缘计算等领域拓展相关产品，提高产品功能性能，在更多企业开展实际部署与应用，加快数字化转型。未来 3 年内促进中心第一个拓展的行业为服装行业，将结合平湖羽绒服行业优势建设服装行业互联网平台，逐步建设形成时尚生活产业互联网平台。

四是进一步拓展消费品产业集群和产品领域，加强已有平台和服务拓展及成熟模式复制。提供面向消费品行业工业互联网的数字化转型增值应用服务。缩短应用的开发周期、节约应用的开发成本、减少系统初期的建设成本、降低应用开发的失败率、保护已有投资、简化应用集成、减少维护费用、提高应用开发质量、保证技术进步的连续性、增强应用的生命力。以包装领域为例，未来将进一步加大对物联网的规划力度，实现全国范围内 1000 多家工厂的物联设备安装；提供包装产业集群绿色低碳转型服务；在全国落地 100 家数字包装产业园，打造中国千亿级包装耗材智能制造工业产业集群。

二　推进标准研制，开展课题研究

继续推进基于工业互联网标识解析的数字化转型相关标准申报和研制。依照先前规划设计，依托促进中心战略规划工作组工作成果，有序开展消费品工业领域工业互联网标识解析体系建设标准规范、基于工业互联网标识解析的智慧工厂（车间）数据融合共享标准规范、工业互联网标识应用指南三项标准规范的申报制定工作。依托促进中心各项工作成果，通过专题会议等形式发布消费品工业领域工业互联网标识应用指南。

依托促进中心各项工作成果，聚焦工业和信息化部、国家发展改革委、科技部、商务部、国务院国资委、国家市场监管总局、国家药监局、国家知识产权局，以及北京市科委等相关单位重大、重要课题，布局未来的课题研究工作。

三 推进应用落地，拓展服务领域

依托促进中心各项工作成果，形成多款针对行业不同场景的工业互联网标识应用，推出更多的具备数字化能力的消费品工业领域智能产品。推进"标识+工厂"试点示范。依照规划设计，依托促进中心各项工作成果，在全国范围内打造 10 个以上行业内的标识全连接试点示范。

以促进中心为依托，重点面向政府及轻工行业重点产业集群提供平台公共服务。充分发挥促进中心的中介服务作用，将行业内领先的技术方案、应用实践向全行业进行推广。持续开展面向行业企业的评估诊断，构建行业数字化转型应用需求图谱，每年组织供需对接服务。推动行业龙头与中小企业协同发展，每年助力中小企业与大型企业开展协同转型、协同设计、协同制造等融通实践。

面向轻工行业重点产业集群数字化转型开展产品研发、技术攻关及市场拓展。一是帮助重点产业集群"增品类、提品质、创品牌"。对内整合产业链，梳理重点产业集群产业链条，筛选各环节优势企业，依托公共服务平台面向重点企业研产供销服等关键环节提升"链主"企业核心竞争力，形成一批行业单项冠军和专精特新企业。对外招引三层生态，招商引进外部品牌和供应链企业，增品类；招商引进科技服务商，强化服务，提品质；战略签约各大平台，创品牌。二是面向产业集群生产经营端数字化转型，通过问诊、解决方案资源池等一系列工具提升产业集群重点企业生产经营管理水平。三是面向产业集群销售端实时数字化营销，通过营销工具、资源渠道对接、品牌塑造等一系列方式，提升产业集群数字化营销水平，提升品牌形象及产业链支撑供给水平，优化产业集群营销模式，提升产品销量。依托得物平台，构建面向消费品工业的产业链，基于人工智能决策机制，构建面向商品查验和鉴别的数字化平台，通过分析平台内的消费大数据，快速洞察消费者的消费规律和消费偏好，带动平台入驻的时尚消费品制造企业、品牌企业快速反应，提升商品质量和品质，及时地满足新生代消费者多元化、个性化的消费需求，为产业链上下游提供商品研究趋势分析。基于用户数据精准、产品数据精准、流量扶持精准等优势，长期为时尚消费品产业链中的品牌企业赋能。

四　加强资源汇聚，营造健康生态

一是进一步拓展完善消费品行业知识中心。整理汇聚共享数字化转型相关模型、算法、知识与数据。建成面向行业企业的工业互联网供给资源池，拓展满足消费品行业上下游企业数字化转型需求的各类供应商与相关产品方案的覆盖面。加大资源池推介力度，每年分品种分领域评选消费品行业工业互联网数字化转型十佳产品方案，对符合首台套首批次首版次的数字化转型服务产品，优先予以认定并支持。

二是鼓励建设"虚拟产业园"。建设"虚拟产业园"，支持建设数字供应链，推动订单、产能、渠道等信息共享。鼓励为入驻企业提供个性化、便捷化的"一站式"服务，以及税收奖励、"上云"补贴、人才补贴等优惠政策。

三是进一步优化提升人才培训和实训环境。提供基于行业模拟示范产线的人才培训实训，开发行业数字化转型相关的培训材料与实训工具，进一步拓展消费品行业数字化转型、智能制造相关培训、诊断评估、规划咨询相关业务，每年为行业数字化人才、技能工人等开展人才培训实训活动。

五 完善制度建设，加强运营保障

一是探索结合金融机构开展创新服务。遴选有条件的金融机构开通促进中心融资服务、全省数字化转型重点项目授信审批绿色通道，提供建设期中长期固定资产贷款和运营期流动资金贷款，对促进中心重要生态伙伴中符合条件的普惠小微企业加大贷款支持力度。充分运用国家及地方金融综合服务平台，加强信用信息共享，实现融资申请、融资增信、信用画像、信息交互等全流程在线化，并通过平台向金融机构推送数字化转型相关项目和企业名单，进一步促进银企对接。

二是进一步营造数字化转型环境。整合优化全国消费品产业集群资源优势、产业结构和发展基础，建立全国跨部门跨领域工作机制，强化人才、技术、资金等要素保障。完善扩展重点行业和重点产品数字化转型一体化设计实施联合体，推动重点开发区（产业园区、产业集聚区）加快实施数字化改造。完善数字化转型服务商目录。

三是完善可持续运营服务模式。采用市场化方式引入国内高端智库和研究团队，积极探索公益性服务和市场化运作相结合的运营模式，加速构建数字化转型服务体系。继续提升工业互联网绩效评估、咨询规划、供需对接等服务水平，助力行业企业生产经营效率、质量与效益的持续提升，显著促进行业上下游企业的数字化转型进程。

（执笔人：中国轻工业信息中心，孟慧敏、赵阳）

第十三章　加快发展新质生产力，
扎实推进高质量发展

2023 年 9 月上旬，习近平总书记在黑龙江考察时首次提出加快发展新质生产力推动高质量发展。习近平总书记指出，要以科技创新引领产业全面振兴。要立足现有产业基础，扎实推进先进制造业高质量发展，加快推动传统制造业升级，发挥科技创新的增量器作用，全面提升三次产业，不断优化经济结构、调整产业结构。整合科技创新资源，引领发展战略性新兴产业和未来产业，加快形成新质生产力。① 本章着重阐述习近平总书记关于发展新质生产力、扎实推进高质量发展的重要论述，分析总结关于发展新质生产力的各种观点和认识，梳理各部门和各地加快发展新质生产力、推进高质量发展的创新做法等。

第一节　习近平总书记关于加快发展新质生产力、
扎实推进高质量发展的重要论述

2023 年 9 月，习近平总书记在黑龙江省哈尔滨市主持召开新时代推动东北全面振兴座谈会就发展新质生产力等问题发表重要讲话。

---

① 《习近平在黑龙江考察时强调 牢牢把握在国家发展大局中的战略定位 奋力开创黑龙江高质量发展新局面 蔡奇陪同考察》，《台声》2023 年第 18 期。

习近平总书记强调，要以科技创新推动产业创新，加快构建具有东北特色优势的现代化产业体系，积极培育新能源、新材料、先进制造、电子信息等战略性新兴产业，积极培育未来产业，加快形成新质生产力，增强发展新动能。① 2023 年 12 月召开的中央经济工作会议强调"以科技创新推动产业创新，特别是以颠覆性技术和前沿技术催生新产业、新模式、新动能，发展新质生产力"。2024 年 1 月 31 日，中共中央政治局就扎实推进高质量发展进行第十一次集体学习，习近平总书记在主持学习时围绕高质量发展集中分析和阐述了发展新质生产力的内涵和各项要求。②

一　高质量发展需要新的生产力理论来指导

高质量发展成为经济社会发展的主旋律。习近平总书记指出，进入新时代以来，党中央作出一系列重大决策部署，推动高质量发展成为全党全社会的共识和自觉行动，成为经济社会发展的主旋律。近年来，我国科技创新成果丰硕，创新驱动发展成效日益显现；城乡区域发展协调性、平衡性明显增强；改革开放全面深化，发展动力活力竞相迸发；绿色低碳转型成效显著，发展方式转变步伐加快，高质量发展取得明显成效。同时，制约高质量发展的因素还大量存在，要高度重视，切实解决。③

高质量发展需要符合新发展理念的先进生产力质态。习近平总

---

① 《习近平主持召开新时代推动东北全面振兴座谈会强调：牢牢把握东北的重要使命 奋力谱写东北全面振兴新篇章》，中国政府网，2023 年 9 月 9 日，https：//www.gov.cn/yaowen/liebiao/202309/content_6903072.htm？zbb＝true。

② 《习近平在中共中央政治局第十一次集体学习时强调：加快发展新质生产力 扎实推进高质量发展》，中国政府网，2024 年 2 月 1 日，https：//www.gov.cn/yaowen/liebiao/202402/content_6929446.htm。

③ 《习近平在中共中央政治局第十一次集体学习时强调：加快发展新质生产力 扎实推进高质量发展》，中国政府网，2024 年 2 月 1 日，https：//www.gov.cn/yaowen/liebiao/202402/content_6929446.htm。

书记强调，高质量发展需要新的生产力理论来指导，而新质生产力已经在实践中形成并展示出对高质量发展的强劲推动力、支撑力，需要我们从理论上进行总结、概括，用以指导新的发展实践。概括地说，新质生产力是创新起主导作用，摆脱传统经济增长方式、生产力发展路径，具有高科技、高效能、高质量特征，符合新发展理念的先进生产力质态。它由技术革命性突破、生产要素创新性配置、产业深度转型升级而催生，以劳动者、劳动资料、劳动对象及其优化组合的跃升为基本内涵，以全要素生产率大幅提升为核心标志，特点是创新，关键在质优，本质是先进生产力。[①]

二　科技创新是新质生产力的核心要素和基本要求

通过科技创新培育发展新质生产力的新动能。习近平总书记指出，科技创新能够催生新产业、新模式、新动能，是发展新质生产力的核心要素。必须加强科技创新特别是原创性、颠覆性科技创新，加快实现高水平科技自立自强，打好关键核心技术攻坚战，使原创性、颠覆性科技创新成果竞相涌现，培育发展新质生产力的新动能。[②]

科技创新成果应及时应用到产业链供应链上。习近平总书记强调，要及时将科技创新成果应用到具体产业和产业链上，改造提升传统产业，培育壮大新兴产业，布局建设未来产业，完善现代化产业体系。要围绕发展新质生产力布局产业链，提升产业链供应链韧性和安全水平，保证产业体系自主可控、安全可靠。要围绕推进新

---

① 《习近平在中共中央政治局第十一次集体学习时强调：加快发展新质生产力 扎实推进高质量发展》，中国政府网，2024 年 2 月 1 日，https：//www.gov.cn/yaowen/liebiao/202402/content_6929446.htm。

② 《习近平在中共中央政治局第十一次集体学习时强调：加快发展新质生产力 扎实推进高质量发展》，中国政府网，2024 年 2 月 1 日，https：//www.gov.cn/yaowen/liebiao/202402/content_6929446.htm。

型工业化和加快建设制造强国、质量强国、网络强国、数字中国和农业强国等战略任务，科学布局科技创新、产业创新。要大力发展数字经济，促进数字经济和实体经济深度融合，打造具有国际竞争力的数字产业集群。[①]

三 发展新质生产力要推动绿色发展，培育绿色生产力

习近平总书记指出，绿色发展是高质量发展的底色，新质生产力本身就是绿色生产力。必须加快发展方式绿色转型，助力碳达峰碳中和。牢固树立和践行绿水青山就是金山银山的理念，坚定不移走生态优先、绿色发展之路。加快绿色科技创新和先进绿色技术推广应用，做强绿色制造业，发展绿色服务业，壮大绿色能源产业，发展绿色低碳产业和供应链，构建绿色低碳循环经济体系。持续优化支持绿色低碳发展的经济政策工具箱，发挥绿色金融的牵引作用，打造高效生态绿色产业集群。同时，在全社会大力倡导绿色健康生活方式。[②]

四 发展新质生产力需要变革生产关系

必须进一步全面深化改革，形成与之相适应的新型生产关系。习近平总书记强调，生产关系必须与生产力发展要求相适应。发展新质生产力，必须进一步全面深化改革，形成与之相适应的新型生产关系。要深化经济体制、科技体制等改革，着力打通束缚新质生产力发展的堵点卡点，建立高标准市场体系，创新生产要素配置方

---

① 《习近平在中共中央政治局第十一次集体学习时强调：加快发展新质生产力 扎实推进高质量发展》，中国政府网，2024 年 2 月 1 日，https://www.gov.cn/yaowen/liebiao/202402/content_6929446.htm。

② 《习近平在中共中央政治局第十一次集体学习时强调：加快发展新质生产力 扎实推进高质量发展》，中国政府网，2024 年 2 月 1 日，https://www.gov.cn/yaowen/liebiao/202402/content_6929446.htm。

式，让各类先进优质生产要素向发展新质生产力顺畅流动。同时，要扩大高水平对外开放，为发展新质生产力营造良好国际环境。①

发展新质生产力需要创造良好的社会环境。习近平强调，要按照发展新质生产力要求，畅通教育、科技、人才的良性循环，完善人才培养、引进、使用、合理流动的工作机制。要根据科技发展新趋势，优化高等学校学科设置、人才培养模式，为发展新质生产力、推动高质量发展培养急需人才。要健全要素参与收入分配机制，激发劳动、知识、技术、管理、资本和数据等生产要素活力，更好体现知识、技术、人才的市场价值，营造鼓励创新、宽容失败的良好氛围。②

第二节　加快发展新质生产力，推动高质量发展的论点概述

一　准确把握新质生产力的科学内涵

理解新质生产力的"新"和"质"。2024 年 1 月 29 日，《经济日报》发表《向新质生产力要增长新动能》一文。文章说，"整合科技创新资源，引领发展战略性新兴产业和未来产业，加快形成新质生产力"，习近平总书记的这一重要论述，为我们理解把握新质生产力提供了根本遵循，是对马克思主义生产力理论的创新发展和重要拓展，是习近平经济思想的原创性贡献，理论意义深刻，实践意

---

① 《习近平在中共中央政治局第十一次集体学习时强调：加快发展新质生产力 扎实推进高质量发展》，中国政府网，2024 年 2 月 1 日，https：//www.gov.cn/yaowen/liebiao/202402/content_6929446.htm。

② 《习近平在中共中央政治局第十一次集体学习时强调：加快发展新质生产力 扎实推进高质量发展》，中国政府网，2024 年 2 月 1 日，https：//www.gov.cn/yaowen/liebiao/202402/content_6929446.htm。

义重大。新质生产力，要义就在科技创新，在于技术的革命性突破。科技是第一生产力，创新是第一动力。要于变局中开新局，要牢牢抓住科技创新这个"牛鼻子"，整合优化创新资源，持续加大研发投入，增强原始创新，突破更多颠覆性技术和前沿技术，实现科技自立自强。文章说，新质生产力的"新"，核心在以科技创新推动产业创新。科技创新应坚持以企业为主体、市场为导向、产学研用深度融合，一体化推进部署创新链、产业链、人才链，从而提高科技成果转化和产业化水平。新质生产力的"质"，可以从两个方面理解，其一是质态，其二是质效。从质态看，数据具有流动性、虚拟性，新质生产力把数据作为驱动经济运行的新质生产要素，从而打破了传统生产要素的质态。从质效看，新质生产力的内涵包括提升生产工艺和产品品质、迈向产业链和价值链的高端、提高经济社会发展的质量和效益等，这些都是高质量发展的应有之义。[①]

理解新质生产力的内涵和主要特征。国家信息中心正高级经济师于凤霞发表了《加快形成新质生产力 构筑国家竞争新优势》一文。文章说，新质生产力是以数字化、网络化、智能化的新技术为支撑，以科技创新为核心驱动力，以深化高技术应用为主要特征，具有广泛的渗透性和融合性的生产力形态，具有以下五个主要特征。第一，新质生产力以数字化、网络化、智能化新技术为支撑。全球科技创新进入密集活跃时期，新一代信息、生物、能源、材料等领域颠覆性技术不断涌现，呈现深度交叉融合、高度复杂和多点突破发展态势。同时，支撑社会发展的基础设施也在新技术的作用下进一步扩充与延伸，形成数字化、智能化的新型基础设施。第二，新质生产力以数据为关键生产要素。在"新技术诞生—关键生产要素变迁—基础设施、产业、生产组织形式、商业模式、制度框架等适

---

① 《向新质生产力要增长新动能》，《经济日报》2024 年 1 月 29 日，第 1 版。

应性改变—社会经济变革"的路径下，科技革命与经济变革之间存在着周期性的耦合。以数字形式存储和流动的数据要素，因其独有的低边际成本、强渗透性和融合性等特点，可以推动生产工具和设备、生产方式、资源配置方式不断优化升级，推动物质生产力创新。第三，新质生产力以科技创新为核心驱动力。在过去的工业化进程中，发展更多的是靠要素驱动和投资驱动。在新的发展阶段和新形势下，以资源大规模投入为特点的粗放式发展方式的弊端更加凸显，要统筹好发展和安全两件大事，就必须从科技创新中寻找新方法、新路径，以高水平科技自立自强为新质生产力发展提供强大支撑。第四，新质生产力以深化高新技术应用为主要特征。一方面，战略性新兴产业、未来产业成为培育和发展新质生产力的主阵地，也是抢占未来竞争制高点和构建国家竞争新优势的新赛道。另一方面，还要通过形成新质生产力，运用新成果、新技术改造提升传统产业，为新兴产业发展提供坚实基础。第五，新质生产力的经济社会影响具有广泛性和革命性。在新一代技术与数据要素共同作用下，新业态新模式不断涌现，传统产业重塑变革持续推进，由此产生的影响不只体现在自然科学领域、经济发展和生产力范畴，还将从根本上重塑人类社会的劳动方式、生产组织方式、社会组织运行和社会制度体系。[①]

二　新质生产力是实现高质量发展的重要基础

新质生产力与高质量发展的逻辑关系。2024 年 2 月，杨文志发表《新质生产力与高质量发展的深层逻辑》一文，文章分析了新质生产力与高质量发展的逻辑关系。文章指出，新质生产力是推动高质量发展的核心力量，高质量发展则需要新质生产力的持续支撑和

---

① 于凤霞：《加快形成新质生产力 构筑国家竞争新优势》，《新经济导刊》2023 年第 Z1 期。

推动。新质生产力与高质量发展之间存在因果关系，也存在相互促进、相辅相成的关系。这种密切关系决定了在推动经济社会发展的过程中，必须高度重视新质生产力的培育和提升，以实现高质量发展的目标。

一是新质生产力是高质量发展的引擎。新质生产力以创新为主导，通过技术革命性突破、生产要素创新性配置和产业深度转型升级，为高质量发展提供了强大的动力。这种动力不仅体现在经济增长的速度上，更重要的是提升了经济增长的质量和效益。

二是高质量发展需要新质生产力的支撑。高质量发展要求经济增长具有可持续性、协调性和包容性，这需要新质生产力提供坚实的支撑。新质生产力的高效能、高质量特征，以及符合新发展理念的先进生产力质态，使其成为支撑高质量发展的关键因素。

三是新质生产力与高质量发展相互促进。新质生产力的形成和发展，推动了产业结构优化升级、经济发展方式转变，进而促进了高质量发展。反过来，高质量发展又为新质生产力的进一步提升创造了更好的环境和条件，二者形成了良性循环的互动关系。①

新质生产力是实现高质量发展的重要基础。《光明日报》2023年10月17日刊登了《新质生产力是实现中国式现代化和高质量发展的重要基础》一文。文章指出，中国式现代化和高质量发展需要形成和发展新质生产力。党的二十大报告提出，全面建成社会主义现代化强国是新时代新征程的中心任务，高质量发展是全面建设社会主义现代化国家的首要任务，并强调"没有坚实的物质技术基础，就不可能全面建成社会主义现代化强国"。中国式现代化和高质量发展不是空中楼阁，必须建立在坚实的物质技术基础之上，这个物质

---

① 《新质生产力与高质量发展的深层逻辑》，包头师范学院网站，2024年3月17日，https://dzbgs.bttc.edu.cn/info/1023/2165.htm。

技术基础主要体现为新质生产力。高质量发展是体现新发展理念的发展，也就是产出质量高、经济效益高、社会效益高、生态效益高、经济运行状态好（即产业结构、地区结构、城乡结构进一步优化，公平与效率关系、速度与效益关系、供求关系、投资与消费关系、进出口关系、国内外收支关系、财政和金融状况等更加合理）的经济发展状况，做到这"四高一好"，必须以新质生产力为基础，即高质量的发展需要高质量的生产力，否则，不可能真正做到产出效益高、状态好。[①]

三　科技创新是发展新质生产力的关键要素

加强科技创新，打造加快发展新质生产力的"主引擎"。2024年2月19日，金羊网发布了北京市习近平新时代中国特色社会主义思想研究中心特约研究员尹西明撰写的《科技创新是发展新质生产力的核心要素》一文。文章指出，要加强科技创新，打造加快发展新质生产力的"主引擎"。劳动资料是在劳动过程中用以改变和影响劳动对象的物质资料和物质手段。生产力中的生产资料要素的创新，可以提高劳动生产率进而促进生产力的发展。科学技术通过应用于生产过程、渗透在生产力诸多要素中转化为实际生产能力，促进并引起生产力的深刻变革和巨大发展。也就是说，科技创新能够通过改善劳动资料，促进新质生产力的发展。要立足我国超大规模市场、海量应用场景、产业体系完整、战略性新兴产业发展基础良好等优势，把握场景驱动创新和通用人工智能革命带来的科技和产业发展范式变革机遇，激活科技创新这个发展新质生产力的"核心要素"，发挥创新在发展新质生产力方面的"主导作用"，以科技创新引领产

---

① 简新华：《新质生产力是实现中国式现代化和高质量发展的重要基础》，《光明日报》2023年10月17日，第11版。

业创新，整合科技创新资源，优化科技创新体系，培育壮大科技领军企业，强化国家战略科技力量，全面提升国家创新体系整体效能。文章提出要加快原创性颠覆性技术创新，培育发展新质生产力的新动能；要重视场景驱动，提升面向新质生产力发展重大场景的科技成果转化效能。[①]

发展新质生产力需要推进高水平科技自立自强。2024 年 2 月 22 日，《人民日报》发表了南京大学商学院教授沈坤荣的《发展新质生产力，增强高质量发展新动能》一文。文章说，习近平总书记指出："科技创新能够催生新产业、新模式、新动能，是发展新质生产力的核心要素。"新质生产力以全要素生产率大幅提升为核心标志，发展新质生产力必须加强科技创新特别是原创性、颠覆性科技创新，加快实现高水平科技自立自强。从产业层面来看，要以科技创新引领现代化产业体系建设，推动传统产业焕新、新兴产业壮大、未来产业培育，加快产业迈向全球价值链中高端。为此，要发挥新型举国体制优势，强化国家战略科技力量，强化企业创新主体地位，优化配置创新资源，激发科技人员积极性，切实提升国家创新体系整体效能；畅通教育、科技、人才的良性循环，完善人才培养、引进、使用、合理流动的工作机制，促进拔尖创新人才成长和科技人才队伍壮大；加强应用基础研究和前沿研究，提升"从 0 到 1"的原始创新能力，打造科技创新策源地，努力实现技术革命性突破。此外还要壮大战略性新兴产业、发展未来产业等。[②]

---

① 尹西明：《科技创新是发展新质生产力的核心要素》，金羊网，2024 年 2 月 19 日，https://news.ycwb.com/2024-02/19/content_52509169.htm

② 沈坤荣：《发展新质生产力，增强高质量发展新动能》，《人民日报》2024 年 2 月 22 日，第 9 版。

四 强化发展新质生产力的政策举措

2023 年 12 月 17 日，中央财办有关负责人对 2023 年中央经济工作会议精神进行了解读，指出"新质生产力是由技术革命性突破、生产要素创新性配置、产业深度转型升级而催生的当代先进生产力，它以劳动者、劳动资料、劳动对象及其优化组合的质变为基本内涵，以全要素生产率提升为核心标志"。

加快培育新质生产力要重点把握好以下三点。一是打造新型劳动者队伍，包括能够创造新质生产力的战略人才和能够熟练掌握新质生产资料的应用型人才。二是用好新型生产工具，特别是掌握关键核心技术，赋能新兴产业发展。技术层面要补短板、筑长板、重视通用技术。产业层面要巩固战略性新兴产业、提前布局未来产业、改造提升传统产业。三是塑造适应新质生产力的生产关系。通过改革开放着力打通束缚新质生产力发展的堵点卡点，让各类先进优质生产要素向发展新质生产力顺畅流动和高效配置。

要强化发展新质生产力六个方面的政策举措。一是畅通教育、科技、人才的良性循环，弘扬科学家精神和企业家精神，营造鼓励大胆创新的良好氛围。二是加快完善新型举国体制，发挥好政府的战略导向作用，让企业真正成为创新主体，让人才、资金等各类创新要素向企业聚集。三是支持战略性新兴产业和未来产业发展，激励企业加快数智化转型，实现实体经济与数字经济的深度融合。四是加快建设全国统一大市场，持续优化民营企业发展环境，真正发挥超大规模市场的应用场景丰富和创新收益放大的独特优势。五是健全要素参与收入分配机制，激发劳动、知识、技术、管理、数据和资本等生产要素活力，更好体现知识、技术、人力资本导向。六是扩大高水平对外开放，不断改善营商环境，加强知识产权保护，形成具有全球竞争力的开放创新生态，与全球企业和人才共享中国的发展红利。[①]

加快形成新质生产力必须在生产力基本要素及科学技术和管理等方面有新提升。辽宁大学经济学院院长、教授李政在《深刻认识新质生产力的内涵和特点》一文中分析，劳动者、劳动资料、劳动对象是生产力的基本要素，科学技术、管理等也是生产力不可或缺的要素。发展新质生产力必须在以上五个方面有新提升。第一，劳动者素质的持续提升。持续提升劳动者素质是形成新质生产力的最本质要求。第二，劳动资料改进与广泛应用。第三，劳动对象的不断扩张。第四，科学技术的突飞猛进。科学技术是生产力的重要构成要素。形成新质生产力的科技创新不是一般性的科技创新，而是具有巨大潜力的基础科学、前沿技术和颠覆性技术的创新。第五，管理水平的提升。[②]

第三节　各地各部门发展新质生产力
推动高质量发展的创新做法

一　各地坚定不移发展新质生产力，走好高质量发展之路

加快发展新质生产力，广东省率先发力。2024 年 2 月 18 日是 2024 年农历春节后的第一个工作日，广东省委、省政府召开全省高质量发展大会，省委书记黄坤明就推动广东省高质量发展发表讲话。黄坤明指出，习近平总书记创造性提出新的生产力理论，强调发展新质生产力是推动高质量发展的内在要求和重要着力点，深刻指出

---

① 《详解 2023 年中央经济工作会议精神》，《人民日报》2023 年 12 月 18 日，第 4 版。
② 李政：《深刻认识新质生产力的内涵和特点》，《四川日报》2024 年 2 月 19 日。

新质生产力由技术革命性突破、生产要素创新性配置、产业深度转型升级而催生，特点是创新，关键在质优，本质是先进生产力。这一新的生产力理论，深刻阐明了发展新质生产力同科技创新和产业创新的关系，让我们推动高质量发展有了更加明确的方向和抓手。黄坤明指出，广东要坚定不移走好高质量发展之路，抓住科技创新这个"牛鼻子"，把创新落到企业上、产业上、发展上，奋力建设一个靠创新进、靠创新强、靠创新胜的现代化的新广东。一是要观大局，中国式现代化徐徐展开，夯实物质技术基础责重如山。二是要抓机遇，科技浪潮滚滚而来，拥抱新的"科学的春天"时不我待。三是要行大道，新质生产力欣欣向荣，实现产业科技互促双强前景无限。推进产业科技创新、发展新质生产力是广东的战略之举、长远之策。四是要视人才为珍宝。推进产业科技创新，人才是决定性因素。五是要与企业同奋斗。六是要用市场育动能。七是要向改革要活力。科技创新和体制创新如车之双轮、鸟之两翼，互为促进、缺一不可。要着眼发展新质生产力，下好改革"先手棋"，抓紧推进地方科技管理机构改革，带动科技体制改革向纵深和具体处发展，切实打通制约产业科技创新的卡点堵点。[①]

加快发展新质生产力，全国各地正在积极奋发。2024年2月5日，《第一财经日报》发表《高层密集点题"新质生产力"，释放哪些信号》一文。上海等10余个省份在2024年政府工作报告中都提出加快发展新质生产力，明确了科技创新、制度创新、人才支撑、资本赋能等相关支持措施，加快破除阻碍新质生产力发展的落后生产关系，营造有利于新质生产力发展的社会环境。文章介绍，上海明确了产业路线图，提出加快建设"（2+2）+（3+6）+（4+5）"

---

① 《广东省委书记黄坤明在广东省高质量发展大会上的讲话（全文）》，新京报网站，2024年2月18日，https://www.bjnews.com.cn/detail/1708240416129892.html。

现代化产业体系，大力发展新质生产力。全力落实新一轮集成电路、生物医药、人工智能"上海方案"，培育提升新能源汽车、高端装备、先进材料、民用航空、空间信息等高端产业集群，加快打造未来产业先导区。黑龙江经过三个多月的调研摸底，制定了《黑龙江省加快形成新质生产力行动方案（2023—2026 年）》，对 24 个重点发展产业进行了更加细致的分类。例如，在"高端装备制造"这个大产业下，又划分了"工业母机""海工装备"等 5 个细分产业，以使工作更加聚焦、有针对性。[1] 重庆市提出，坚持把制造业高质量发展放到更加突出的位置，持之以恒抓龙头带生态，促进产业集聚、技术创新、融合发展，大力培育新质生产力。天津市提出，全力促进科技创新、产业焕新、城市更新，加快形成更多新质生产力。[2]

加快发展新质生产力，必须从"链""绿""人"等方面发力。2024 年 2 月 25 日，中国新闻网发布题为《新动能：中国多地发力布局新质生产力》的报道。一是从"链"字发力，布局新兴和未来产业。文章说，合理的产业链布局可通过优化资源配置、提高生产效率、促进技术创新和产业升级，为新质生产力的发展提供有力支撑。不少省份从"链"上发力，布局新兴和未来产业。2024 年，北京市发展新质生产力的多项任务注重从"链"上着手。北京市提出，将推动新能源汽车产业高质量发展，积极布局电机、电池、电控、车规级芯片等关键零部件产业链。以超高清视频为代表的视听产业正引发信息技术领域新一轮创新突破，北京市将推进超高清视频全产业链优化升级。山东省强调，将开展标志性产业链高质量发展行动，在集成电路、工业母机等领域，实施 100 项重大科技创新项目，强

---

[1] 祝嫣然：《高层密集点题"新质生产力"，释放哪些信号？》，《第一财经日报》2024 年 2 月 5 日，第 A06 版。

[2] 柳宁馨、徐翌轩：《十多个省份两会提新质生产力 加快破除落后生产关系》，《21 世纪经济报道》2024 年 1 月 31 日，第 6 版。

化高校、科研院所、企业协同攻关，突破一批"卡脖子"技术，扎实推进稳链固链，提升产业链供应链韧性和安全水平。二是从"绿"字发力，加快发展方式绿色转型。绿色发展是高质量发展的底色，新质生产力本身就是绿色生产力。当前，中国在积极稳妥推进碳达峰碳中和工作，加快发展方式绿色转型已是重要趋势和主旋律，多地政府纷纷围绕"绿"字做文章。当前，广东省正推动钢铁、石化、有色、建材、造纸等行业绿色化改造，创建绿色工厂、绿色园区、绿色供应链管理企业，在全产业链构建绿色制造体系。三是从"人"字发力，壮大优质人才队伍。加快形成新质生产力，离不开人才资源。浙江省聚焦人才队伍建设，提出将围绕重大工程加强人才支撑、人才导向、人才措施，坚决破除各类体制机制障碍，让人才大展身手。同时，还将一体推进教育科技人才工作，促进创新链、产业链、资金链、人才链深度融合，激发各类人才创新创业创造活力。江苏省 2024 年提出深化科技及人才发展体制机制改革、实施高水平创新人才引进培育行动等重点工作。从优化完善科技奖励制度，到优化金融产品服务，再到加强知识产权法治保障，更多有效培育和吸引人才的举措竞相涌现。[1]

二　各部门密集出台发展新质生产力的政策举措

发展新质生产力，推动未来产业创新发展。前述《高层密集点题"新质生产力"，释放哪些信号？》一文介绍了各部门围绕发展新质生产力出台的最新举措。文章说，新质生产力与传统生产力有所不同，其摆脱了大量资源的投入，更加强调科技创新与技术进步的主导作用，主要包括了战略性新兴产业和未来产业。2024 年 1 月，

---

[1]　《（经济观察）新动能：中国多地发力布局新质生产力》，中国新闻网，2024 年 2 月 25 日，http://www.chinanews.com.cn/cj/2024/02-25/10169472.shtml。

工业和信息化部、教育部、科技部等 7 部门联合发布《关于推动未来产业创新发展的实施意见》，强调要把握全球科技创新和产业发展趋势，重点推进未来制造、未来信息、未来材料、未来能源、未来空间和未来健康六大方向产业发展，做强未来高端装备，突破人形机器人、量子计算机等产品，加快工业元宇宙、生物制造等新兴场景推广，依托载人航天、深海深地等重大工程和项目场景，加速探索未来空间方向的成果创新应用。赛迪智库无线电管理研究所（未来产业研究中心）所长韩健表示，该意见明确了未来产业发展的六大重点方向，将有效解决中国未来产业发展过程中面临的系统谋划不足、技术底座不牢等问题，从而支撑推进新型工业化，加快形成新质生产力。①

发展新质生产力，需要加快高技能领军人才培育。人力资源社会保障部、国家发展改革委、教育部等 7 部门发布的《高技能领军人才培育计划》提出，将围绕国家重大战略、重大工程、重大项目、重点产业需求，在先进制造业、现代服务业等有关行业重点培育领军人才，力争用 3 年左右时间，新培育领军人才 1.5 万人次以上，带动新增高技能人才 500 万人次左右。

发展新质生产力，要大力推进央企产业焕新行动和未来产业启航行动。新华社 2024 年 2 月 2 日报道称，国务院国资委部署 2024 年投资工作，推动国资央企聚焦主责主业、发展实体经济，积极扩大有效投资，优化投资布局结构，其中加快布局培育新质生产力是着力重点之一。聚焦发展新质生产力，要大力推进央企产业焕新行动和未来产业启航行动，围绕新产业新模式新动能，坚持长期主义，加大布局力度；坚持投新、投早，通过股权投资、基金投资等方式，

---

① 祝嫣然：《高层密集点题"新质生产力"，释放哪些信号？》，《第一财经日报》2024 年 2 月 5 日，第 A06 版。

在战略性新兴产业领域布局一批潜力大、成长性好的专精特新企业和独角兽企业。国务院国资委指导央企明确 2024 年的重点投资项目，发挥好强引擎、硬支撑作用。同时，要求央企 2024 年继续与产业链上下游企业加大合作力度，激发带动社会投资积极性。为更好发挥安全支撑作用，央企 2024 年将围绕产业链关键领域和标志性重点产品，推动落地一批强链补链重点项目，并做好资源保障和民生服务保障，加大在粮食、能源、战略性矿产方面的投入力度。[1]

（执笔人：21 世纪马克思主义研究院经济社会文化发展战略研究中心副主任，李海峰）

---

[1] 《国资央企今年将加快布局培育新质生产力》，新华网，2024 年 2 月 2 日，http：//www.news.cn/fortune/20240202/9678ebae82724d5cb3417ac3c9019569/c. html。

第十四章　系统科学是推进中国式现代化建设、加快高质量发展的重要法宝

高质量发展是中国式现代化建设的首要任务。党的二十大报告将高质量发展作为全面建设社会主义现代化国家的首要任务，高质量发展是我们要坚持贯彻的主题。系统科学是一种研究复杂系统行为的科学方法，它强调整体性、动态性、互动性和演化性。在推进中国式现代化建设、加快高质量发展的过程中，系统科学的思想和方法具有重要的指导意义。

第一节　当今时代的社会发展具有复杂系统特性

当今时代的社会发展具有复杂系统特性，表现为多元性、动态性、相互关联性和不确定性等，这一观点在当今世界日益受到关注。社会发展不再是一个单一、线性的过程，而是一个由多个子系统相互交织、相互影响而成的复杂系统，这些特性使得社会发展变得更加复杂和难以预测，需要政府和社会各界共同努力应对。同时，需要加强跨学科的研究和合作，深入探讨社会发展的规律和趋势，为未来的社会发展提供更加科学和有效的指导。

一　社会发展的多元性

当今时代，社会发展的多元性日益凸显。随着全球化、信息化和网络化的发展，不同文化、不同价值观、不同利益诉求在全球范围内交织融合，形成了多元化的社会格局。这种多元性不仅体现在国家、民族、宗教、文化等多个层面，还体现在社会结构、经济发展、科技创新等各个领域。一是从国家层面来看，不同国家在政治制度、经济发展模式、文化传统等方面存在巨大差异。这些差异导致各国在社会发展过程中面临着不同的问题和挑战，需要采取不同的发展战略和措施。例如，发达国家面临着人口老龄化、经济停滞等问题，而发展中国家则面临着贫困、环境污染等挑战。二是从社会结构领域来看，社会阶层分化、利益多元化等现象日益明显。随着市场经济的发展和社会改革的推进，社会阶层结构发生了深刻变化，不同阶层之间的利益诉求和价值观念存在明显差异。这种差异加剧了社会矛盾和冲突，也为社会发展带来了新的机遇和挑战。三是从科技创新领域来看，新技术的不断涌现和应用也为社会发展带来了多元性。例如，人工智能、大数据、云计算等技术的应用，不仅改变了人们的生活方式和工作方式，也推动了社会各个领域的创新和变革。

二　社会发展的动态性

社会发展是一个不断变化的过程，具有动态性的特征。这种动态性不仅体现在社会结构、经济发展、科技创新等各个领域的快速变化上，还体现在全球范围内各种社会现象的交互影响和演化上。一是社会结构的变化是一个动态的过程。随着经济的发展和人口结构的变化，社会阶层结构、家庭结构、就业结构等都在不断发生变化。例如，随着城市化的加速和人口老龄化的加剧，城市社会结构和老年人口问题日益凸显。二是经济发展的动态性也是显而易见的。随着全球化的深入发展，各国之间的经济联系和相互影响日益紧密。同时，新兴产业的崛起和传统产业的转型也为经济发展带来了新的机遇和挑战。例如，数字经济、绿色经济等的发展，不仅推动了经济增长方式的转变，也为解决传统产业面临的问题提供了新的思路和方案。三是科技创新的动态性也对社会发展产生了重要影响。新技术的不断涌现和应用，不仅改变了人们的生活方式和工作方式，也推动了社会各个领域的创新和变革。同时，科技创新的快速发展也加剧了社会竞争和变革的压力，要求社会各个领域不断适应和应对新的技术变革和发展趋势。

三　社会发展的关联性

社会发展的各个子系统之间是相互关联的，一个子系统的变化往往会对其他子系统产生影响。例如，经济发展的变化会影响社会结构、文化传统等；科技创新的发展也会影响经济发展、社会结构等。这种相互关联性使得社会发展变得更加复杂和难以预测。一是经济发展与社会结构之间的相互关联性是显而易见的。经济的发展不仅改变了人们的生活水平和消费方式，也推动了社会阶层结构和人口结构的变化。同时，社会结构的变化也会对经济发展产生影响，例如人口老龄化和家庭结构的变化会对劳动力市场和社会保障体系产生重要影响。二是科技创新与社会发展之间的相互关联性也日益凸显。新技术的不断涌现和应用不仅推动了经济增长方式的转变和产业结构的升级，也改变了人们的生活方式和工作方式。三是科技创新的发展也需要良好的社会环境和政策支持，例如知识产权保护、人才引进和培养等方面的政策支持对于科技创新的发展至关重要。

四　社会发展的不确定性

当今时代，社会发展面临着越来越多的不确定性因素。这些不确定性因素包括政治风险、经济波动、社会危机等。这些不确定性因素的存在使得社会发展变得更加复杂和难以预测。一是政治风险是影响社会发展的重要不确定性因素之一。政治稳定是社会发展的重要保障之一，然而政治风险的存在往往会对社会发展产生重要影响。例如，政治动荡和政权更迭往往会导致经济下滑和社会不稳定；而政治体制的改革和调整也往往需要经历一个长期的探索和实践过程。二是经济波动也是影响社会发展的重要不确定性因素之一。经济发展是一个复杂的过程，受到多种因素的影响。例如，市场需求的变化、国际金融市场的波动、自然灾害等都可能对经济发展产生影响。同时，经济周期的波动也会对社会发展产生影响，例如经济衰退和通货膨胀等经济现象往往会对社会各个领域产生重要影响。三是社会危机也是影响社会发展的重要不确定性因素之一。社会危机往往是由多种因素引起的，例如自然灾害、公共卫生事件、社会不满情绪等。这些危机往往会对社会各个领域产生广泛而深刻的影响，需要政府和社会各界共同努力应对。

第二节　中国式现代化建设是一项
复杂的系统工程

中国式现代化建设涉及多个领域、多个层次和多个方面，需要全面、系统、协调地推进，是一项复杂的系统工程，需要坚持全面深化改革，加强顶层设计和整体谋划，运用系统思维和统筹兼顾的方式，推动中国式现代化建设，加快高质量发展。

一 领域的广泛性

中国式现代化建设涉及多个领域，除了经济领域，还涉及政治、文化、社会、生态文明建设等领域。在经济领域，要实现高质量发展，提高经济的质量和效益；在政治领域，要推进全面依法治国，加强党的领导和党的建设；在文化领域，要弘扬中华优秀传统文化，推动社会主义文化繁荣兴盛；在社会领域，要加强和创新社会治理，保障和改善民生；在生态文明建设领域，要坚持绿色发展理念，推动形成绿色生产生活方式。这些领域的建设相互关联、相互促进，共同构成了中国式现代化建设的整体框架。

二 发展的层次性

中国式现代化建设不仅涉及多个领域，而且每个领域内部也具有不同的层次。例如，在经济领域，要实现从高速增长向高质量发展的转变，需要优化产业结构、提高创新能力、加强基础设施建设等多个层次的推进。在政治领域，要推进全面依法治国，需要加强法治建设、提高司法公正性、增强公民法治意识等多个层次的努力。这种层次性要求我们在推进中国式现代化建设时，必须根据不同领域和层次的特点，采取有针对性的措施，确保各项建设协调推进。

三 建设的长期性

中国式现代化建设是一项长期而复杂的任务。这不仅因为中国式现代化建设涉及的领域广泛、层次多样，还因为中国式现代化建设面临的国内外环境复杂多变。从国内来看，我们面临着经济发展不平衡不充分、城乡区域发展差距大、社会主要矛盾变化等多重挑战；从国际来看，我们面临着国际竞争日益激烈、地缘政治风险上升等多重压力。这些挑战和压力要求我们保持战略定力，持之以恒地推进中国式现代化建设，不断深化改革、扩大开放，加强创新、完善治理，确保现代化建设事业行稳致远。

四　统筹的复杂性

推进中国式现代化建设需要运用系统思维，坚持统筹兼顾。我们要从全局和长远出发，综合考虑各个领域、各个层次、各个方面的发展需求和利益关系，确保各项建设相互协调、相互促进。同时，我们还要注重处理好政府和市场的关系、中央和地方的关系、长远和当前的关系等，确保各项政策措施的科学性和有效性。这种系统思维和统筹兼顾的方式，有助于我们更好地把握中国式现代化建设的内在规律和客观要求，推动现代化建设事业不断向前发展。

第三节　高质量发展呼唤系统科学

高质量发展是当前和未来中国经济社会发展的核心主题，它强调的是经济、社会、文化和生态等多个方面的协调与可持续发展。由于各种因素的相互作用和影响，高质量发展过程表现出显著的复杂性特点，这种复杂性特点要求我们采用系统科学的方法来理解和应对。

一　高质量发展的复杂性特点

高质量发展涉及因素多、环境复杂，充满不确定性和动态演化性，需要各个方面协同发展。一是多维度性。高质量发展涉及经济、社会、文化、生态等多个方面，每个方面都有其自身的特点和规律，相互之间又存在复杂的相互作用。这种多维度性要求我们在发展过程中综合考虑各种因素，实现全面协调发展。二是动态演化性。高质量发展的过程是一个动态演化的过程，受到政策、技术、市场、资源等多种因素的影响，任一因素的变化都会引起发展状态的改变。因此，必须对发展过程进行动态监测和调控，以适应不断变化的环境。三是不确定性。在高质量发展的过程中，存在着许多不确定性因素，如政策变化、市场需求变化、资源供应变化等。这些不确定性因素使得发展过程充满了变数，需要我们具备应对不确定性的能力和策略。四是协同性。高质量发展需要各个方面的协同配合，包括政府、企业、社会组织、个人等。只有各方形成合力，才能推动高质量发展取得实效。因此，协同性是高质量发展的重要特点之一。

二　系统科学是一种研究复杂系统行为的科学方法

系统科学是研究系统的结构、功能、演化以及系统与环境相互作用的科学，旨在揭示复杂系统的本质和规律，为解决实际复杂系统问题提供理论和方法支持。它的特点可概括为以下几点。一是系统科学强调整体性，即一个系统的各个组成部分之间存在着相互联系、相互影响的关系。在中国式现代化建设中，我们要把经济、政治、文化、社会、生态文明建设等各个方面看作一个整体，统筹推进，协调发展。只有各个方面的建设都得到充分发展，才能实现整体的高质量发展。二是系统科学强调动态性，即一个系统的状态和行为是随着时间变化而变化的。在中国式现代化建设中，我们要根据时代的变化和人民的需求，不断调整和完善发展策略和政策。我们要根据实际情况的变化，及时调整发展方向和重点，不断推进改革和创新，以适应时代的变化和人民的需求。三是系统科学强调互动性，即一个系统的各个组成部分之间存在着相互作用的机制。在中国式现代化建设中，我们要注重各个领域之间的互动和协同发展。

例如，经济发展和生态文明建设之间存在着密切的联系，经济发展需要资源和环境的支撑，而生态文明建设也需要经济发展的支持和推动。只有加强经济发展和生态文明建设之间的互动和协同，才能实现高质量的发展。四是系统科学强调演化性，即一个系统的发展是一个不断演化的进程。在中国式现代化建设中，我们要注重长期的发展规划和战略布局，不断推进改革和创新，以适应时代的变化和人民的需求。我们要注重发展的可持续性和稳定性，不断推进经济、政治、文化、社会、生态文明等各个方面的建设，以实现长期的高质量发展。

三　系统科学对中国式现代化建设、加快高质量发展的重要作用

系统科学对中国式现代化建设、加快高质量发展的作用是多个方面的，不仅体现在指导思想、发展策略、长期发展规划等方面，还涉及创新驱动、可持续发展、社会治理等多个领域。一是指导思想方面，系统科学强调整体性，认为一个系统的各个组成部分之间相互联系、相互影响。这一思想与中国特色社会主义理论体系的核心观点相契合。中国特色社会主义理论体系强调以经济建设为中心，全面推进经济、政治、文化、社会和生态文明建设等各个方面的发展，实现全面协调可持续发展。在这一指导思想下，中国式现代化建设应坚持统筹兼顾，注重协调发展。在实践中，这一思想体现在加强顶层设计，制定科学合理的发展战略和规划，注重各个领域之间的相互促进和协同发展上。例如，在经济发展中注重结构调整和转型升级，加强供给侧结构性改革；在社会发展中注重民生改善和社会公平正义，加强教育、医疗、社保等领域的公共服务供给；在生态文明建设中注重环境保护和可持续发展，加强生态修复和治理。

二是发展策略和政策方面，系统科学强调动态性和互动性，认为一个系统的状态和行为是随着时间而变化的，各领域之间的互动和协同发展至关重要。中国式现代化建设根据时代的变化和人民的需求，不断调整和完善发展策略和政策。例如，在经济发展中，根据国内外经济形势的变化，制定相应的发展政策，加强宏观调控和市场监管，推动经济高质量发展；在科技创新中，制定科技创新政策和人才培养政策，加强科技创新投入和人才培养引进，推动科技创新成果转化和应用；在社会治理中，制定社会治理政策和法律法规，加强社会治安综合治理和维护社会稳定。三是长期发展规划和战略布局方面，系统科学强调演化性，认为一个系统的发展是一个不断演化的过程。中国式现代化建设注重长期的发展规划和战略布局，制定科学合理的发展战略和目标。例如，"十四五"规划和 2035 年远景目标纲要明确了未来五年和十五年的发展目标和重点任务，为经济社会持续健康发展提供了有力保障。在实践中，这一思想体现为加强国家战略性新兴产业的培育和发展，推动产业结构优化升级；加强基础设施建设，提升国家综合实力和国际竞争力；加强教育和人才培养，提高国民素质和社会文明程度等。四是创新驱动方面，系统科学强调创新驱动，认为创新是引领发展的第一动力。中国式现代化建设坚持创新驱动发展战略，加强科技创新和人才培养引进。例如，"大众创业、万众创新"战略的提出和实践推动了创新创业的蓬勃发展，为经济社会发展提供了新动力和新动能；加强基础研究和应用基础研究，推动科技创新成果转化和应用；加强知识产权保护和管理，激发创新活力等。这些措施的实施为中国式现代化的转型升级和创新发展提供了强大的动力和支持。五是可持续发展方面，系统科学强调可持续性，认为一个系统的长期稳定发展是必要的。中国式现代化建设注重经济发展的可持续性和稳定性，加强环境保护和资源利用管理。例如，绿色发展理念的提出和实践，推动了生态文明建设和可持续发展；加强资源节约和循环利用，推动循环经济发展；加强环境保护和生态修复，改善生态环境质量等。这些措施的实施为中国式现代化建设奠定了坚实的基础。六是社会治理方面，系统科学强调社会性和复杂性，认为社会治理是一个复杂的系统工程。中国式现代化建设注重社会治理体系建设，加强基层组织建设和公共服务供给。例如，"共建共治共享"的社会治理格局的提出和实践，推动了社会治理的创新和发展；加强基层党组织建设和社会组织培育，提高基层治理水平和服务能力；加强公共安全和社会治安综合治理等。这些措施的实施为和谐稳定和社会进步提供了有力的支持和保障。

高质量发展是一项复杂的系统工程，需要我们采用系统科学的方法来理解和应对。通过运用系统科学的理论和方法，我们可以更好地把握高质量发展的内在规律和演化机制，制定科学的发展战略和政策，推动中国经济社会的全面协调和可持续发展。未来，随着理论的不断完善和实践经验的不断积累，系统科学在高质量发展中的作用将更加凸显。同时，随着技术的发展和应用领域的拓展，系统科学的方法和工具也将不断创新和发展，为高质量发展提供更多的智慧和力量。

（执笔人：钱学森军事系统工程研究院总体论证中心主任，卜凡彪）

第十五章　积极参与全球治理体系改革和建设，推动高质量发展

党的二十大报告提出要积极参与全球治理体系改革和建设。本章重点对积极参与全球治理体系改革和建设的重要性以及如何在国际贸易和国际金融领域参与规则制定、助推高质量发展等进行分析与综述。

第一节　党中央高度重视参与全球治理体系改革和建设

一　践行共商共建共享的全球治理观

党的二十大报告指出，"中国积极参与全球治理体系改革和建设，践行共商共建共享的全球治理观，坚持真正的多边主义，推进国际关系民主化，推动全球治理朝着更加公正合理的方向发展。坚定维护以联合国为核心的国际体系、以国际法为基础的国际秩序、以联合国宪章宗旨和原则为基础的国际关系基本准则，反对一切形式的单边主义，反对搞针对特定国家的阵营化和排他性小圈子。推动世界贸易组织、亚太经合组织等多边机制更好发挥作用，扩大金砖国家、上海合作组织等合作机制影响力，增强新兴市场国家和发展中国家在全球事务中的代表性和发言权。中国坚持积极参与全球

安全规则制定，加强国际安全合作，积极参与联合国维和行动，为维护世界和平和地区稳定发挥建设性作用"①。党的二十大报告为我们积极参与全球治理体系改革和建设及全球相关规则制定指明了方向。

二　引领国际体系和秩序变革方向

2023年12月，中央外事工作会议召开。会议认为，"党的十八大以来，在推进新时代中国特色社会主义事业的伟大征程中，对外工作取得历史性成就、发生历史性变革。一是创立和发展了习近平外交思想，开辟了中国外交理论和实践的新境界，为推进中国特色大国外交提供了根本遵循……九是积极参与全球治理，引领国际体系和秩序变革方向"。"构建人类命运共同体，是以建设持久和平、普遍安全、共同繁荣、开放包容、清洁美丽的世界为努力目标，以推动共商共建共享的全球治理为实现路径"。会议指出，要"推动理论和实践创新""要塑造中国和世界关系新格局，把中国国际影响力、感召力、塑造力提升到新高度""为以中国式现代化全面推进强国建设、民族复兴伟业营造更有利国际环境、提供更坚实战略支撑"。②

三　主动参与国际规则制定

深刻认识做好涉外法治工作的重要性和紧迫性。2023年11月27日，习近平总书记在中共中央政治局就加强涉外法制建设进行第十次集体学习时再次强调了主动参与国际规则制定的重要性。习近平总书记指出，"加强涉外法治建设既是以中国式现代化全面推进强

---

① 习近平：《高举中国特色社会主义伟大旗帜　为全面建设社会主义现代化国家而奋斗——在中国共产党第二十次全国代表大会上的报告》，人民出版社，2022。
② 《中央外事工作会议在北京举行　习近平发表重要讲话》，外交部网站，2023年12月28日，https://www.mfa.gov.cn/web/zyxw/202312/t20231228_11214409.shtml。

国建设、民族复兴伟业的长远所需，也是推进高水平对外开放、应对外部风险挑战的当务之急。要从更好统筹国内国际两个大局、更好统筹发展和安全的高度，深刻认识做好涉外法治工作的重要性和紧迫性，建设同高质量发展、高水平开放要求相适应的涉外法治体系和能力，为中国式现代化行稳致远营造有利法治条件和外部环境"。①

要主动参与国际规则制定、积极参与全球治理体系改革和建设。习近平总书记强调，"要坚定维护以国际法为基础的国际秩序，主动参与国际规则制定，推进国际关系法治化。积极参与全球治理体系改革和建设，推动全球治理朝着更加公正合理的方向发展，以国际良法促进全球善治，助力构建人类命运共同体"。②

四　为国际经济合作打造新平台

大力推进实践基础上的理论创新。2023 年 12 月 26 日，习近平总书记在纪念毛泽东同志诞辰 130 周年座谈会上的讲话再次强调"我们将积极参与全球治理体系改革和建设"，指出，"毫不动摇坚持、与时俱进发展马克思主义，大力推进实践基础上的理论创新，自觉用中国化时代化的马克思主义指导新的实践，是我们党把握历史主动、紧跟时代步伐、不断开创事业发展新局面的成功之道。实践永无止境，理论创新永无止境，认识真理永远不会完结"③。

---

① 《习近平在中共中央政治局第十次集体学习时强调，加强涉外法制建设，营造有利法治条件和外部环境》，新华网，2023 年 11 月 28 日，http：//www.xinhuanet.com/2023-11/28/c_1129996975.htm。

② 《习近平在中共中央政治局第十次集体学习时强调，加强涉外法制建设，营造有利法治条件和外部环境》，新华网，2023 年 11 月 28 日，http：//www.xinhuanet.com/2023-11/28/c_1129996975.htm。

③ 《（受权发布）习近平：在纪念毛泽东同志诞辰 130 周年座谈会上的讲话》，新华网，2023 年 12 月 26 日，http：//www.xinhuanet.com/20231226/dee27c8665914b6ea8d5065aa13d2b3e/c.html。

要学习和借鉴人类社会一切优秀文明成果。习近平总书记指出，"要树立世界眼光，深刻洞察人类发展进步潮流，积极回应各国人民普遍关切，为解决人类面临的共同问题贡献中国智慧。要以海纳百川的开放胸襟学习和借鉴人类社会一切优秀文明成果，不断丰富党的理论创新的思想文化资源"①。

为国际经济合作打造新平台。习近平总书记指出，"我们将高质量共建'一带一路'，同各国加强政策沟通、设施联通、贸易畅通、资金融通、民心相通，为国际经济合作打造新平台。我们将积极参与全球治理体系改革和建设，践行共商共建共享的全球治理观，坚持真正的多边主义，促进国际关系民主化，推动全球治理变革朝着更加公正合理的方向发展"②。

第二节　积极参与国际经贸规则制定，促进外贸高质量发展

一　加快内外贸一体化发展，加强与高标准国际经贸规则的对接

（一）加快内外贸一体化发展

2023年12月1日，国务院总理李强主持召开国务院常务会议，就加快内外贸一体化发展作出部署和安排。会议指出：一要对标国际先进水平，加快调整完善国内相关规则、规制、管理、标准等，

---

① 《（受权发布）习近平：在纪念毛泽东同志诞辰130周年座谈会上的讲话》，新华网，2023年12月26日，http://www.xinhuanet.com/20231226/dee27c8665914b6ea8d5065aa13d2b3e/c.html。

② 《（受权发布）习近平：在纪念毛泽东同志诞辰130周年座谈会上的讲话》，新华网，2023年12月26日，http://www.xinhuanet.com/20231226/dee27c8665914b6ea8d5065aa13d2b3e/c.html。

促进内外贸标准衔接、检验认证衔接、监管衔接，推进内外贸产品同线同标同质。二要聚焦企业需求和市场反馈及时优化政策，切实打通阻碍内外贸一体化的关键堵点，助力企业在国内国际两个市场顺畅切换。三要优化内外贸一体化发展环境，落实好相关财政金融支持政策，共同促进内外贸高质量发展。[①]

（二）加强与高标准国际经贸规则的对接

国务院强调打造一流国际营商环境。2023 年 12 月 20 日，国务院以"打造市场化法治化国际化一流营商环境，持续激发市场活力和社会创造力"为主题，进行第五次专题学习。提出建设一流营商环境，为推动高质量发展提供有力支撑。李强总理指出，"优化营商环境是培育和激发市场活力、增强发展内生动力的关键之举。要深入学习贯彻习近平总书记关于优化营商环境的重要论述和重要指示精神，始终坚持问题导向、需求导向，加快推进重点领域和关键环节改革，在建设市场化法治化国际化一流营商环境上持续用力、久久为功，为推动高质量发展提供有力支撑"。[②]

加强与高标准国际经贸规则的对接。李强总理指出，"经过长期不懈努力，我国营商环境持续改善，群众和企业获得感不断增强。同时也要看到，营商环境没有最好、只有更好。下一步，要围绕更好维护公平竞争进一步提升市场化水平，一视同仁支持各类所有制企业发展壮大，加快全国统一大市场建设，加大力度清理废除妨碍统一市场和公平竞争的规定做法，切实保障各类所有制企业公平参与竞争。要围绕更好保护各类经营主体合法权益进一步提升法治化

① 《李强主持召开国务院常务会议》，新华网，2023 年 12 月 1 日，http：//m. news. cn/2023-12/01/c_1130004220. htm。
② 《李强主持国务院第五次专题学习》，新华网，2023 年 12 月 20 日，http：//www. news. cn/2023-12/20/c_1130037906. htm。

水平，持续健全法律法规体系，严格规范公正文明执法，规范行政处罚自由裁量权，创新监管方式，提升监管效能，营造稳定、透明、规范、可预期的法治环境。要围绕更好促进贸易投资自由化便利化进一步提升国际化水平，加强与高标准国际经贸规则的对接，发挥好自贸试验区等平台压力测试作用，形成更多引领性、标志性制度创新成果"。①

（三）制定引领全球跨境电商发展的管理制度和经贸规则

1. 我国跨境电商增长迅猛

近年来，跨境电商成为发展速度最快、潜力最大、带动作用最强的外贸新业态，显示出巨大的市场活力和增长韧性。根据光明网报道：当前，跨境电商已经成为全球贸易的一股新势力，我国网民规模突破 10 亿人，拥有世界第一大网络零售市场，跨境电商增长尤为迅猛。在 2024 年 1 月 12 日国新办就 2023 年全年进出口情况举行的发布会上，海关总署新闻发言人、统计分析司司长吕大良表示，根据初步测算，2023 年，我国跨境电商进出口 2.38 万亿元，增长 15.6%。其中，出口 1.83 万亿元，增长 19.6%；进口 5483 亿元，增长 3.9%。参与跨境电商进口的消费者人数逐年增加，2023 年达到 1.63 亿人。跨境电商快速发展，每个人都能"买全球、卖全球"，既满足了国内消费者多样化个性化需求，又助力我国产品通达全世界，成为外贸发展重要动能。②

2. 推动跨境电商健康持续创新发展

2023 年 4 月，国务院办公厅发布《关于推动外贸稳规模优结构

---

① 《李强主持国务院第五次专题学习》，新华网，2023 年 12 月 20 日，http://www.news.cn/2023-12/20/c_1130037906.htm。

② 《海关总署：2023 年我国跨境电商进出口 2.38 万亿元，增长 15.6%》，光明网，2024 年 1 月 12 日，https://economy.gmw.cn/2024-01/12/content_37086028.htm。

的意见》，提出要推动跨境电商健康持续创新发展。支持外贸企业通过跨境电商等新业态新模式拓展销售渠道、培育自主品牌。鼓励各地方结合产业和禀赋优势，创新建设跨境电商综合试验区，积极发展"跨境电商+产业带"模式，带动跨境电商企业对企业出口。加快出台跨境电商知识产权保护指南，引导跨境电商企业防范知识产权风险。建设跨境电商综合试验区线上综合服务平台并发挥好其作用，指导企业用好跨境电商零售出口相关税收政策措施。持续完善跨境电商综合试验区考核评估机制，做好评估结果应用，充分发挥优秀试点示范引领作用。[①]

海关总署统计数据显示，近 5 年来，民营中小企业跨境电商进出口量增长近 10 倍，在我国对外贸易中的占比接近 40%，且以每年超过两位数的速度快速增长。中信证券指出，在全球消费线上化趋势延续以及海外通胀背景下，高性价比产品和优质供应链仍然是我国跨境电商出口的核心优势。由于政策的大力支持以及配套服务体系完备，我国跨境电商市场份额有望持续增长，2024 年我国跨境电商市场规模有望达 2.95 万亿元，在全球电商市场（除中国）中的占比有望由 2021 年的 8.6% 提升至 13.1%。[②]

3. 积极参与外贸新业态新模式的国际规则和标准制定

有学者提出要适时构建引领全球跨境电商发展的管理制度和经贸规则。建议在持续落实好已制定的各项稳外贸政策的同时，针对新形势新任务，适时推动制定新政策新举措，完善跨境电商产业链和生态链，逐步形成一系列适应和引领全球跨境电商发展的管理制度和经贸规则，进一步增强我国跨境电商国际竞争力。任贤良在一

---

① 《国务院办公厅关于推动外贸稳规模优结构的意见》，中国政府网，2023 年 4 月 25 日，https://www.gov.cn/zhengce/content/2023-04/25/content_5753130.htm。

② 《国办：推动跨境电商健康持续创新发展》，环球网，2024 年 4 月 26 日，https://tech.huanqiu.com/article/4Ce9kfHZ72O。

篇文章中指出，积极参与世贸组织、万国邮联等多双边谈判，推动形成电子签名、电子合同、电子单证等方面的国际标准。积极参与以电子商务为核心的数字领域国际规则制定，推动形成以货物贸易数字化为核心、以服务贸易数字化为延伸、以数字基础设施互通和安全为保障的国际规则体系。加强知识产权保护、跨国物流等领域国际合作，参与外贸新业态新模式的国际规则和标准制定。[①]

二　在打造超大规模市场中，加强与高标准国际经贸规则的对接

（一）把中国超大规模市场打造成为世界共享的大市场

2024 年 1 月 26 日，商务部部长王文涛在国务院新闻办公室发布会上提出把中国超大规模市场打造成为世界共享的大市场。王文涛指出，2023 年我国推动外贸运行总体稳定，进出口规模达到 41.76 万亿元，中国出口占国际市场份额有望保持稳定，在 14% 左右。外贸结构不断优化，突出表现在两个首次突破上。一是新能源汽车、太阳能产品、锂电池，出口首次突破 1 万亿元，增长近 30%。二是有进出口实绩的经营主体首次突破 60 万家，达到 64.5 万家。

1. 重点做好制定新政策、加快培育新动能、助力开拓新市场，以及释放进口新潜力四方面工作

要抓紧开展新一轮政策研究评估，争取尽早制定新政策。依托我国产业基础完整、制造业门类齐全等优势，拓展原材料、半成品、零部件等中间品贸易。促进跨境电商、保税维修、市场采购

---

① 任贤良：《推动跨境电商高质量发展》，《人民日报》2024 年 3 月 26 日，第 9 版。

等新业态新模式发展。制定绿色低碳产品进出口货物目录，加快推进国际贸易单据数字化，推动贸易绿色发展和全链条数字化转型。①

2. 充分发挥好我国超大规模市场优势

为各国企业提供广阔的市场空间和合作机遇。中国将扩大优质消费品、先进技术、重要设备、关键零部件进口，增加能源资源产品和国内紧缺农产品进口，发挥好进博会等重要展会平台作用，拓展多元化的进口渠道，提升进口贸易的便利化水平，做好国家进口贸易促进创新示范区培育。这些工作的目的，就是把中国超大规模市场打造成为世界共享的大市场，继续为国民经济发展和全球经济复苏注入新动能。②

（二）在扩大面向全球的高标准自贸区网络建设中与高标准国际经贸规则对接

商务部国际贸易谈判代表兼副部长王受文在新闻发布会上指出，习近平总书记在党的二十大报告中提出要扩大面向全球的高标准自贸区网络，商务部坚决贯彻落实党中央决策部署，2023 年采取了一系列措施。

1. 在自贸协定谈判等方面创造新纪录

王受文说，"2023 年，我们在自贸协定谈判和签署方面创造了一个新的历史纪录，新签的协定达到 4 个，和厄瓜多尔、尼加拉瓜、塞尔维亚签署自贸协定，与新加坡签署自贸协定进一步升级议定书，我们还和洪都拉斯实质性完成了自贸协定早期收获谈判。到今天为

---

① 《国新办举行稳中求进、以进促稳，推动商务高质量发展取得新突破新闻发布会》，中华人民共和国国务院新闻办公室网站，2024 年 1 月 26 日，http：//www.scio.gov.cn/live/2024/33245/index.html。
② 《国新办举行稳中求进、以进促稳，推动商务高质量发展取得新突破新闻发布会》，中华人民共和国国务院新闻办公室网站，2024 年 1 月 26 日，http：//www.scio.gov.cn/live/2024/33245/index.html。

止，已经和 29 个国家和地区签署了 22 个自贸协定"①。

2. 自贸协定谈判中强化标准的合作

在内容上，在高标准方面，达到新水平。比如，在与尼加拉瓜签署的自贸协定、与新加坡签署的自贸协定进一步升级议定书中，按照负面清单的模式作出了高水平跨境服务贸易和相互投资开放承诺。另外，现在自贸协定谈判中都包括标准的合作，包括贸易单证数字化。②

3. 把高标准经贸规则纳入新的自贸谈判中

在高标准方面增加一些新内容。包括提高货物贸易零关税比例，以负面清单的方式全面推动服务贸易和投资扩大开放，包括扩大电信、医疗等服务业开放，放宽数字产品等市场准入，将数字经济、绿色经济、标准认证、政府采购领域的高标准经贸规则纳入新的自贸谈判中。③

4. 继续推动自贸协定升级版的谈判

2024 年，自贸协定谈判议程更加丰富，将努力完成中国—东盟自贸区 3.0 版谈判。将完成与洪都拉斯的谈判，以及与秘鲁的自贸协定升级谈判，继续推动加入 CPTPP 和 DEPA。此外，还将和海合会、新西兰、韩国、瑞士进行自贸谈判或者升级谈判，进一步落实党的二十大报告所提出的"扩大面向全球的高标准自贸区网络"的要求。④

----

① 《国新办举行稳中求进、以进促稳，推动商务高质量发展取得新突破新闻发布会》，中华人民共和国国务院新闻办公室网站，2024 年 1 月 26 日，http://www.scio.gov.cn/live/2024/33245/index.html。

② 《国新办举行稳中求进、以进促稳，推动商务高质量发展取得新突破新闻发布会》，中华人民共和国国务院新闻办公室网站，2024 年 1 月 26 日，http://www.scio.gov.cn/live/2024/33245/index.html。

③ 《国新办举行稳中求进、以进促稳，推动商务高质量发展取得新突破新闻发布会》，中华人民共和国国务院新闻办公室网站，2024 年 1 月 26 日，http://www.scio.gov.cn/live/2024/33245/index.html。

④ 《国新办举行稳中求进、以进促稳，推动商务高质量发展取得新突破新闻发布会》，中华人民共和国国务院新闻办公室网站，2024 年 1 月 26 日，http://www.scio.gov.cn/live/2024/33245/index.html。

第三节　积极参与国际金融规则制定，
推动金融高质量发展

一　经济高质量发展迫切需要参与国际金融规则制定

2022 年 8 月 13 日，中国国际金融 30 人论坛主办第八届研讨会，主题是"新形势下我国金融高水平对外开放"。上海发展研究基金会副会长兼秘书长乔依德发布了题为《我国参与国际金融规则制定：意义、挑战和前景》的研究报告，报告分析了为什么我国迫切需要参与国际金融规则制定；中国人民银行反洗钱监测分析中心原主任苟文均则分析了如何提升在国际金融规则制定中的话语权等问题。

（一）中国需要积极参与国际金融规则制定

一是国内经济进入高质量发展阶段，与之配套的高水平开放内涵敦促中国从最初的与国际规则接轨转变为更多地参与制定。"积累了四十年，现在是参与制定国际规则的时候了。"二是中国参与全球金融治理以及国际金融规则的重要性决定了中国需要参与国际金融规则制定。国际金融规则的特点在于各国政策需要保持一致、相对固定，也是强制性的，一旦同意就要去执行，因此，如要改变就要参与规则的制定。所谓全球金融治理，是指根据制度、规则、概念，对涉及全球的一些金融稳定政策进行管理。全球治理包括规则、概念、国际金融组织三个支柱。"所以参与国际金融规则制定是我们参与全球金融治理的一个很好的入口，也是一个台阶。"三是改善当前国际金融规则现状的要求。现有国际金融规则大多形成于二战后，是国际经济秩序的一部分，曾对稳定国际经济社会作出较大贡献，但其中一些已不适应全球经济金融格局的变化，同时近年来，技术进步催生了很多新领域，如绿色金融、金融科技、数字治理，"这些还没有形成各国完全公认的国际规则，有些正在形成当中，所以中国理应积极来参与"。①

（二）提升在国际金融规则制定中的话语权

在国际金融规则制定中的话语权受多方面因素影响。中国人民银行反洗钱监测分析中心原主任苟文均阐明了自己的看法。他认为，第一，国家综合实力和发展成就是构建国际话语权的基础，因为现有国际金融组织中的份额、投票权、议事权等通常按 GDP 等指标进行测算分配。第二，参与国际金融治理的预期和动机，即意愿，是构建和提升国际话语权的核心。第三，对国际金融治理的把握能力是构建和提升国际金融领域话语权的关键。第四，金融创新和实践在国际上应具有领先性。关于如何在未来国际金融规则的制定中发挥引领作用，苟文均说，最关键的有三点：第一，坚定不移地真正推进以市场化为导向的经济和金融改革，引领世界经济增长；第二，推动金融创新和实践，特别是金融制度建设走在世界前列；第三，加强国际化人才队伍建设，特别是显著提高中国在国际金融组织中的高级人员的占比（目前占比很低）。这些决定了中国基于自身利益并兼顾各国利益的议程设置、思想引领和价值传播能力。②

---

① 《首份国际金融规则参与报告发布：中国人从接轨到参与》，文汇网，2022 年 8 月 17 日，https://www.whb.cn/commonDetail/481451。
② 《首份国际金融规则参与报告发布：中国人从接轨到参与》，文汇网，2022 年 8 月 17 日，https://www.whb.cn/commonDetail/481451。

二 推进人民币国际化，参与国际金融规则制定

（一）人民币国际化的底气在于经济实力

2023 年 10 月，中国人民银行发布人民币国际化报告。报告指出，2022 年以来，中国人民银行有序推进人民币国际化，服务构建新发展格局和经济高质量发展，人民币国际化稳中有进，呈现一系列新进展、新变化。

1. 跨境人民币业务服务实体经济能力增强

跨境人民币业务制度基础更加完善，本外币政策协同强化，经营主体使用人民币跨境结算以规避货币错配风险的内生动力增强。2022 年，银行代客人民币跨境收付金额合计为 42.1 万亿元，同比增长 15.1%。其中，货物贸易人民币跨境收付金额占同期本外币跨境收付总额的比例为 18.2%。2023 年 1~9 月，人民币跨境收付金额为 38.9 万亿元，同比增长 24%。其中，货物贸易人民币跨境收付金额占同期本外币跨境收付总额的比例为 24.4%，同比上升 7 个百分点，为近年来最高水平。[①]

2. 人民币融资货币功能提升

境内银行境外贷款、境外机构境内债券发行等政策相继出台，人民币投融资环境持续改善。2022 年末，国际清算银行（BIS）公布的人民币国际债务证券存量为 1733 亿美元，排名升至第 7 位，同比提升 2 位。环球银行金融电信协会（SWIFT）数据显示，2022 年末，人民币在全球贸易融资中占比为 3.91%，同比上升 1.9 个百分点，排名第三。2023 年 9 月，人民币在全球贸易融资中占比为

[①] 《2023 年人民币国际化报告》，中国人民银行网站，2023 年 10 月 27 日，http：//www.pbc.gov.cn/goutongjiaoliu/113456/113469/5114765/index.html。

5.8%，同比上升 1.6 个百分点，排名上升至第二。[①]

3. 离岸人民币市场交易更加活跃

2022 年，中国人民银行与香港金融管理局签署常备互换协议，并扩大资金互换规模，进一步深化内地与香港金融合作。2022 年以来，先后在老挝、哈萨克斯坦、巴基斯坦、巴西新设人民币清算行，海外人民币清算网络持续优化。2022 年末，主要离岸市场人民币存款余额约 1.5 万亿元，重回历史高位。国际清算银行（BIS）2022 年调查显示，近三年来人民币外汇交易在全球市场的份额由 4.3% 增长至 7%，排名由第八位上升至第五位。[②]

要继续推进人民币国际化、持续提升人民币国际地位，重点还是要厚植自身经济实力，同时加速市场开放。

（二）稳慎扎实推进人民币国际使用，提高人民币国际化质量和水平

2023 年的中央金融工作会议明确提出，要"稳慎扎实推进人民币国际化"，中国人民银行宏观审慎管理局局长李斌就稳慎扎实推进人民币国际化、推进金融高水平开放等方面做了介绍。

1. 人民币国际使用取得新进展的主要标志

一是完善人民币国际使用政策支持体系，跨境人民币业务服务实体经济的能力提升。聚焦让贸易投资更加便利化，先后出台稳外贸稳外资、新型离岸贸易、外贸新业态业务、境外贷款及本外币一体化资金池试点等跨境人民币支持政策。2023 年 1 月至 11 月人民币跨境收付金额为 48 万亿元，同比增长 24%。其中，货物贸易中使用

---

① 《2023 年人民币国际化报告》，中国人民银行网站，2023 年 10 月 27 日，http：//www. pbc. gov. cn/goutongjiaoliu/113456/113469/5114765/index. html。

② 《2023 年人民币国际化报告》，中国人民银行网站，2023 年 10 月 27 日，http：//www. pbc. gov. cn/goutongjiaoliu/113456/113469/5114765/index. html。

人民币结算的占比为 25%，为近年来最高水平。环球银行金融电信协会（SWIFT）发布的数据显示，2023 年 11 月，人民币上升为全球第四位支付货币。二是稳妥有序推动我国金融市场双向开放，人民币投融资功能增强。成熟和开放的金融市场，可以为货币持有者提供投资渠道和流动性管理手段。中国人民银行与相关部门持续深化金融高水平对外开放，近年来相继开通并优化沪深港通、债券通、沪伦通、跨境理财通等互联互通渠道，完善合格投资者管理政策，便利境外主体发行熊猫债。我国股票、债券先后被纳入主要国际指数，人民币投融资环境持续改善。三是顺应国际储备资产多元化需求，人民币储备货币功能提升。便利境外央行类机构配置人民币资产，目前已有 80 多个境外央行或货币当局将人民币纳入外汇储备。根据国际货币基金组织（IMF）数据，截至2023 年第二季度末，人民币储备规模占比为 2.45%，人民币在SDR 货币篮子中的权重已达 12.28%，排名第三。四是支持离岸人民币市场健康发展，离岸人民币交易更加活跃。五是夯实人民币国际使用基础设施，人民币全球清算服务网络更加高效、便捷。目前已在 30 个国家和地区授权了 32 家人民币清算行，覆盖全球主要金融中心。六是积极推进本币互换和本币结算，双边货币合作进一步深化。[①]

2. 如何稳慎扎实推进人民币国际化

李斌表示，面对复杂多变的内外部环境，中国人民银行将更加注重提高人民币国际化质量和水平，稳慎扎实推进人民币国际使用。一是聚焦贸易投资便利化，继续做好制度设计、政策支持和市场培育，加强本外币协同，完善人民币跨境使用基础性制度安排和基础

[①] 《为高质量发展营造良好货币金融环境——中国人民银行有关部门负责人谈落实中央经济工作会议精神》，中国经济网，2024 年 1 月 17 日，http://www.ce.cn/xwzx/gnsz/gdxw/202401/17/t20240117_38869410.shtml。

设施建设，便利经济主体在对外贸易投资中更多使用人民币，增强跨境人民币业务服务实体经济和推动高质量发展的能力。二是坚持互利共赢，稳妥有序推进金融市场全面制度型开放，增强透明度、规则性和可预期性，进一步提高我国外汇和金融市场开放和准入程度，提高人民币金融资产的流动性，丰富风险对冲工具，构建更加友好、便利的投融资环境。三是继续稳步推进央行间双边本币互换和本币结算合作，发挥好货币互换对支持离岸人民币市场发展和促进贸易投资便利化的作用。加强人民币跨境支付系统建设，提高人民币清算效率和安全性。四是推动境外人民币市场建设，完善离岸市场人民币流动性供给机制，丰富离岸人民币风险管理工具，完善境外主权债券发行长效机制，丰富离岸人民币金融产品。五是加强跨境人民币业务监管。①

（三）积极参与国际金融监管改革，增强国际竞争力和规则影响力

2024 年 1 月 16 日，习近平总书记在省部级主要领导干部推动金融高质量发展专题研讨班开班式上发表重要讲话。全面阐述了把握金融发展规律、建设金融强国的重大意义，提出要积极参与国际金融监管改革，增强国际竞争力和规则影响力。

1. 金融强国应当基于强大的经济基础

习近平总书记强调，"金融强国应当基于强大的经济基础，具有领先世界的经济实力、科技实力和综合国力，同时具备一系列关键核心金融要素，即：拥有强大的货币、强大的中央银行、强大的金

---

① 《为高质量发展营造良好货币金融环境——中国人民银行有关部门负责人谈落实中央经济工作会议精神》，中国经济网，2024 年 1 月 17 日，http://www.ce.cn/xwzx/gnsz/gdxw/202401/17/t20240117_38869410.shtml。

融机构、强大的国际金融中心、强大的金融监管、强大的金融人才队伍。建设金融强国需要长期努力，久久为功。必须加快构建中国特色现代金融体系，建立健全科学稳健的金融调控体系、结构合理的金融市场体系、分工协作的金融机构体系、完备有效的金融监管体系、多样化专业性的金融产品和服务体系、自主可控安全高效的金融基础设施体系"①。

2. 增强国际竞争力和规则影响力

习近平总书记强调，"要通过扩大对外开放，提高我国金融资源配置效率和能力，增强国际竞争力和规则影响力，稳慎把握好节奏和力度。要以制度型开放为重点推进金融高水平对外开放，落实准入前国民待遇加负面清单管理制度，对标国际高标准经贸协议中金融领域相关规则，精简限制性措施，增强开放政策的透明度、稳定性和可预期性，规范境外投融资行为，完善对共建'一带一路'的金融支持。要加强境内外金融市场互联互通，提升跨境投融资便利化水平，积极参与国际金融监管改革。要守住开放条件下的金融安全底线"②。

3. 推动金融高质量发展

习近平总书记指出，"推动金融高质量发展、建设金融强国，要坚持法治和德治相结合，积极培育中国特色金融文化，做到：诚实守信，不逾越底线；以义取利，不唯利是图；稳健审慎，不急功近

---

① 《习近平在省部级主要领导干部推动金融高质量发展专题研讨班开班式上发表重要讲话》，新华网，2024 年 1 月 16 日，http://www.news.cn/20240116/cbe3a5745dc54144b4d783f697eb0a3f/c.html。

② 《习近平在省部级主要领导干部推动金融高质量发展专题研讨班开班式上发表重要讲话》，新华网，2024 年 1 月 16 日，http://www.news.cn/20240116/cbe3a5745dc54144b4d783f697eb0a3f/c.html。

利；守正创新，不脱实向虚；依法合规，不胡作非为"[1]。

（执笔人：巴黎商学院工商管理博士，北京中融国基董事长，21世纪马克思主义研究院经济社会文化发展战略研究中心特邀研究员，蔡金霖）

---

[1] 《习近平在省部级主要领导干部推动金融高质量发展专题研讨班开班式上发表重要讲话》，新华网，2024 年 1 月 16 日，http://www.news.cn/20240116/cbe3a5745dc54144b4d783f697eb0a3f/c.html。

后　记

党的二十大报告指出，"高质量发展是全面建设社会主义现代化国家的首要任务"。习近平总书记指出，"必须牢记高质量发展是新时代的硬道理"①。

21世纪马克思主义研究院（南开大学与中国社会科学院大学合办）专注于习近平新时代中国特色社会主义思想的理论创新和实践创新研究。近年来，把高质量发展列为重点研究课题，出版了《高质量发展研究报告2021》和《高质量发展研究报告2022》。

《高质量发展研究报告2023》体现了两点：一是实践创新。围绕党的二十大报告提出的推进京津冀协同发展、长三角一体化发展、中部地区加快崛起等区域重大战略，选取了天津等几个典型，对其高质量发展实践创新进行了概述。二是理论分析。对高质量发展与中国式现代化、人工智能与高质量发展、新质生产力与高质量发展、系统科学与高质量发展等热点问题进行了分析研究。由于水平有限，书中错误之处在所难免，敬请读者批评指正。

本书编委会

2024年3月6日

① 《坚持把高质量发展作为新时代的硬道理》，求是网，2024年3月28日，http：//www.qstheory.cn/2024-03/28/c_1130097673.htm。

图书在版编目（CIP）数据

高质量发展研究报告. 2023 / 21 世纪马克思主义研究院经济社会文化发展战略研究中心编. -- 北京：社会科学文献出版社，2024.6. -- ISBN 978-7-5228-3804-5

Ⅰ. F127

中国国家版本馆 CIP 数据核字第 2024EY1006 号

高质量发展研究报告 2023

编　　者 / 21 世纪马克思主义研究院
　　　　　经济社会文化发展战略研究中心

出 版 人 / 冀祥德
组稿编辑 / 任文武
责任编辑 / 张丽丽
责任印制 / 王京美

出　　版 / 社会科学文献出版社·生态文明分社 (010) 59367143
　　　　　地址：北京市北三环中路甲 29 号院华龙大厦　邮编：100029
　　　　　网址：www.ssap.com.cn
发　　行 / 社会科学文献出版社 (010) 59367028
印　　装 / 三河市龙林印务有限公司

规　　格 / 开　本：787mm × 1092mm　1/16
　　　　　印　张：23.5　字　数：302 千字
版　　次 / 2024 年 6 月第 1 版　2024 年 6 月第 1 次印刷
书　　号 / ISBN 978-7-5228-3804-5
定　　价 / 98.00 元

读者服务电话：4008918866